12

SV

2

ADAM
JOHNSON
NIRVANA
STORIES

Aus dem amerikanischen Englisch
von Anke Caroline Burger

Suhrkamp

Die Originalausgabe erschien 2015 unter
dem Titel *Fortune Smiles*
bei Random House, an imprint and division of
Penguin Random House LLC, New York.

Erste Auflage 2015
© der deutschen Ausgabe Suhrkamp Verlag Berlin 2015
© Adam Johnson 2015
Satz: Greiner & Reichel, Köln
Druck: CPI – Ebner & Spiegel, Ulm
Printed in Germany
ISBN 978-3-518-42500-8

NIRVANA

*Im Gedenken an
Thomas Mannarino (1964-2007)
und Eric Rogers (1970-2012)*

NIRVANA

ES IST SPÄT, und ich kann nicht schlafen. Ich schiebe ein Fenster hoch, um frische Luft hereinzulassen, Frühling in Palo Alto, aber es hilft nicht. Ich liege mit offenen Augen im Bett und höre ein Wispern. Ich muss an den Präsidenten denken, weil wir oft im Flüsterton miteinander sprechen. Ich weiß, dass das Wispern nur von meiner Frau kommt, Charlotte, die die ganze Nacht lang Nirvana über Kopfhörer hört und die Texte im Schlaf mitmurmelt. Charlotte hat ihr eigenes Bett, ein elektrisch verstellbares Klinikbett.

Ich kann nicht schlafen, denn wenn ich die Augen schließe, sehe ich meine Frau vor mir, wie sie Selbstmord begeht. Beziehungsweise es *versucht*, schließlich ist sie von den Schultern abwärts gelähmt. Die Lähmung ist vorübergehend, aber überzeugen Sie mal Charlotte davon! Sie hat heute auf der Seite geschlafen, damit die wundgelegenen Stellen nicht schlimmer werden, und das Gitter neben der Matratze auf so eine Art angestarrt. Das Bett steuert sie mit der Stimme – wenn sie es also schaffen würde, ihren Kopf irgendwie zwischen die Stäbe zu manövrieren, bräuchte sie nur noch »hoch« zu sagen. Hätte sich das Kopfteil erst einmal in Bewegung gesetzt, wäre sie in Sekundenschnelle erstickt. Auch die Schlaufe im Kabel des Hoyer-Lifters, mit dem sie aus dem Bett hinaus- und wieder ins Bett hineingehoben wird, sieht sie mit einem ähnlichen Blick an. Doch im Grunde braucht sie gar keine extravagante Exit-Strategie – schließlich hat sie mir das Versprechen abgerungen, dass ich ihr helfen werde, wenn es so weit ist.

Ich stehe auf und trete an ihr Bett, aber sie hört noch gar nicht Nirvana – das hebt sie sich meist für die Zeit auf, in der sie es am dringendsten braucht, nach Mitternacht, wenn ihre Nerven richtig anfangen zu knistern.

»Ich dachte, ich hätte etwas gehört«, sage ich zu ihr. »Eine Art Flüstern.«

Kurz geschnittene Haare umrahmen ihr abgehärmtes Gesicht, ihre Haut ist fahl wie Kühlschranklicht.

»Ich hab es auch gehört«, sagt sie.

Neben ihrer sprachgesteuerten Fernbedienung liegt ein halb gerauchter Joint in der Metallschale. Ich zünde ihn an und halte ihr das Ding an die Lippen.

»Und, wie ist das Wetter da drin?«, frage ich.

»Windig«, sagt sie, als sie den Rauch ausatmet.

Windig ist besser als Hagel oder Blitz, oder, Gott bewahre, Hochwasser, das Gefühl, das sie hatte, als ihre Lungenfunktion wieder einsetzte. Aber Wind ist nicht gleich Wind.

Ich frage: »Windig wie das Wispern im Fliegengitter oder windig wie das Rütteln der Fensterläden?«

»Eine starke Bö, die pfeift und zischt wie ein Mikrofon im Wind.«

Sie raucht. Charlotte ist nicht gern bekifft, aber es beruhigt ihr Inneres, sagt sie. Sie leidet am Guillain-Barré-Syndrom, an einer Krankheit, bei der das Immunsystem die Leitbahnen der eigenen Nerven angreift, und wenn das Gehirn Signale an den Körper schickt, dann verenden die elektrischen Impulse, bevor sie bei den Muskeln ankommen. Eine Milliarde Nerven in ihr senden Impulse aus, die überall und nirgendwo verpuffen. Seit neun Monaten hat sie jetzt diese Krankheit, und das ist länger als alles, was die medizinische Fachliteratur bislang kennt. Die Ärzte können uns nicht mehr sagen, ob Charlottes Nerven irgendwann wieder funktionieren werden oder ob sie für immer gelähmt sein wird.

Hustend atmet sie aus. Ihr rechter Arm zuckt, was heißt, dass ihr Gehirn versucht hat, ihrem Arm mitzuteilen, dass er die Hand heben und den Mund zuhalten soll.

Sie zieht noch mal. Durch den Rauch sagt sie: »Ich mache mir Sorgen.«

»Worüber?«

»Dich.«

»Du machst dir Sorgen um mich?«

»Du musst aufhören, mit dem Präsidenten zu reden. Du musst dich der Realität stellen.«

Ich versuche es mit Humor. »Aber er redet mit mir, nicht ich mit ihm.«

»Dann hör nicht mehr hin, okay? Er ist nicht mehr da. Wenn man tot ist, dann hat man still zu sein.«

Ich nicke, widerwillig. Seit sie ans Bett gefesselt ist, hat sie dem Fernsehen abgeschworen und ist insofern wahrscheinlich der einzige Mensch in den USA, der die Ermordung nicht gesehen hat. Hätte sie den Ausdruck in den Augen des Präsidenten gesehen, als ihm das Leben genommen wurde, würde sie verstehen, warum ich spätnachts mit ihm spreche. Könnte sie das Zimmer verlassen und miterleben, wie eine ganze Nation trauert, wüsste sie, warum ich unseren obersten Befehlshaber reanimiert und wieder zurück ins Leben geholt habe.

»Und von wegen ich und der Präsident«, sage ich. »Da könnte ich dich auch dran erinnern, dass du ein Drittel deines Lebens mit Nirvana verbringst. Die Songs stammen alle von einem Typen, der sich das Hirn weggeblasen hat.«

Charlotte legt den Kopf schräg und sieht mich an, als sei ich ein Fremder. »Kurt Cobain hat den Schmerz seines Lebens in etwas verwandelt, das zu anderen Menschen spricht. Das sie wirklich bewegt. Und was hat der Präsident hinterlassen? Ungewissheit, Leere, zig Fehlschläge.«

Wenn sie bekifft ist, redet sie so. Ich sage nichts. Ich drücke den Joint aus und halte ihre Kopfhörer hoch. »Willst du jetzt dein Nirvana?«, frage ich.

Sie blickt zum Fenster. »Dieses Geräusch. Da ist es wieder«, sagt sie.

Ich strecke den Kopf aus dem Fenster und blicke hinaus in die Dunkelheit. Es ist eine ganz normale Nacht in Palo Alto – das Zischen von Rasensprengern, blaue Recyclingtonnen, ein Waschbär, der im Garten gräbt. Dann bemerke ich sie, direkt vor meinen Augen: eine kleine schwarze Drohne, die am Fenster in der Luft steht. Die winzigen Servomotoren surren, als sie mich ins Visier nimmt. Blitzschnell klaube ich die Drohne aus der Luft und hole sie ins Zimmer. Ich schließe Fenster und Vorhang und untersuche das Ding: Der Korpus besteht aus schwarzer Folie, die über luftige Streben gestreckt ist, filigran wie die Knochen in einem Fledermausflügel. Hinter Rotoren aus durchsichtigem Zellophan verbreitet ein winziger Infrarotmotor pulsierende Wärme.

»Und, glaubst du mir jetzt?«, fragt sie. »Hörst du jetzt mit diesem Präsidentenquatsch auf?«

»Dafür ist es zu spät«, antworte ich und lasse die Drohne frei. Wir sehen ihr beide zu, wie sie desorientiert durchs Zimmer brummt. Ist sie autonom? Wird sie von jemandem gesteuert, jemandem, der unser Haus beobachtet? Ich pflücke sie aus der Luft und schalte sie aus.

Charlotte dreht den Kopf zu ihrer Sprachsteuerung. »Musik an«, befiehlt sie.

Mit geschlossenen Augen wartet sie darauf, dass ich ihr die Kopfhörer aufsetze und sie darauf lauschen kann, wie Kurt Cobain wieder zum Leben erwacht.

Später in der Nacht wache ich auf. Die Drohne hat sich irgendwie von selbst eingeschaltet, schwebt über mir und sondiert mich mit einem schwachen roten Lichtstrahl. Ich werfe einen Pullover über das Ding, und es fällt zu Boden. Ich vergewissere mich, dass Charlotte schläft, und hole meinen iProjector heraus. Ich schalte ihn ein, und der Präsident erscheint, dreidimensional und in Lebensgröße, seine Gestalt ist umgeben von einem gelblichen Schein.

Er begrüßt mich lächelnd. »Es freut mich, wieder zurück in Palo Alto zu sein«, sagt er.

Mein Algorithmus hat auf den GPS-Chip im iProjector zugegriffen und die Datenbank des Präsidenten nach Ortsbezügen durchsucht. Dieser Satz stammt aus einer Rede, die er vor Stanfordabsolventen gehalten hat, damals, als er noch Senator war.

»Mister President«, sage ich. »Es tut mir leid, dass ich Sie wieder stören muss, aber ich habe immer noch so viele Fragen.«

Er blickt nachdenklich in die Ferne. »Nur zu«, sagt er.

Ich bewege mich in seine Blickachse, kann ihn aber nicht dazu bringen, mir in die Augen zu sehen. Eine der grundlegenden Schwierigkeiten bei der Programmierung.

»Habe ich einen Fehler begangen, als ich Sie geschaffen und in die Welt entlassen habe?«, will ich wissen. »Meine Frau behauptet, dass Sie der Bevölkerung das Trauern unmöglich machen. Dass wir wegen *diesem Sie* nicht akzeptieren können, dass es Ihr *echtes Sie* nicht mehr gibt.«

Der Präsident reibt sich die Stoppeln an seinem Kinn. Er blickt zu Boden, dann weg.

»Die Geister, die man einmal gerufen hat, wird man nicht wieder los«, sagt er.

Was unheimlich ist, da er diesen Satz in der Sendung *60 Minutes* geäußert hat – als er sagte, wie leid es ihm täte, dass er den zivilen Einsatz von Drohnen legalisiert hat.

»Wissen Sie denn, dass ich derjenige bin, der Sie geschaffen hat?«

»Jeder Mensch wird frei geboren«, sagt er. »Und niemand hat das Recht, mit anderen zu handeln.«

»Aber Sie sind ja nicht geboren worden«, kläre ich ihn auf. »Ich habe einen Algorithmus nach dem Muster des Linux-Kernels geschrieben. Sie sind eine Open-Source-Suchmaschine, die ich mit einem Dialogbot und einem Video-Compiler gekoppelt habe. Das Programm ist ein Webcrawler, der Bilder, Videos und Daten zu einer bestimmten Person findet und archiviert – alles, was Sie sagen, haben Sie früher bereits gesagt.«

Zum ersten Mal schweigt der Präsident.

Ich frage: »Wissen Sie denn … dass Sie von uns gegangen sind?«

Der Präsident zögert nicht.

»Das Ende des Lebens eröffnet uns eine neue Art der Freiheit«, sagt er.

Vor meinem inneren Auge läuft wieder der Anschlag ab. Ich habe das Video zig Mal gesehen – der Autokorso bewegt sich im Schritttempo voran, während der Präsident zu Fuß an der Menschenmenge hinter den Absperrungen vorbeigeht. Eine Person in der Menge fällt dem Präsidenten auf. Er wendet sich demjenigen zu, hebt grüßend die Hand. Da trifft ihn das Geschoss in den Bauch. Unter der Wucht des Einschlags krümmt er sich zusammen, und er blickt hoch, um den Schützen anzusehen, der jedoch nie von der Kamera erfasst wird. Ein Begreifen breitet sich in den Augen des Präsidenten aus – erkennt er eine bestimmte Person, wird ihm etwas klar, hat er es womöglich vorhergesehen? Der zweite Schuss trifft ihn ins Gesicht. Man sieht, wie das Licht in ihm erlischt – seine Beine geben nach, er liegt am Boden. Ein paar Tage wird der Präsident noch an eine Maschine angeschlossen, doch sein Leben ist bereits beendet.

Ich werfe einen Blick hinüber zur schlafenden Charlotte. Ich flüstere: »Mister President, haben Sie mit der First Lady je über solche Eventualitäten gesprochen? Über die Zukunft?«

Ich frage mich, ob die First Lady die Maschine abgeschaltet hat.

Der Präsident lächelt. »Die First Lady und ich haben ein ausgezeichnetes Verhältnis. Wir sprechen über alles miteinander.«

»Aber haben Sie ihr genaue Anweisungen hinterlassen? Hatten Sie beide eine Abmachung?«

Seine Stimme wird leiser, klangvoller. »Fragen Sie nach dem Bund der Ehe?«

Ich zögere. »Ich denke schon.«

»Wir haben nur eine Pflicht«, sagt er, »nämlich unserem Ehepartner in jeder Hinsicht zur Seite zu stehen.«

Die Vorstellung, wie ich Charlotte womöglich noch zur Seite werde stehen müssen, lässt mich nicht los.

Der Präsident blickt ins Weite, als flattere dort eine Fahne im Wind.

»In meiner Funktion als Präsident der Vereinigten Staaten von Amerika«, sagt er, »verbürge ich mich für das, was Sie gerade gehört haben.«

An diesem Punkt weiß ich, dass unser Gespräch vorbei ist. Als ich die Hand ausstrecke, um den iProjector auszustellen, blickt mir der Präsident geradewegs in die Augen, allein der Perspektive geschuldet, vermute ich. Wir betrachten einander, er mich mit tiefsinnigem, melancholischem Blick, und mein Finger mag den Schalter nicht betätigen.

»Stärken Sie Ihre innere Entschlossenheit«, fordert er mich auf.

Kann man eine Geschichte erzählen, die nicht mit etwas beginnt, sondern die einfach plötzlich geschieht? Die Frau, die du liebst, hat die Grippe. Ihre Finger sind taub, ihre Beine fühlen sich an wie Gummi. Schon kann sie die Kaffeetasse nicht mehr halten. Ins Krankenhaus lässt sie sich schließlich nur bringen, weil sie pinkeln muss. Und zwar dringend, der Drang macht sie wahnsinnig, aber die Lähmung hat eingesetzt: Die Blase kann das Gehirn nicht mehr hören. Nachdem der Notarzt ihr einen Foley-Katheter gesetzt hat, lernst du eine Menge neuer Worte: Axon, Areflexie, akute inflammatorische demyelinisierende Polyneuropathie.

Charlotte sagt, sie sei »voller Lärm«. In ihr wüte »ein Sturm«.

Der Arzt hat eine große Spritze. Er fordert Charlotte auf, sich auf die Tragbahre zu legen. Charlotte hat Angst, sich auf die Tragbahre zu legen. Sie hat Angst, dass sie nie wieder aufstehen wird. »Bitte, Schatz«, sagst du. »Leg dich auf die Trage.« Kurz darauf musst du dir den Glyzerinschimmer einer frischgezapften Phiole Rückenmarksflüssigkeit ansehen. Und sie hatte recht. Sie steht nicht wieder auf.

Als Nächstes ist die Plasmapherese dran, dann die Therapie mit Immunglobulin in hohen Dosen.

Die Ärzte lassen beiläufig das Wort *Beatmungsgerät* fallen.

Charlottes Mutter kommt. Sie bringt ihr Cello mit. Sie weiß alles über die Leningrader Blockade. Darüber hat sie ein Buch geschrieben. Als Charlotte in das künstliche Koma versetzt wird, füllt sie die Neurologie mit den traurigsten Klängen der Welt. Sieben Tage lang ist nichts als das Zischen der Luftklappen, das

Trillern des Vitaldatenmonitors zu hören, und Schostakowitsch, Schostakowitsch, Schostakowitsch.

Zwei Monate Physiotherapie in Santa Clara. Dort gibt es Tauchbecken, Sonarstimulatoren, Exoskelett-Trainingsgeräte. Charlotte wird die Person im Raum, bei deren Anblick sich die mit anderen Krankheiten Geschlagenen auf einmal glücklich schätzen. Sie macht keine Fortschritte, sie »kämpft« nicht »tapfer« und »schlägt« sich auch nicht »wacker«.

Charlotte redet sich ein, dass ich sie für eine der Schwestern auf der Station verlassen werde. In der Reha schreit sie mich an, ich soll mich sterilisieren lassen, damit diese andere Frau und ich mit Kinderlosigkeit geschlagen sein werden. Zur Beruhigung lese ich ihr Joseph Hellers Memoiren vor, der ebenfalls am Guillain-Barré-Syndrom erkrankt war. Das Buch sollte uns eigentlich aufheitern. Stattdessen berichtet es ausführlich, wie wunderbar Hellers Freunde sind, wie optimistisch er in die Zukunft blickt und wie glücklich Heller ist, als er seine Frau verlässt und die schöne Krankenschwester heiratet, die für ihn sorgt. Besonders das Ende verdirbt Charlotte die Laune: Joseph Heller wird wieder gesund.

Wir stürzen in einen Abgrund der Verzweiflung, schmal und tief. Alles treibt dort im Wasser am Grund mit uns – Beruf, Ziele, Wünsche, Reisen, Kinderpläne –, alles müssen wir ersäufen, um uns selbst zu retten.

Endlich wird Charlotte entlassen. Doch zu Hause ist alles unerwartet surreal. Die vertraute Umgebung macht uns endgültig klar, wie unmöglich ein normales Leben ist. Aber die Katze freut sich, Charlotte wieder zu Hause zu haben, freut sich derart, dass sie eine ganze Nacht auf dem Luftröhrenschnitt in Charlottes Hals liegt. Das war's dann wohl, Katze! Während ich in der Garage bin, beobachtet Charlotte eine Spinne, die sich an einem Faden von der Decke herunterlässt. Charlotte versucht, sie wegzublasen. Sie pustet und pustet, aber die Spinne verschwindet trotzdem in ihren Haaren.

Zu erwähnen außerdem Tests, Tobsuchts- und Trotzanfälle. Die Entdeckung von Kurt Cobain, Marihuana und immer kürzeren Haarschnitten steht uns noch bevor. Aus der Zeit gibt es nur eine Episode, von der ich berichten muss. Es war eine normale Nacht. Ich lag neben Charlotte in dem Klinikbett, hielt ihr eine Zeitschrift vor die Augen und blätterte um, ich sah ihr Gesicht also nicht.

Sie sagte: »Du weißt nicht, wie ich mich danach sehne, aus diesem Bett rauszukommen.«

Ihre Stimme klang ausdruckslos. Etwas in der Art hatte sie schon tausend Mal gesagt.

»Ich würde alles tun, um hier rauszukommen«, sagte sie.

Ich blätterte um und lachte über ein Foto mit der Schlagzeile: »Stars sind auch nur Menschen wie wir!«

»Aber ich könnte dir das niemals antun«, sagte sie.

»Was antun?«, fragte ich.

»Nichts.«

»Wovon redest du, was meinst du damit?«

Ich drehte ihr das Gesicht zu. Es war nur ein paar Zentimeter von ihrem entfernt.

»Wenn ich dir damit nicht so weh tun würde«, sagte sie, »würde ich einfach verschwinden.«

»Wohin verschwinden?«

»Weg, weg von hier.«

Seit der Nacht, in der mir das Versprechen abgerungen wurde, hatten wir es beide nicht mehr erwähnt. Ich versuchte, so zu tun, als stünde es nicht im Raum – vergeblich.

»Ob du's willst oder nicht, mich wirst du nicht los.« Ich zwang mich zu lächeln. »Man nennt das Schicksal. Wir gehören eben zusammen. Und bald wirst du wieder gesund und alles ist wie früher.«

»Mein Leben besteht aus diesem Kopfkissen.«

»Das stimmt überhaupt nicht. Du hast deine Freunde, deine Familie. Und die Technik. Die ganze Welt ist zum Greifen nah.«

Mit Freunden meinte ich ihre Pflegerinnen und Physiotherapeuten. Mit Familie meinte ich ihre distanzierte, grüblerisch veranlagte Mutter. Aber es machte nichts: Charlotte war zu weit weg, um mich auf ihre gelähmten Hände und deren Unfähigkeit, nach irgendetwas zu greifen, hinzuweisen.

Sie drehte den Kopf zur Seite und starrte das Gitter an.

»Schon in Ordnung«, sagte sie. »Ich würde dir so was nie antun.«

Am Morgen, bevor die Pflegekräfte eintreffen, ziehe ich die Vorhänge zurück und betrachte die Drohne im frühen Morgenlicht. Antrieb und Tarnkappe sind größtenteils Standardbauteile, aber die halb unter einem Kevlarschutz verborgenen Prozessoren kenne ich noch nicht. Um die Drohne zum Sprechen zu bringen und herauszufinden, wer das Ding auf mich losgelassen hat, muss ich mir den Hash Reader aus der Firma besorgen.

Als Charlotte aufwacht, stecke ich ihr ein Kissen unter den Kopf und massiere ihre Beine. Das ist unsere Morgenroutine.

»Lass uns ein paar Schwann-Zellen erzeugen«, sage ich zu ihren Zehen. »Es wird Zeit, dass Charlotte ein paar Myelinscheiden produziert.«

»Da hat aber jemand gute Laune«, sagt sie. »Wenn du so gut drauf bist, hast du bestimmt mit dem Präsidenten geplaudert. Deswegen redest du doch mit ihm, oder? Zur Ermutigung? Von wegen Licht am Ende des Tunnels und so.«

Ich hebe ihren rechten Fuß hoch und massiere die Achillessehne. Letzte Woche hat Charlotte einen wichtigen Test nicht bestanden, den DTRE, bei dem die Responsivität des kollagenen Bindegewebes überprüft wird, auf Anzeichen für eine beginnende Heilung. »Machen Sie sich keine Sorgen«, hat der Arzt zu uns gesagt. »Ich kenne einen anderen Fall, wo es ebenfalls neun Monate gedauert hat, bis die erste Reaktion kam, und der Patient wurde vollständig geheilt.« Ich fragte, ob wir vielleicht mit diesem Patienten sprechen könnten, um zu erfahren, was er durchgemacht hat – um ein Gefühl dafür zu bekommen, was uns bevorsteht. Der Arzt teilte uns mit, dass der Fall aus Frankreich stamme, aus dem Jahr 1918.

Als der Arzt weg war, ging ich in die Garage und fing an, am Präsidenten zu arbeiten. Ein Psychologe würde wahrscheinlich sagen, dass das Projekt etwas mit dem Versprechen zu tun hat, das ich Charlotte gegeben habe – damit, dass der Präsident ebenfalls einen Bezug zu der Person hatte, die ihm das Leben nahm. Aber es ist noch simpler: Ich musste einfach jemanden retten, und beim Präsidenten spielt es keine Rolle, dass ich zu spät komme.

Ich klopfe auf Charlottes Kniescheibe. Kein Reflex. »Tut irgendwas weh?«

»Und was hat der Präsident nun gesagt?«

»Welcher Präsident?«

»Der tote«, gibt sie zurück.

Ich drücke die Daumen in die Aponeurosis plantaris. »Und, wie sieht's hier aus?«

»Kühl wie Diamantengeschmeide«, antwortet sie. »Na komm, ich weiß, dass du mit ihm geredet hast.«

Heute wird ein schlechter Tag, das merke ich jetzt schon.

»Lass mich raten«, insistiert Charlotte. »Der Präsident hat dir nahegelegt, in die Südsee zu ziehen und Maler zu werden. Das ist doch inspirierend.«

Ich sage nichts.

»Aber du würdest mich ja mitnehmen, oder? Ich kann deine Assistentin werden. Ich kann dir die Palette mit den Zähnen halten. Und wenn du ein Modell brauchst – liegender Akt ist meine Spezialität.«

»Wenn du's unbedingt wissen willst: Der Präsident hat zu mir gesagt, ich soll meine innere Entschlossenheit stärken.«

»*Innere Entschlossenheit*«, erwidert sie. »Davon könnte ich auch gut was gebrauchen.«

»Niemand hat mehr innere Entschlossenheit als du.«

»Was für ein Gesülze. Siehst du nicht, was hier los ist? Dir ist schon klar, dass ich den Rest meines Lebens so verbringen werde, oder?«

»Nichts überstürzen, meine Hübsche. Der Tag ist erst ein paar Minuten alt.«

»Ich weiß«, sagt sie. »Und ich sollte mittlerweile wahrscheinlich einen Zustand erleuchteter Hinnahme erreicht haben. Glaubst du etwa, mir macht das Spaß, dass ich niemand anderen habe, den ich anmeckern kann? Ich weiß, dass es idiotisch ist – du bist der Einzige auf der Welt, den ich liebe.«

»Du liebst Kurt Cobain.«

»Der ist tot.«

Draußen fährt gerade Hector vor, der Morgenpfleger – seine alte Karre hat noch einen Verbrennungsmotor und ist nicht zu überhören.

»Ich muss was aus dem Büro holen«, sage ich. »Aber dann komme ich gleich wieder.«

»Versprich mir was«, sagt sie.

»Nein.«

»Komm schon. Dann brauchst du auch das andere Versprechen nicht einzuhalten.«

Ich schüttele den Kopf. Ich weiß genau, dass sie es nicht ernst meint – sie wird mich nie davon erlösen.

Sie fährt trotzdem fort: »Würdest du bitte aufrichtig zu mir sein? Du musst mich nicht aufheitern. Du brauchst hier nicht ständig Optimismus zu versprühen. Das bringt doch nichts.«

»Aber ich *bin* optimistisch.«

»Dafür gibt es keinen Anlass«, entgegnet sie. »Diese ganze Falschheit. Das hat Kurt Cobain umgebracht.«

Ich glaube eher, dass es die Schrotflinte war, die er sich an den Kopf gehalten hat, sage aber nichts.

Ich kenne nur eine einzige Liedzeile von Nirvana. Ich singe sie Charlotte vor, ein imaginäres Mikro in der Hand:

»*With the lights on*«, singe ich, »*she's less dangerous.*«

Sie verdreht die Augen. »Falsch, total falsch«, sagt sie. Aber sie lächelt.

Ich will mehr davon. »Was, für den Versuch gibt's keine Punkte?«

»Hörst du das nicht?«, fragt Charlotte.

»Was?«

»Das bin ich. Ich klatsche.«

»Ich gebe auf«, sage ich und gehe zur Tür.

»Bett, kippen«, sagt Charlotte zur Fernbedienung. Ihr Oberkörper hebt sich langsam. Der Tag kann beginnen.

Ich fahre auf dem Freeway 101 Richtung Mountain View nach Süden. Da arbeite ich, als Programmierer bei der Firma Reputation Curator. Das Unternehmen nötigt Yelp- und Facebookuser dazu, negative Bewertungen windiger Anwälte und miserabler Zahnärzte zurückzuziehen. Das ist ziemlich arbeitsintensiv, deswegen wurde ich angeheuert, um einen Webcrawler zu schreiben, mit dem das Internet durchsucht wird, und aus den gewonnenen Daten erstellen wir dann Userprofile. Die Erschaffung des Präsidenten war nur der nächste Schritt.

Im Auto auf der Nebenspur fährt eine Frau, auf dem Beifahrersitz neben ihr steht der iProjector, und sie führt beim Fahren eine lebhafte Unterhaltung mit dem Präsidenten. Auf der nächsten Autobahnbrücke sehe ich einen älteren Mann in einer beigen Windjacke stehen, der auf den Verkehr hinunterblickt. Neben ihm steht der Präsident. Die beiden unterhalten sich nicht, sondern stehen nur nebeneinander und sehen schweigend den vorbeifahrenden Autos hinterher.

Ein fahrerloses schwarzes Auto holt auf der Nachbarspur zu mir auf. Wenn ich schneller fahre, fährt es auch schneller. Trotz getönter Scheiben ist ersichtlich, dass nichts darin transportiert wird – es ist leer, abgesehen von dem Batteriepark, der dafür sorgt, dass es von niemandem abgehängt werden kann. Ich fahre zwar gern Auto und finde es entspannend, schalte jetzt aber trotzdem auf Automatik um und hüpfe rüber in die Google-Spur, in der ich das Lenkrad loslassen und mich ins Internet einloggen kann. Zum ersten Mal, seit ich den Präsidenten vor einer Woche gelauncht habe. Ich gehe zu meiner Site und stelle fest, dass vierzehn Millionen Menschen den Präsidenten heruntergeladen haben. Ich habe außerdem siebenhundert neue E-Mails. Die erste ist von dem Typen, der Facebook gegründet hat, und es ist kein Spam – er will mir einen Burrito ausgeben und über die Zukunft reden. Ich springe direkt zur letzten Nachricht, von Charlotte: »Ich will nicht fies zu dir sein. Aber ich habe jedes Gefühl verloren, falls du dich erinnerst. Ich kriege es zurück. Ich gebe mir Mühe, wirklich.«

Ich sehe den Präsidenten schon wieder, diesmal auf der Rasenfläche vor einer koreanischen Kirche. Der Pfarrer hat den iProjector auf einen Stuhl gestellt, und es sieht so aus, als würde der Präsident in einer Bibel blättern, die vor ihm auf einem Pult liegt. Er ist ein Gespenst, das herumspuken wird, bis unsere Nation Frieden mit den Ereignissen geschlossen hat: Dass er nicht mehr da ist, dass er uns genommen wurde und dass das nie rückgängig gemacht werden kann. Und ich bin nicht blöd. Ich weiß, was mir langsam und unwiederbringlich unter meinen Augen abhandenkommt. Ich weiß, dass ich mitten in der Nacht nicht beim Präsidenten Zuflucht suchen sollte, sondern bei Charlotte.

Aber wenn ich mit Charlotte zusammen bin, dann ist es, als wäre da eine Membran zwischen ihr und mir, eine Schicht, die mein Hirn zwischen uns aufbaut, die mich vor ihrer zittrigen Stimme schützen soll, vor dem sichtbaren Pulsieren unter der ausgetrockneten Haut ihres Handgelenks. Erst, wenn ich von ihr weg bin, überwältigt es mich – wie unglaublich verängstigt sie sein muss; im Laden, wenn ich aus alter Gewohnheit versehentlich zum Tamponregal gehe, denke ich darüber nach, wie grausam ihr das Leben erscheinen muss. Beim Fahren denke ich darüber nach, dass sie seit Kurzem den Kopf schon zur Wand dreht, bevor das letzte Stück des Nirvana-Albums verklungen ist, dass bald sogar Marihuana und Kopfhörer nicht mehr helfen werden. Die Abfahrt vor mir ist verschwommen, und ich spüre, dass ich Tränen in den Augen habe. Ich fahre einfach an meiner Ausfahrt vorbei und lasse mich von der Google-Spur davontragen.

Als ich zurück nach Hause komme, wartet dort mein Chef auf mich, Sanjay. Ich hatte ihm gemailt, ein Praktikant solle mir den Hash Reader vorbeibringen, aber da steht *The Man* höchstpersönlich vor mir, um mir das Teil zu überreichen. Theoretisch kann es einen Hash Reader gar nicht geben. Theoretisch ist es unmöglich, eine Hash-Verschlüsselung mit hundert Schlüsseln zu knacken. Aber ein Typ in Indien hat es geschafft, ein Typ, den Sanjay kennt. Sanjay wird nicht gern auf seine indische Herkunft angesprochen und findet es ein zu krasses Klischee, dass jemand mit seinem Namen Besitzer eines Start-ups in Palo Alto ist. Deswegen nennt er sich »SJ« und trägt coole Klamotten. Er hat an der Stanford Graduate School of Business studiert, aber im Grunde beruht Reputation Defender auf der Geschäftsidee einer anderen Firma, und Sanjay hat sie einfach geklaut. Irgendwie kann man es ihm nicht übelnehmen – die Hoffnungen und Träume eines ganzen indischen Dorfs lasten auf ihm.

SJ folgt mir in die Garage, wo ich die Drohne andocke und ihre Festplatte mit Slave Code parse. Er reicht mir den in Bangalore aus einem alten Motherboard handgelöteten Hash Reader. Andächtig betrachten wir das raffinierteste Stück Entschlüsselungstechnik der Welt, das wir in unseren unwürdigen Händen halten. Aber wenn man in Silicon Valley den guten Ruf seiner Kunden »kurieren« will, muss man schon ein paar Codes knacken können.

Er sagt nichts, während ich die Drohne hochfahre und eine Diagnose laufen lasse.

»Schön, dass man sich mal wieder sieht«, sagt er schließlich.

»Ich musste mal raus«, antworte ich.

»Schon klar«, sagt SJ. »Ich sag ja nur. Du hast uns gefehlt. Du holst den Präsidenten zurück, bringst fünfzehn Millionen Besucher auf unsere Site, und dann lässt du dich eine Woche lang nicht blicken.«

Die Drohne weiß, dass irgendwas nicht ganz sauber ist – sie schaltet sich einfach ab. Ich reboote.

»Wo hast du denn das Teil abgegriffen?«, fragt SJ.

»Ich adoptiere sie«, sage ich. »Gebe ihr ein neues Zuhause.«

SJ nickt. »Der Geheimdienst war übrigens da.«

»Um mich zu suchen?«, frage ich. »Klingt nicht besonders geheim.«

»Der Präsident hat sie garantiert beeindruckt. Mich auf jeden Fall.«

SJ hat lange Wimpern und große braune Manga-Augen, aus denen er mich jetzt direkt ansieht.

»Ganz ehrlich, Alter«, sagt er. »Der Präsident, das ist hohe Kunst, das ist ein echter Game Changer. Irre beeindruckend. Weißt du, was ich mir vorstelle?«

Seine schicke neue Brille fällt mir auf. »Ist die Android?«, frage ich.

»Ja.«

»Darf ich mal?«

Er reicht sie mir rüber und ich suche nach ihrer IP-Adresse.

SJ macht ausladende Gesten. »Ich habe da diese Vision – wie wäre es, wenn dein Algorithmus auf Reputation Curator laufen würde? Hinz und Kunz könnten ihr Profil animieren, die Leute direkt ansprechen. Ihren Internetauftritt wirklich personalisieren und selbst bestimmen, wie sie vom Rest der Welt wahrgenommen werden. Dein Programm ist Google, Wikipedia und Facebook in einem. Jedermann, der einen Ruf zu verlieren hat, würde dich dafür bezahlen, dass du ihn animierst, ihn zum Sprechen bringst ... und unsterblich machst.«

»Kannst ihn haben«, sage ich zu SJ. »Der Kernel des Algorithmus ist Open Source – ich habe ein Freeware-Protokoll benutzt.«

SJ sieht mich mit einem schiefen Grinsen an. »Haben wir uns schon angeguckt«, sagt er. »Sieht so aus, als hättest du das Ganze in siebenfacher Verschlüsselung verpackt.«

»Ja, das habe ich wohl, was? Aber du hast ja den Hash Reader. Knack sie einfach.«

»Das will ich aber nicht«, wendet SJ ein. »Lass uns Partner werden. Deine Idee ist spitze – ein Algorithmus, der das Web durchsucht und die gefundenen Daten zu einem Hologramm zusammenbaut. Der Präsident ist der Machbarkeitsbeweis, verrät aber natürlich zugleich das Konzept. Wenn wir jetzt in die Startlöcher gehen, gehört die Idee uns und wir können sie noch schützen lassen. In ein paar Wochen hat jeder so was.«

Ich weise SJ nicht auf die Ironie hin, die darin liegt, dass ausgerechnet *er* ein Geschäftsmodell schützen lassen will.

»Für dich ist der Präsident nichts als ein Hologramm?«, frage ich. »Hast du mit ihm gesprochen? Hast du dir angehört, was er zu sagen hat?«

»Du kriegst Firmenanteile«, sagt SJ. »Schubkarrenweise Aktien.«

Die Drohne bietet mir ihre Firewall dar wie eine schöne Frau ihre Kehle. Ich setze den Hash Reader auf sie an, sein Prozessor summt und blinkt rot. Wir lehnen uns auf den Klappstühlen zurück und sehen dem Gerät bei der Arbeit zu.

»Ich muss dich mal was fragen«, sage ich.

»Schieß los«, sagt er und zieht ein Beutelchen Gras heraus. Er rollt sich einen Joint und gibt mir den restlichen Beutel. Er versorgt uns schon seit ein paar Monaten, ohne lästige Fragen.

»Wie findest du Kurt Cobain?«, frage ich.

»Kurt Cobain.« Er rollt das Papierchen zwischen den Fingern. »Der Mann war ein Genie«, sagt er und leckt den Rand an. »Zu rein für diese Welt. Kennst du das Patti-Smith-Cover von ›Smells Like Teen Spirit‹? Unübertroffen, Mann.«

Er zündet den Joint an und hält ihn mir hin, aber ich winke ab. Er sitzt da und starrt aus dem offenen Rachen unserer Garage hinaus in die Vororttristesse. Apple, Oracle, PayPal und Hewlett-Packard wurden alle in Garagen im Umkreis einer Meile von hier gegründet. Ungefähr einmal im Monat kriegt SJ Heimweh und kocht Litti Chokha für die ganze Belegschaft. Er lässt Sharda Sinha laufen und hat einen Ausdruck im Gesicht, als ob er wieder zu Hause in Bihar wäre, dem Land des Buddhabaums und der Hinduracke. Jetzt hat er auch wieder diesen Blick drauf. Er sagt: »Stell dir vor, meine Familie hat sich den Präsidenten heruntergeladen. Sie haben keine Ahnung, was ich hier in Amerika mache, ich kann ihnen nicht verklickern, dass ich miesen Sushi-Läden dabei helfe, Twitter-Trolls loszuwerden. Aber der amerikanische Präsident, das verstehen sie.«

Der Bürgermeister joggt barfuß an uns vorbei. Kurz darauf rollt eine fahrende Werbetafel durch die Straße.

»Hey, kannst du den Präsidenten Hindi sprechen lassen?«,

fragt SJ. »Wenn du den amerikanischen Präsidenten dazu bringst, ›Verlangen Sie Pepsi‹ auf Hindi zu sagen, mache ich dich zum reichsten Mann der Welt.«

Die LED des Hash Readers schaltet auf grün um. Und damit gehört die Drohne mir. Ich trenne die Kabel und synchronisiere sie mit der Google Glass. Die Drohne nutzt ihren Moment der Freiheit dazu, aufzusteigen und SJ zu betrachten.

SJ mustert die Drohne nicht minder eingehend.

»Was meinst du, wer dir das Ding auf den Hals gehetzt hat?«, fragt er. »Mozilla? Craigslist?«

»Das erfahren wir gleich.«

»Lautlos. Schwarz. Radarabgeschirmt«, sagt SJ. »Ich wette, wir haben es mit schwarzer Magie Marke Microsoft zu tun.«

Das neue Betriebssystem fährt hoch, die Drohne reagiert und ich schicke sie per Netzhautbefehl auf einen Rundflug durch die Garage. »Na, wer hätte das gedacht«, sage ich. »Wie es scheint, spricht unser kleiner Freund Google.«

»Wow«, sagt SJ. »*Don't be evil* oder was?«

Als die Drohne von ihrem Rundflug zurückkommt, richtet sie einen grünen Laserstrahl auf SJs Schläfe.

»Hey, was soll der Scheiß?«, meckert SJ.

»Keine Bange«, beruhige ich ihn. »Sie misst nur deinen Puls und deine Temperatur.«

»Wozu?«

»Vielleicht will sie deinen Gefühlszustand ablesen«, antworte ich. »Wahrscheinlich eine noch übriggebliebene Subroutine.«

»Und du bist dir sicher, dass du das Ding unter Kontrolle hast?«

Ich verdrehe die Augen, und die Drohne macht einen Rückwärtssalto.

»Mein Gefühlszustand lässt sich leicht zusammenfassen«, meint SJ. »Ich will, dass du zurück zur Arbeit kommst.«

»Tue ich«, verspreche ich ihm. »Ich muss mich nur noch um ein paar Sachen kümmern.«

SJ sieht mir in die Augen. »Ich verstehe, wenn du nicht über deine Frau reden willst. Aber du brauchst nicht alles mit dir allein auszumachen, Mann. Bei der Arbeit sind wir alle sehr um dich besorgt.«

In der Wohnung hängt Charlotte in einem Tragesitz am Hoyer-Lifter, der ans Fenster geschoben worden ist, damit sie hinaus-schauen kann. Sie trägt eine alte, vormals hautenge Yogahose, die jetzt schlabberig sitzt, und riecht nach dem Zedernöl, mit dem ihr Masseur sie einreibt. Ich gehe zu ihr und öffne das Fenster.

»Genau daran habe ich auch gerade gedacht«, sagt sie und at-met die frische Luft tief ein.

Ich setze ihr die Google Glass auf, und sie muss erst ein we-nig die Augäpfel kreisen lassen, bevor die Drohne schließlich von meiner Hand abhebt. Ein glückliches Lächeln breitet sich auf Charlottes Gesicht aus, als sie die Kunststückchen der Drohne vorführt – in der Luft stehen, rotieren, Kamera schwenken. Und weg ist der kleine Flieger. Ich sehe ihm hinterher, wie er über den Rasen gleitet, einen Bogen um die Komposthaufen schlägt und dann auf den Gemeinschaftsgarten zufliegt. Er lässt sich durch die Reihen treiben, und auch wenn ich nicht denselben Blick habe wie Charlotte mit der Brille, sehe ich, dass die Drohne die Kürbis-blüten und die roten Rundungen der Romatomaten inspiziert. Sie fliegt an den Bohnenspalieren empor und folgt den Nabelschnü-ren der Wassermelonen. Als sie bei unserem Gärtchen ankommt, keucht Charlotte.

»Meine Rosen«, sagt sie. »Sie sind immer noch da. Jemand kümmert sich um sie.«

»Niemals würde ich deine Rosen eingehen lassen«, erwide-re ich. Sie lässt jede Knospe und Blüte von der Drohne unter-suchen. Behutsam steuert sie das Fluggerät zwischen den zartro-ten Blütenblättern hindurch, streift die Staubfäden und dirigiert es dann zurück nach Hause. Plötzlich schwebt die Drohne wieder vor uns. Charlotte streckt die Nase ein wenig vor und riecht da-ran. »Ich hätte nie gedacht, dass ich noch einmal an meinen Rosen schnuppern kann«, sagt sie mit vor Aufregung geröteten Wangen, und mit einem Mal fließen die Tränen.

Ich nehme ihr die Brille ab und lasse die Drohne in der Luft stehen.

Sie sieht mir in die Augen. »Ich will ein Kind«, sagt sie.

»Ein Kind?«

»Es sind jetzt neun Monate. Wir könnten jetzt schon eins haben. Ich hätte die verdammte Zeit im Bett irgendwie sinnvoll nutzen können.«

»Aber deine Krankheit«, wende ich ein. »Wir wissen nicht, was uns noch bevorsteht.«

Sie schließt die Augen, als würde sie etwas umarmen, als klammere sie sich verzweifelt an etwas Wahrhaftigem fest.

»Mit einem Kind hätte ich hinterher was vorzuweisen. Die ganze Rumliegerei hätte wenigstens einen Sinn. Und im schlimmsten Fall würde ich zumindest etwas hinterlassen.«

»So was darfst du nicht sagen«, erinnere ich sie. »Wir waren uns doch einig, dass du so nicht reden darfst.«

Aber sie will mir nicht zuhören, will die Augen nicht aufmachen.

Sie sagt nur: »Und heute Abend möchte ich damit anfangen.«

Später am Tag bringe ich den iProjector nach hinten in den Gartenschuppen. Im goldenen Nachmittagslicht erwacht der Präsident von den Toten. Er zupft seinen Kragen und seine Manschetten zurecht und fährt mit dem Daumen an seinem schwarzen Revers hinunter, als existiere er nur in dem Augenblick, bevor ihn eine Kamera live in die Welt beamen wird.

»Mister President«, sage ich. »Es tut mir leid, dass ich Sie wieder stören muss.«

»Unfug«, versichert er mir. »Ich stehe dem Volk zur Verfügung.«

»Erinnern Sie sich an mich?«, will ich wissen. »Erinnern Sie sich an die Probleme, von denen ich Ihnen erzählt habe?«

»Alle Menschen werden von Problemen geplagt. Individuell ist nur die Stimme, mit der sie jeden Einzelnen von uns rufen.«

»Mein heutiges Problem ist sehr privater Natur.«

»Dieses Gespräch genießt das Siegel meiner Verschwiegenheit.«

»Ich habe sehr lange nicht mehr mit meiner Frau geschlafen.« Er hält eine Hand hoch, um mich zu unterbrechen, und lächelt auf väterlich-wissende Art.

»Zweifel sind unausweichlicher Bestandteil jeder ehelichen Gemeinschaft.«

»Es geht um die Kinderfrage. Hätten Sie Ihre Kinder auch bekommen, wenn Sie gewusst hätten, dass nur einer von Ihnen da sein wird, um sie aufzuziehen?«

»Alleinerziehende haben es schwer in der heutigen Welt«, sagt er. »Deswegen werden wir ein Gesetz verabschieden, mit dem der Alltag unserer hart arbeitenden Alleinerziehenden erleichtert wird.«

»Und wie ist es mit Ihren Kindern? Fehlen sie Ihnen?«

»In Gedanken bin ich stets bei meinen Kindern. Die häufige Trennung von ihnen ist das größte Opfer, das mir mein Amt abverlangt.«

Der im Schuppen schwebende Staub bringt seine Erscheinung zum Flirren und Flimmern. Es wirkt, als könnte der Datenstrom abreißen und der Präsident jeden Augenblick verschwinden. Eine Frage drängt sich mir noch auf.

»Wenn alles vorbei ist«, frage ich, »wohin gehen wir dann?«

»Ich bin kein Pfarrer«, sagt der Präsident, »aber ich glaube daran, dass wir dahin gehen, wohin wir gerufen werden.«

»Und wohin wurden Sie gerufen? Wo sind Sie jetzt?«

»Müssen wir nicht alle versuchen, uns in ungewohnten Verhältnissen zurechtzufinden?«

»Sie wissen also nicht, wo Sie sind, verstehe ich das richtig?«, frage ich den Präsidenten.

»Ich bin mir sicher, dass mein Gegner Sie gern in dem Glauben belassen möchte.«

»Nicht so schlimm«, sage ich, mehr zu mir selbst. »Ich hatte nicht erwartet, dass Sie das wissen.«

»Ich weiß haargenau, wo ich bin«, entgegnet der Präsident.

Sein nächster Satz klingt brüchig, als sei er aus vielen Einzelfragmenten zusammengefügt: »Ich befinde mich derzeit an den Koordinaten drei sieben Grad vier vier Minuten Nord und eins zwei zwei Grad eins vier Minuten West.«

Ich vermute, damit hat er für heute alles gesagt. Ich warte darauf, dass er sich mit »Gute Nacht und Gott segne Amerika« verabschiedet. Doch stattdessen streckt er den Arm aus, um meine Brust zu berühren. »Mir wurde berichtet, dass Sie große persönliche Opfer gebracht haben«, sagt er. »Ihr Pflichtgefühl ist stark.«

Ich glaube nicht, dass ich das so ausdrücken würde, erwidere aber: »Jawohl, Sir.«

Seine leuchtende Hand klopft mir auf die Schulter, und dass ich nichts davon spüre, macht mir nicht das Geringste aus.

»Diese Medaille, die ich jetzt an Ihre Uniform hefte, ist weit mehr als nur ein Stück Silber. Sie ist ein Symbol dafür, wie viel Sie geopfert haben, nicht nur im bewaffneten Kampf, nicht nur im Dienst an unserem Vaterland. In alle Ewigkeit zeichnet diese Medaille Sie als einen Mann aus, auf den Verlass ist, der in schwierigen Zeiten die Gestrauchelten aufheben und tragen wird.« Stolz blickt er in den leeren Raum über meiner Schulter. Er sagt: »Und jetzt kehren Sie zurück zu Ihrer Frau, Soldat, und beginnen Sie ein neues Kapitel Ihres Lebens.«

Mit Einbruch der Nacht gehe ich zu Charlotte. Der Spätdienst hat ihr ein Negligee übergestreift. Als ich auf sie zukomme, lässt Charlotte das Bett herunter. Der Elektromotor ist das einzige Geräusch im Zimmer.

»Ich habe meinen Eisprung«, verkündet sie. »Ich spüre es.«

»Wie, du kannst es spüren?«

»Ich brauche es nicht zu spüren«, sagt sie. »Ich weiß es einfach.«

Sie wirkt seltsam gelassen.

»Bist du so weit?«, fragt sie.

»Na klar.«

Ich halte mich an dem Sicherheitsgitter fest, das uns voneinander trennt.

Sie fragt: »Soll ich es dir erst ein bisschen mit dem Mund machen?«

Ich schüttle den Kopf.

»Na, dann leg dich zu mir«, sagt sie.

Ich will gerade in ihr Bett klettern, da unterbricht sie mich.

»Hey, Sunshine«, sagt sie. »Zieh dich doch erst mal aus.«

Ich kann mich nicht dran erinnern, wann sie mich das letzte Mal so genannt hat.

»Natürlich«, sage ich und knöpfe mein Hemd auf, ziehe die Jeans herunter. Als ich die Unterhose fallen lasse, fühle ich mich seltsam, ja – nackt. Ich schwenke ein Bein über das Gitter und liege halb auf ihr.

Ein Ausdruck der Zufriedenheit breitet sich auf ihrem Gesicht aus. »Ja, so soll es sein«, sagt sie. »Ich habe dir so lange nicht mehr in die Augen geschaut.«

Ihr Körper ist schmal, aber warm. Ich weiß nicht, was ich mit meinen Händen anfangen soll.

»Willst du mir nicht den Slip ausziehen?«

Ich setze mich auf und ziehe ihr den Slip herunter. Ich sehe die Narbe vom Oberschenkelstent. Ich hebe ihren Po an – da sind die wundgelegenen Stellen, gegen die wir ankämpfen.

»Weißt du noch, als wir in Mexiko waren?«, fragt sie. »Als wir oben auf der Pyramide miteinander geschlafen haben? Das war ein Augenblick, als wären wir in Vergangenheit und Zukunft zugleich. So ähnlich fühle ich mich jetzt auch.«

»Du bist nicht high, oder?«

»Was?«, fragt sie. »Ich muss ja wohl nicht bekifft sein, um mich an das erste Mal zu erinnern, als wir davon gesprochen haben, ein Kind zu bekommen.«

Als die Unterhose ausgezogen ist und ich ihre Beine angewinkelt habe, zögere ich. Es erfordert meine volle Konzentration, einen hochzukriegen, und dann kann ich nicht glauben, dass ich tatsächlich eine Erektion habe. Unter mir liegt meine gelähmte, invalide, komplett gefühllose Frau, und obwohl das Ganze das Gegenteil von erotisch ist, bin ich total hart.

»Ich bin nass, oder?«, fragt Charlotte. »Ich habe den ganzen Tag an nichts anderes gedacht.«

Ich erinnere mich an die Pyramide. Die Steine waren kalt, die Treppe steil. Eine Woche Charlotte in Mayatracht, die mit jedem Baby flirtete. Während wir es unter fernen, schläfrigen Sternen miteinander trieben, versuchte ich mir die Zukunft auszumalen: ein gesichtsloses Wesen, das auf einem Altar für Menschenopfer gezeugt wurde. Ich kam zu früh und versuchte noch, es zurückzuhalten. Ich konzentrierte mich auf die vielen steilen Stufen, die wir im Dunkeln würden hinabsteigen müssen.

»Ich glaube, ich spüre etwas«, sagt sie. »Du bist in mir, stimmt's? Ich bin mir wirklich ziemlich sicher, dass ich es spüre.«

Und damit dringe ich in meine Frau ein und beginne mich zu bewegen. Ich versuche mich auf den Gedanken zu konzentrieren, dass Charlotte in Sicherheit sein wird, falls das hier funktioniert, dass ihr neun Monate lang nichts zustoßen wird, und vielleicht hat sie recht, vielleicht würde eine Schwangerschaft ja etwas auslösen und ihre Genesung einleiten.

Charlotte lächelt. Ein sprödes Lächeln, aber immerhin. »Und immerhin hat die Sache ja auch ihr Gutes – wenigstens bekomme ich von den Geburtsschmerzen nichts mit.«

Ich gerate ins Grübeln darüber, ob eine gelähmte Frau überhaupt gebären kann oder ob sie gleich unters Messer kommt und wenn ja, ob sie eine Betäubung braucht, und mein Körper ist auf einmal kurz davor, nicht mehr mitzuspielen.

»Hey, bist du noch da?«, fragt sie. »Ich versuche, dich zum Lächeln zu bringen.«

»Ich muss mich nur gerade kurz konzentrieren«, entgegne ich.

»Ich merke schon, dass du nicht richtig bei der Sache bist«, sagt sie. »Ich weiß, du kannst dir die Vorstellung nicht aus dem Kopf schlagen, ich würde irgendwas Krasses anstellen, oder? Nur weil ich manchmal verrücktes Zeug rede, heißt das noch lange nicht, dass ich es auch tue.«

»Und warum musste ich dann versprechen, dir dabei zu helfen?«

Das mit dem Versprechen war ganz am Anfang, noch vor der Beatmungsmaschine. Charlotte hatte einen stundenlang andauernden Brechreiz. Man stelle sich endloses trockenes Würgen vor, und man ist dabei gelähmt. Die Ärzte gaben ihr schließlich Betäubungsmittel. Benebelt, tote Gliedmaßen und Brechreiz – das war der Augenblick, in dem es sie traf wie ein Donnerschlag. Sie hatte die Kontrolle verloren. Ich hielt ihr die Haare aus dem Gesicht und weg von der Schale. Zwischen den Anfällen keuchte sie.

Sie sagte: »Versprich es mir. Wenn ich dich bitte, dass es aufhören soll, dann mach bitte, dass es aufhört.«

»Was aufhört?«, fragte ich.

Sie würgte, ausgedehnt, es ging einem durch Mark und Bein. Ich wusste, was sie meinte.

»Dazu wird es nicht kommen«, sagte ich.

Sie versuchte, etwas zu sagen, musste aber schon wieder würgen.

»Ich verspreche es dir«, sagte ich.

Jetzt in ihrem Klinikbett gleiten die Träger des Negligees von ihren Schultern und Charlotte sagt: »Ich weiß, dass das für dich schwer zu verstehen ist. Aber ich kann nur deshalb weitermachen, weil ich weiß, dass es einen Ausweg gibt. Ich würde es nie tun. Du glaubst mir doch, oder?«

»Ich finde es schrecklich, dass du mich zu diesem Versprechen gezwungen hast.«

»Ich würde mir nie etwas antun und dich nie zwingen, mir dabei zu helfen.«

»Dann befreie mich davon«, bitte ich sie.

»Tut mir leid«, antwortet sie.

Ich beschließe, einfach alles auszublenden und weiterzumachen. Meine Erektion lässt langsam, aber sicher nach und meine Gedanken begeben sich auf Wanderschaft: Was passiert, wenn er schlaff wird, schaffe ich es, so zu tun als ob, aber ich verdränge alles, mache einfach weiter, immer weiter und weiter, stoße in Charlotte, bis ich fast gefühllos bin. Ihre Brüste schlackern unter mir. Neben uns auf dem Nachttisch schaltet sich die Drohne von selbst ein, steigt auf, steht in der Luft. Ein grüner Laserblitz trifft meine Stirn, als wäre das, was ich empfinde, einfach zu messen, als könnte man es mit einem Etikett versehen. Spioniert das Ding mich aus, meine Gefühle, führt es einen alten Code aus? Ich frage mich, ob es auf das vorige Betriebssystem zurückgesetzt oder ob Google sich das Ding wieder unter den Nagel gerissen hat oder ob es in irgendeinem autonomen Modus läuft. Oder vielleicht hat jemand die Android-Brille gehackt oder vielleicht … in dem Augenblick blicke ich nach unten und sehe, dass Charlotte weint.

Ich halte inne.

»Nein, bitte nicht«, sagt sie. »Hör nicht auf.«

Sie weint nicht heftig, aber ihr rollen dicke Tränen über die Wangen.

»Wir können es doch morgen nochmal probieren«, tröste ich sie.

»Nein, nein, beachte mich gar nicht«, sagt sie. »Hör einfach nicht auf, aber tu mir einen Gefallen, ja, bitte?«

»Na gut.«

»Setz mir die Kopfhörer auf.«

»Du meinst jetzt beim Sex?«

»Musik an«, sagt sie und ich höre das Summen von Nirvana aus dem Kopfhörer auf ihrem Nachttisch.

»Ich weiß, dass ich es nicht richtig mache«, sage ich. »Aber wir haben schon so lange nicht mehr, und da …«

»Es hat nichts mit dir zu tun«, erwidert sie. »Ich brauche einfach meine Musik. Setz sie mir auf.«

»Aber wozu brauchst du Nirvana? Warum ist dir diese Musik so wahnsinnig wichtig?«

Sie schließt die Augen und schüttelt den Kopf.

»Was findest du an diesem Kurt Cobain?«, sage ich. »Was willst du von ihm?«

Ich packe ihre Handgelenke und drücke sie nach unten, aber Charlotte spürt nichts davon.

»Warum brauchst du seine Musik? Was ist mit dir?«, frage ich verzweifelt. »Sag mir doch einfach, was los ist!«

Die Drohne folgt mir in die Garage, wo sie sich auf der Suche nach dem Ausgang an den Wänden entlangtastet. Ich setze mich an einen Computer und suche im Netz nach einem Nirvana-Album. Im Dunkeln sitzend lasse ich das ganze Ding von Anfang bis Ende durchlaufen. Dieser Typ, Kurt Cobain, singt davon, dass er dumm und blöd ist und niemand ihn mag. In einem Song sagt er, Jesus wolle ihn nicht als Sonnenstrahl. In einem anderen Song will er Milch und Abführmittel und Säureblocker mit Kirschgeschmack. Und dann ist da noch »All Apologies«, aber er entschuldigt sich nie richtig. Er sagt nicht mal, was er nun eigentlich falsch gemacht hat.

Die Drohne hat keinen Ausweg gefunden, fliegt zu mir und steht lautlos in der Luft. Ich muss einen ziemlich erbärmlichen Eindruck machen, weil sie mir die Temperatur misst.

Ich nehme die Fernbedienung der Garagentür. »Willst du raus?«, frage ich. »Kommst du wieder zurück?«

Die Drohne summt still und ungerührt auf ihrer Luftsäule.

Ich drücke auf die Fernbedienung. Die Drohne wartet, bis die Garagentür ganz oben ist. Dann schießt sie ein Foto von mir und schnurrt hinaus in die Nacht Palo Altos.

Ich stehe auf und atme die kühle, nach Blumen duftende Luft tief ein. Das Mondlicht ist so hell, dass die Blätter ein Schatten-muster auf die Einfahrt werfen. Am Ende der Straße erspähe ich die leuchtenden Augen unserer Katze. Ich rufe ihren Namen, aber sie kommt nicht. Ich habe sie an unsere Freunde ein paar Häu-serblocks entfernt verschenkt, und einige Wochen lang kam die Katze nachts zurück, um mich zu besuchen. Das ist vorbei. So erscheint mir momentan mein ganzes Leben – etwas für immer verloren zu haben, obwohl es noch in Reichweite ist. Es ist ein Gefühl, das Charlotte sofort verstehen würde, wenn sie nur bereit wäre, mit dem Präsidenten zu reden. Doch ganz plötzlich wird mir klar, dass nicht *er* derjenige ist, mit dem sie sprechen muss. Ich gehe zurück an meinen Schreibtisch und fahre sämtliche Bild-schirme hoch. Ich starre in den blauen Schein des Monitors und mache mich an die Arbeit. Ich brauche Stunden, den Großteil der Nacht, bis ich fertig bin.

Es wird schon fast hell, als ich zu Charlotte reingehe. Im Zimmer ist es dunkel, nur ihr Umriss ist zu sehen. »Bett, kippen«, sage ich, und sie wird nach oben gefahren. Sie wacht auf und starrt mich an, sagt aber nichts. So leer ist ihr Ausdruck immer, wenn sie nach einem Ansturm der Gefühle völlig erschöpft ist.

Ich stelle ihr den iProjector auf den Schoß. Sie kann das Ding nicht leiden, sagt aber nichts. Sie neigt den Kopf nur ein klein wenig, als würde sie mich bedauern. Dann schalte ich das Gerät an.

Kurt Cobain erscheint, mit einem Bademantel bekleidet, in sanftes, blaues Licht gehüllt.

Charlotte hält die Luft an. »O mein Gott«, murmelt sie.

Sie sieht mich an. »Ist er es?«

Ich nicke.

Sie betrachtet ihn.

»Aber was soll ich denn sagen?«, fragt sie. »Kann er sprechen?«

Ich gebe keine Antwort.

Die Haare hängen Kurt Cobain ins Gesicht. Charlotte versucht, einen Blickwinkel zu finden, mit dem sie ihm in die Augen sehen kann. Während der Präsident es nie recht schafft, einem in die Augen zu sehen, weicht Kurt ihrem Blick absichtlich aus.

»Ich kann nicht glauben, wie jung du bist«, sagt Charlotte zu ihm. »Du bist ja noch ein halbes Kind.«

Kurt murmelt: »Ich bin alt.«

»Bist du wirklich da?«, fragt sie.

»*Here we are now*«, singt er. »*Entertain us.*«

Seine Stimme ist rau und klingt, als hätte er ein hartes Leben hinter sich. Für Charlotte ist es eine Art Beweis, dass er wirklich anwesend ist.

Die Augen groß vor Staunen blickt Charlotte mich an. »Ich dachte, er wäre nicht mehr da«, sagt sie. »Ich kann nicht glauben, dass er wirklich hier ist.«

Kurt zuckt die Achseln. »Mir bedeuten die Dinge immer erst dann etwas, wenn sie nicht mehr da sind«, sagt er.

Charlotte wirkt ergriffen.

»Den Satz kenne ich«, sagt sie zu mir. »Der stammt aus seinem Abschiedsbrief. Wie kann er das wissen? Hat er ihn schon geschrieben, weiß er, was er sich antun wird?«

»Das kann ich dir nicht sagen«, antworte ich. Dieses Gespräch muss sie selbst führen. Ich gehe langsam zur Tür, und als ich sie hinter mir zuziehe, höre ich, wie sie mit ihm zu sprechen beginnt.

»Bitte tu das nicht, das, woran du gerade denkst«, fleht sie ihn an. »Du weißt ja nicht, wie einzigartig du bist. Du ahnst nicht, wie viel du mir bedeutest. Bitte, bleib bei mir.«

Sie streckt sich Kurt Cobain entgegen, als wollte sie ihn in die Arme schließen und an sich drücken, als hätte sie vergessen, dass sie die Arme nicht bewegen kann und da kein Kurt ist, den sie festhalten kann.

NONC UND GERONIMO

NONC HÄLT mit seinem UPS-Truck am Chuck E. Cheese's und schaltet den Warnblinker ein. Der letzte noch stehende Handymast in ganz Lake Charles, Louisiana, ist nicht weit weg, deswegen macht Nonc jeden Tag ein paar Mal hier am Pizza Parlour Halt, um seine Mailbox zu checken. Er beugt sich hinüber zu seinem Sohn, der in einem aus Abschlepphaken notdürftig selbst gebastelten Babyhopser neben ihm baumelt, und versucht, dem Zweieinhalbjährigen sein Handy zu entwinden. Der Kleine heißt Geronimo.

»Pill«, sagt Geronimo ins Telefon. »Pill.«

Es ist eins der wenigen Worte, die der Junge schon kann, und Nonc hat keine Ahnung, was er damit sagen will.

»Tauschen wir?«, fragt Nonc und hält ihm eine Nuckeltasse mit kaltem Kakao hin. »Willst du *gla-gla*?«

Geronimo hat müde Kleine-Jungen-Augen, weiße Stummelzähnchen und einen ziemlichen Sonnenbrand.

Doch außer »Pill« will er nichts sagen.

Nonc schwenkt sein DIAD, das Gerät, auf dem die UPS-Kunden den Empfang ihres Pakets quittieren. Das Ding hat GPS, WLAN, eine Telefonfunktion und Bluetooth, das meiste davon allerdings seit dem Hurrikan nutzlos. Der Knirps grabscht danach, und Nonc stellt sich mit dem Handy auf den Parkplatz, der von einem Gewirr grüner und blauer Zelte bedeckt ist.

Rund um das verrammelte Outback Steakhouse nebenan drängen sich die FEMA-Wohnmobile; das AMC16, in dem schon lange kein Film mehr läuft, ist ein Lollapalooza urbanen Campings. Verrückt, aber mehrere Wochen, nachdem sie alles verloren haben, scheinen die Leute mehr Zeug zu haben als je zuvor – der ganze Mist, den sowieso kein Mensch haben will: Teflonpfannen, alte Handtücher, Kaffeedosen mit Besteck drin. Wie unterscheidet man die eigenen fadenscheinigen Laken von denen der Nachbarn? Die Tupperdosen, zu denen man nie den passenden Deckel findet, sehen ja sowieso überall gleich aus. Außerdem bergeweise neuer Plastikkram. Vor den Wohnmobilen stehen leuchtend lila Wäschekörbe, tiefe Campingstühle aus Kunststoff und schwarz lackierte Weber-Kugelgrills. Wie könnte es auch anders sein, wenn Wal-Mart der erste Helfer vor Ort ist.

In der Pizzeria ist es rappelvoll. Alle haben sonnenverbrannte Gesichter und einen glasigen Blick, tragen gespendete T-Shirts und Jogginghosen mit durchhängendem Hosenboden. Nonc geht zur Toilette, aber als er die Tür aufmacht, schlägt ihm ein derart übler Gestank entgegen, dass klar ist: Hundert Leute haben gerade in dieses Klo geschissen, und sogar Nonc tritt den Rückzug an – er, der in jüngster Vergangenheit Toilettenpapier aus Erste-Hilfe-Kompressen, einer Miniaturbibel und der Kruste einer Chuck-E.-Pizza improvisiert hat.

Nonc lässt sämtliche Plastiklöffel und Papierservietten mitgehen, hört seine Nachrichten ab und versucht, keinem der Leute um sich herum in die Augen zu sehen – erbärmlich, wie sie da den ganzen Tag im Chuck E. Cheese's herumlungern und keine Peilung von gar nichts haben. Der Laden hat sowieso nur auf, weil der Betreiber Christ ist. Und klar, Nonc hat eigentlich keinen Grund, sich wie was Besseres vorzukommen – er hat überall Mückenstiche, und die Wrap-around-Sonnenbrille hat einen weißen Streifen in seinem Gesicht hinterlassen, mit dem er aussieht wie ein Waschbär. Aber ihm hat ja schließlich auch keiner Klamotten und Prepaidkarten geschenkt, nachdem er letztes Jahr aus seiner Wohnung geschmissen und sein gesamtes Hab und Gut vom Gerichtsvollzieher versteigert worden war.

Als Erstes empfängt er eine SMS von Relle, seiner Freundin: »411 + XXX.«

Auf seiner Mailbox ist eine Nachricht von seinem Boss, es geht um irgendeinen Trupp Elektriker, die Stromleitungen reparieren. An solche mobilen Kolonnen auszuliefern, ist total nervig – sie arbeiten jeden Tag irgendwo anders und haben meist selbst keine Ahnung, wo sie eigentlich sind oder als Nächstes hinmüssen. Die Mannschaften stammen aus Nebraska oder Kansas; die Männer hatten sich freiwillig gemeldet, um nach Hurricane Katrina New Orleans zu retten, und sind alles andere als begeistert, dass sie jetzt nach Hurricane Rita in Lake Charles festhängen und da aufräumen dürfen.

Dann hat Nonc noch eine SMS von einem Arzt in Los Angeles, es geht um seinen Vater. Noncs Dad ist ein ziemlich mieser Typ. Auf der Skala beschissener Väter erreicht er zwar gerade mal einen Mittelwert, aber nach vielen Jahren lieblos hingerotzter Post-its wollte in Lake Charles keiner mehr was mit ihm zu tun haben, und da hat er sich schließlich Noncs Auto unter den Nagel gerissen und den Abgang gemacht. Noncs Vater kann nicht sprechen, deswegen bekommt Nonc ein oder zwei Mal im Jahr einen Anruf von jemandem, der sich hat breitschlagen lassen, einen ganzen Schwall Post-its für den Alten vorzulesen.

In der SMS steht: *Ihr Vater ist schwer krank, es ist ungewiss.*

Noncs Dad hat schon vorher Krebs gehabt, also ist das an sich nichts Neues. Aber es ist irgendwie so *wahr*: Das ganze Leben ist »ungewiss« – sollte es dann nicht auch so enden?

Nonc steigt auf einen der Kiddierides, eine Grüne Minna mit der singenden Ratte Chuck E. Cheese als Beifahrerin. Er lässt den Blick durch das Restaurant schweifen: die Evakuierten haben alle dieselben Patientenarmbänder im FEMA-Orange und billige weiße Sneakers an. Stopfen den ganzen Tag lang Pizza in sich rein und hängen vor der Glotze. Gut, die Leute hat es echt kalt erwischt – erst fegt Katrina über sie hinweg, dann werden sie nach Lake Charles evakuiert, nur, um dann drei Wochen später von Rita getroffen zu werden. Aber Rita ist vorbei, und es wird höchste Zeit, dass sie den Arsch hochkriegen. Denen müsste echt mal jemand verklickern, dass sie die ganzen Couchtische und Fotoalben sowieso nicht brauchen. Und *so* toll waren ihre Wohnungen nun wirklich nicht, und wenn sie die Hälfte ihrer Verwandtschaft aus den Augen verlieren, ist das vermutlich auch kein Schaden. Aber es gibt Sachen, die muss man selbst herausfinden. Nonc hebt die Hand.

»Gibt's hier jemanden, der Marnie Broussard kennt?«, ruft er, wie so oft, durch den Raum. »Weißes Mädel, aus Treme in New Orleans. Sie ist die Mutter von meinem Kleinen.«

Kurz darauf röhrt Noncs UPS-Transporter die Lake Charles Bridge hinauf. Die Brücke zerteilt die Stadt und lässt einen für kurze Zeit alles vergessen. Nonc überquert sie an die zehn Mal am Tag – Maschinenteile für die petrochemische Industrie, Lieferungen für die Kasinoschiffe, Tausende Styroporkühlbehälter mit Flusskrebsen zum Flughafen. Vor dem Hurrikan hat Nonc kaum einen Gedanken an die Brücke verschwendet. Heute Morgen hat er dem Schlachthof in Lacassine Wurstdärme und dem Gefängnis in Calcasieu Batterien für ihre Elektroschocker geliefert, aber wenn er die steile Brücke hinauffährt – dann hat er auf einmal kein Schweinequieken mehr in den Ohren, und seine Klamotten stinken nicht mehr nach Läusepulver und Knastfraß. Dann gibt es nur noch den sauberen Geruch der Reiskähne, Austernschalen in der Sonne und in dreißig Kilometern Entfernung, im Süden, das dünne Silberband des Ozeans.

Oben auf der Brücke gibt er sich die größte Mühe, nicht an die Frau aus New Orleans zu denken, die hier letzte Woche ihre Kinder hinuntergestoßen hat. Sie hat die Kleinen schön nebeneinander aufs Geländer gesetzt, dann ging alles ruck, zuck, und als sie zum Schluss selbst springen wollte, hat sie dann doch das Muffensausen gekriegt. Die Brücke zieht Lebensmüde magisch an, und Nonc ist die abgasgeschwärzten Kränze und die Spruchgraffiti an den Brüstungen (»Wir vermissen dich, Soundso«) gewohnt. Nach allem, was er weiß, lassen Eltern einen, kaum dass man ein Teenager ist, nach und nach im Stich, täglich ein bisschen mehr. Wenn man endlich darüber hinweg ist, dass sie einen alleingelassen haben, dann rufen sie ständig an, um einen immer wieder daran zu erinnern. Die Vorstellung, dass sich jemand seiner Kinder gleich auf einen Schlag entledigt, macht Nonc zu schaffen; er weiß auch schon, wie das Ganze enden wird: Am Ende ist der Hurrikan an allem schuld, und die Alte wird ein Jahr lang in betreutes Wohnen gesteckt – und dann zieht sie nach Vegas und macht sich einen faulen Lenz mit Steak für einsneunundneunzig.

Nonc lässt den Truck auf der anderen Seite der Brücke hinunterrollen und biegt dann auf die Lake Street ab, wo die protzigen Villen stehen, alle mit fettem Anleger und Bootshaus. Weil die Reichen immer noch dort sind, wo Reiche bei einer Evakuierung halt hinfahren, also vermutlich im Urlaub, werden die Stromleitungen in diesem Stadtteil als Letztes repariert. Wie alte Autoreifen liegen die Stämme entwurzelter Eichen in Scheiben zersägt im Straßengraben. Noncs Truck rumpelt über Backsteine, die aus umgeblasenen Schornsteinen über die Straße geweht worden sind. Geronimos gelber CD-Player hat einen Aussetzer.

»Gro-Gro«, schreit der Junge.

»Beruhig dich, Mister«, sagt Nonc und skippt durch die einzelnen Tracks – auf der CD sind Ernie und Bert, die das Quietscheentchenlied singen, dann muss Graf Zahl irgendwas zählen. Als Grobi mit seinem ABC-Rap loslegt, dreht Nonc lauter.

Eine Woche hat er gebraucht, um zu kapieren, dass mit »Gro-Gro« Grobi gemeint ist.

Das »Sorgerecht« hat Nonc seit dem Tag nach Katrina. New Orleans wurde evakuiert, ganze Busladungen wurden nach Lake Charles gebracht, dabei war die Stadt schon überfüllt mit den Arbeitern von den Bohrplattformen. Nonc hatte eine FEMA-Lieferung – was hieß, dass er durch einen Kasinoparkplatz waten musste, auf dem Tausende von Leuten lagerten, und nach einem Typen mit Krawatte Ausschau halten. Als er zurückkam, fand er Geronimo in seinem Truck, ausgestattet mit einem gelben CD-Player und einem Plastiksack Klamotten.

Nicht mal die kleinste Anweisung ließ Marnie ihm da. Muss man einem Kleinkind die Zähne putzen? Was macht man, wenn so ein Zwerg die ganze Nacht wach ist und an die Decke des Transporters starrt? Nonc würde alles für ein kleines Wörterbuch geben. Was soll *Bibbe* bloß heißen? Und wer oder was ist *M-A*? Ein paar Dutzend Worte hat Nonc mittlerweile erkannt – *zurück, Bett, kaputt, Mist* – solche Sachen. *Gla-gla* ist Kakao. Wenn der Zwerg Hilfe braucht, sagt er *hoch, hoch*. Und dann natürlich *Pill*, was er ganz deutlich ausspricht – bloß warum, um Himmels willen?

Relle hat dem Jungen umarmen und küssen beigebracht. Wenn man »Baby, küss das Auto« sagt, wackelt er hin wie ein Roboter, auch wenn er ganz offensichtlich keinerlei Lust dazu hat, und berührt die staubige Stoßstange mit den Lippen. Relle sagt immer »Baby, umarm den Stuhl« zu ihm und kriegt sich dann nicht mehr ein, wie süß er das macht. Und wenn Geronimo auf Vernichtungsmission geht, merkt man das meist erst, wenn er irgendeinen Barhocker schon durch die halbe Kneipe geschoben hat. Dass der Junge ihn Nonc nennen soll und nicht Randall, wie er richtig heißt, war auch Relles Idee.

Nonc und Relle nennen ihn Knirps, Zwerg, G-Ron und so weiter, weil Geronimo seinen langen Namen noch nicht verstehen und erst recht nicht aussprechen kann. An dem Namen sieht man, was Nonc für ein Typ war damals, als Marnie ihm gesagt hat, dass sie schwanger ist. »Geronimo!«, rief er aus, so wie die Fallschirmjäger, wenn sie über feindlichem Gebiet abspringen. Den Eintrag auf der Geburtsurkunde hatte er dabei nicht im Sinn – jedenfalls soweit er sich daran erinnern kann. Marnie zog weg, nach New Orleans, bekam dort das Kind, und als sie erst mal herausgefunden hatte, wie man die Unterhaltszahlungen direkt von Noncs Konto pfänden lassen konnte, gab es nicht mehr viel zu besprechen. Aber nun sind sie zusammen unterwegs, das heißeste UPS-Team aller Zeiten – Nonc hat Geronimos Babyhopser aus Packgurten über dem Notsitz neben sich aufgehängt, ein behelfsmäßiger Wickeltisch wird hinten am Heck ausgeklappt. Es geht also irgendwie, fünf Wochen macht Nonc das jetzt schon, und Marnies Urlaub vom Mutterdasein kann ja nicht ewig dauern. So viele Orte, an denen man sich verstecken kann, gibt es in Lake Charles nicht, Hurrikan hin oder her.

Die Mannschaft, die die Stromleitungen repariert, hat sich eine primitive Schneise durch die Lake Street geschlagen. Die Büsche sind von fliegenden Glasscheiben abrasiert worden, und in den Bäumen hängen Zuckerwattetupfer, rosa Steinwolle aus Dachisolierungen. Das Seltsame ist nicht die Zerstörung – an den Anblick explodierter Kühlschränke und nasser Matratzen, die aufgebläht sind wie Wasserleichen, hat man sich inzwischen gewöhnt. Wirklich beunruhigend sind die Kleider, die in den toten Ästen baumeln, so dass man aus dem Augenwinkel immer das Gefühl hat, es beobachtet einen jemand von da oben. Und wenn man an den Häusern vorbeifährt, schlucken die Löcher der gähnenden Fensteröffnungen das, was sich früher in der Scheibe gespiegelt hätte. Gruselig.

Vor ihm stehen ein paar Laster mit der Aufschrift *City of Tulsa* und ein Reparaturwagen. Ein paar Techniker arbeiten sich in einer Wolke aus Sägemehl und Zweitakterabgasen an den Freileitungsmasten voran, während die Elektriker mit T-Shirts auf dem Kopf auf Faltstühlen im Schatten eines auf der Seite liegenden Segelboots schwitzen. Man sieht den Männern an, dass sie in ihren Trucks hausen – überall stehen Milchkisten mit Verpflegung herum, notdürftig gewaschene Klamotten flattern am Ausleger eines Kranwagens. Wahrscheinlich besorgen sie sich jedes Mal, wenn eine Bratpfanne dreckig wird, irgendwo in einem Haus eine neue und scheißen in alte Farbeimer. Es ist gar nicht so schwer, in seinem Truck zu wohnen. Wenn man sich einmal damit abgefunden hat, hat man die ganze Sache schnell im Griff.

Das Paket, das G-Ron und er abliefern, ist kein raffiniertes Ersatzteil oder so etwas. Nonc zieht es aus dem Regal – *Amazon* steht drauf. Nonc steigt aus, Geronimo wackelt mit dem DIAD-Scanner hinterher – der Kleine ist für die Unterschriften zuständig. Ein Elektriker mit hochgeschobenem Schutzvisier kommt auf einer Hebebühne zu ihnen heruntergefahren und zeigt auf einen Mann, der auf dem einzigen Bootsanleger, der nicht weggeblasen worden ist, sitzt und Blaupausen studiert.

Der Mann ist schon älter, wahrscheinlich über fünfzig. Er trägt einen tarnfarbenen Sonnenhut und um den Hals ein beachtliches Fernglas mit orangegetöntem Glas. Nonc und der Junge gehen auf ihn zu, Nonc ruft ihm entgegen, was auf dem Adressaufkleber steht: »Bob Vollman, Energieversorgung City of Tulsa, c/o Lake Charles, Louisiana.«

»Das bin ich«, sagt Vollman. »Gott sei Dank gibt es Amazon – und UPS natürlich.«

Mit seinem Taschenmesser öffnet er das Päckchen und holt *Snyder's Guide to the Birds of the Gulf Wetlands* heraus – die Ornithologenbibel.

»Hier schießen die Leute meistens eher auf Vögel«, sagt Nonc.

Geronimo hält das DIAD-Board hoch, und der Ingenieur bemerkt ihn und zieht sich den Hut vom Kopf. Er steckt die Hand in den schlabberigen Sonnenhut und lässt ihn reden wie Yoda: »Eine Unterschrift man möchte, hmm?«, fragt der Hut. »Und, was wir hier haben, hmm? Ein Kind, einer von der kleinen Truppe, wie ich, ja?«

Geronimo geht auf den Hut zu und schaut in die Falten hinein, als glaube er, so aus ihm schlau werden zu können.

Yoda verzieht das Gesicht. »Ernst er ist, der kleine Mann, hmm? Viel Chaos er hat gesehn.« Der Ingenieur wirft Nonc einen fragenden Blick zu. »Überall Unsicherheit herrscht.« Die Handpuppe blickt die Straße hinauf und hinunter, aber Geronimo spielt nicht mit. Vollman lässt die Handpuppe den Griffel nehmen und unterschreibt murmelnd, als habe er den Mund zu voll zum Reden. Das bringt Geronimo dann doch zum Lachen.

»Ich habe einen Sohn genau in seinem Alter«, sagt Vollman. »Die beiden Großen sind schon auf dem College, und auf einmal kommt noch ein kleiner Henry hinterher.«

»Bei den Cajuns heißt das *lagniappe*«, antwortet Nonc. »Wir meinen damit, dass man ganz unverhofft noch eine wunderbare Dreingabe kriegt.«

»Das können Sie aber laut sagen«, erwidert Vollman und strubbelt Geronimo durchs Haar. »Nicht leicht, so einen kleinen Racker daheim zurückzulassen.«

Nonc hat schon öfter versucht, sich den Augenblick vorzustellen, in dem Marnie den Jungen im Transporter abgesetzt hat – wenn er bloß eine Ahnung hätte, was sie zum Abschied zu ihm gesagt hat. Vielleicht wüsste er dann, wo sie hin ist und wann sie ihn wieder holen kommt.

»Und was haben Sie zu ihm gesagt?«, fragt Nonc. »Als Sie weg sind, meine ich?«

»Zu Henry?«

»Genau.«

»Ich habe gesagt: *Ich bin gleich wieder da.* Kinder in dem Alter haben noch kein Verständnis für Zeit. Sie kapieren nicht, was ein Monat ist. Außerdem reicht die Erinnerung nicht so weit zurück. Ich habe den ein oder anderen Fehler in meinem Leben begangen, so als Vater, meine ich, das können Sie mir glauben. Aber wenn sie in dem Alter sind, hat man noch ein bisschen Spielraum.«

»Das hier ist ja nicht für länger«, sagt Nonc. »Der Kleine kommt bald zurück zu seiner Mama.«

»Der Hurrikan hat eine Menge durcheinandergebracht«, sagt Vollman. »Ihr zwei habt es offensichtlich nicht so ganz einfach, grade. Aber mal ganz ehrlich: Sie können den Jungen nicht im Schlafanzug rumrennen lassen. Hier liegen überall Scherben und Nägel herum. Der Junge braucht Jeans und feste Schuhe, wirklich.«

Es ist kein Schlafanzug, sondern ein Jogginganzug, den Relle dem Knirps genäht hat, aber Nonc sagt nichts.

Vollman hält sein neues Vogelbestimmungsbuch hoch. »Bei Amazon gibt's jede Menge Kindersachen.«

Als Geronimo das Buch ansieht, sagt er: »Vogel.«

»Ganz genau«, antwortet Vollman. »Komm, wir gucken uns einen Piepmatz an.« Er hebt das Fernglas hoch und lässt Geronimo mit hineinschauen. Beide blicken mit je einem Auge hindurch. Mit gerunzelter Braue suchen sie die gesamte Seeoberfläche ab. »Heute Morgen habe ich einen blauen Ara gesehen«, erzählt Vollman. »Nicht gerade die heimische Fauna Louisianas, aber trotzdem wunderschön. Der Ara saß auf einem gekenterten

Lastkahn, da draußen auf dem Wasser, im Schnabel eine dicke Paprikaschote.«

»Ara«, sagt der Junge.

»Recht hast du«, sagt Vollman.

»Bibo.«

»Ganz richtig. Er war fast so groß wie Bibo.«

Nonc steht hinter den beiden und blickt ebenfalls hinaus aufs Wasser. Es ist Ebbe, und der ganze Mist im See treibt auf sie zu. Fünf Quadratkilometer braune Suppe voll mit Müll. Als Nonc sich die Hand über die Augen hält, kann er Dachbalken erkennen, Recyclingcontainer, gammelige Sofapolster und den ganzen Ramsch, den die Menschheit in ihren Garagen gehortet hat. Träge dreht sich dort draußen ein schwarzer Faulbehälter, als läge er auf einem Laufband; aus dem Wasser taucht ein Bootsrumpf auf, zeigt den Kiel wie eine Haifischflosse und versinkt. Nonc hatte sich vorgestellt, dass die Kinder in schönes blaues Seewasser fielen, als sie von der Brücke gestoßen wurden. Er hatte sich vorgestellt, dass sie mit offenen Augen fielen, sich an der Hand hielten und wussten, dass sie wenigstens einander hatten. Aber da ist nur der dunkle See, ein Strudel aus Flüssiggasflaschen, Spanplatten und Ölfässern.

Nonc fährt die lange Strecke um den See herum, an verlassenen Eiswagen mit tropfenden Bäuchen vorbei, vorbei an Kühen, die vom Salzwassertrinken erblindet sind, und einer Kirche, auf deren Anschlagtafel groß steht: »Das Auge des Sturms ist der Friede Jesu Christi.« Hier, auf der anderen Seite des Sees, ist die Touristeninformation von Southwest Louisiana, und da arbeitet Relle. Jetzt teilt sie keine Broschüren über die »Cajun Riviera« mehr aus, sondern zeichnet den Hilfstrupps Karten, wie man da hinkommt, wo früher die Ortschaften Gueydan und Grand Chenier waren. Hurrikans hin oder her, der Gegend geht es dank dem Glücksspiel blendend, insofern kriegt jeder nach wie vor zum Andenken ein Fläschchen Tabascosoße, eine Basecap mit der Aufschrift »Sportsman's Paradise« und eine Mardi-Gras-Plastikperlenkette, die einem ein hübsches Mädchen umhängt. Das hübsche Mädchen ist Relle.

Durch die Fensterscheibe hindurch kann Nonc sehen, wie sie mit irgendwelchen Typen von der Regierung schäkert, die alle diesen sorglosen Gesichtsausdruck draufhaben – sie können hier nämlich wieder weg. Alle haben mindestens sechs Plastikketten umhängen und lachen und grinsen unentwegt, und die Pointen ihrer Witze sind wohl so gut, dass Relle sich mit ihrem Quittungsblock Luft zufächeln muss. Nonc betätigt die Lichthupe und deutet auf eine Kneipe auf der anderen Straßenseite, in der Marnie früher Stammgast war, damals. Er wendet, hält drüben an, schaltet die Warnblinker ein und sticht einen Strohhalm in eine Safttüte. »Baby Saft trinken«, sagt Nonc zu dem Jungen und schnappt sich sein Handy. »Nonc ist gleich wieder da.«

Geronimo hebt die Arme und versucht, aus seinem Hängesitz herauszukommen.

»Bibbe«, sagt er, »Bibbe.«

»Ist ja gut«, sagt Nonc. »Nonc muss nur schnell was erledigen.«

Er lässt den Blick durch die Kneipe schweifen und sieht sich die Wand mit den Bierhumpen an. Wenn man oft genug herkommt, wird einem ein Humpen mit Namen drauf gewidmet. Die Wand ist ein wahres *Who's who* der Loser Südlouisianas, aber Marnie ist nicht dabei. Der Mann hinter der Theke sieht aus wie ein Malocher von der Ölplattform auf Urlaub. Er fragt »Was darf's sein«, und als Nonc sagt: »Nichts, danke«, klopft der Kellner zweimal mit den Knöcheln auf die Theke. Das machen die Croupiers auf den Flussbooten, wenn ein Kasinogast kein Trinkgeld rausrückt.

Wie beiläufig meint Nonc: »Kennen Sie zufällig eine Marnie Broussard, kommt die manchmal noch her?«

»Und was wird das, Smalltalk oder was?«, fragt der Barkeeper. »Wollen Sie nun was trinken oder nicht?«

»Die Frau.« Nonc lässt nicht locker. »Früher war sie immer hier, dunkle Haare, tiefliegende Augen.«

Der Barmann zapft ein Bier und stellt es vor Nonc hin, als sei es das letzte Bier der Welt. »Hurrikanhilfe«, sagt er. »Geht auf mich.«

Nonc klappt sein Handy auf, findet ein schwaches Signal und geht seine Nachrichten durch bis zur Nummer des Arztes. Er weiß nicht genau, was er zu ihm sagen soll, aber er ruft trotzdem an. Als er schon fast auflegen will, hebt doch noch jemand ab, sagt aber nichts. Dann hört Nonc das Klicken des Ventils. Das ist der Schlauch im Luftröhrenschnitt seines Vaters. Nonc kann das Ding im Schlaf hören, so vertraut ist ihm dieses Geräusch. Dieser nasse, rasselnde Rhythmus, das ist wie ein Countrysong – das ist »The Battle Hymn of the Republic«.

Wenn der Arzt recht hat, wird Noncs Dad diesmal wirklich den Abgang machen. So ist das Leben. Im Leben passiert alles Mögliche – es passiert und man kommt irgendwie damit klar, dreht sich um und macht weiter. An gewissen Punkten im Leben kapiert man, dass gerade etwas Großes in Gang kommt, zum Beispiel, wenn deine Freundin Marnie dir erzählt, dass sie schwanger ist. Dann wird dir klar, dass irgendein größerer Plan existieren muss, von dem du nichts ahnst, und so etwas ist ein erster Schritt in eine neue Richtung. Jemand setzt dir ein Kind ins Auto – das ist auf jeden Fall eine große Sache, dich hat nur mal wieder niemand vorher gefragt. Deine Ex macht die Fliege – das lässt sich nicht so einfach ignorieren. Das ist eine ziemlich ernsthafte Entwicklung. Manche Sachen kommen einem wie große Entwicklungen vor – dein Gehalt wird für Unterhaltszahlungen gepfändet, dein Alter haut mit deinem Auto ab, du wirst aus deiner Wohnung geklagt, alles, was du hast, wird beschlagnahmt – aber früher oder später findet man sich damit ab, man findet einen neuen Weg, und man merkt, dass die Ereignisse einen nicht aus der Bahn geworfen haben, dass sie einem im Grunde nichts anhaben können. Es ist halt passiert, na und? Mal ganz ehrlich – der Hurrikan hat Noncs Leben nicht das kleinste bisschen verändert. Und der Tod seines Vaters wird das auch nicht tun. Das Vertrackte ist nur, dass Nonc die großen nicht immer von den kleinen Sachen unterscheiden kann.

Nonc sitzt einfach nur da und starrt in sein Telefon, als Relle die Kneipe betritt. Sie trägt immer sexy Trainingsanzüge – natürlich selbstgenäht –, die sich satinglänzend an ihre Rundungen schmiegen.

»Mit wem telefonierst du?«, fragt sie.

»Mit meinem Vater«, antwortet er.

Sie sieht ihn verwundert an: »Ich dachte, er liegt im Sterben.« Nonc zuckt die Achseln.

»Hast du ihn angerufen oder er dich?«, fragt sie, kann die Antwort aber an seinem Gesicht ablesen. »Was hast du zu ihm gesagt?«

»Weiß nicht. Was gibt's groß zu sagen?«

»Was gibt's groß zu sagen? Du redest doch nonstop von ihm.«

»Ich? Du fängst doch immer davon an. Dabei kennst du ihn gar nicht.«

»Ich brauche ihn nicht zu kennen.« Sie greift nach dem Handy. »Ich weiß auch so schon genug über ihn.«

Nonc weiß, dass er ihr das Telefon nicht überlassen sollte – Relle kann brutal ehrlich sein –, aber er lässt sie machen.

Nur um sich noch mal zu versichern, fragt sie Nonc: »Du bist dir ja ganz sicher, dass er nicht reden kann, stimmt's?« Sie lächelt, als Nonc nickt. Genauso süßlich lächelt sie, wenn ein Kunde den Kopf neigt, um sich eine Plastikperlenkette umhängen zu lassen. »Mister Richard«, sagt sie ins Handy. »Hallo, ich heiße Cherelle. Ich bin eine Freundin von Randall, und ich wollte Ihnen eine Geschichte erzählen. Es war einmal ein Mann, dem ging es immer nur um sich. Er hat seine Familie nach Strich und Faden ausgenutzt, noch das Letzte aus ihnen rausgeholt, als wären sie ein Stück Klopapier, mit dem man sich so lange den Hintern wischt, bis wirklich kein Fitzel davon mehr sauber ist. Er hat seinem Sohn das Auto geklaut, und dann war er endlich weg, und das ist das Happy End der Geschichte. Was will dieser Typ jetzt wohl noch?«

Ein Schauder der Furcht und Befriedigung überläuft Nonc, als Relle so mit seinem Vater redet.

Trotzdem sagt er: »Autsch, hatte ich erwähnt, dass er am Abnibbeln ist?«

Sie klappt das Handy zu. »Wo ist der Kurze?«, fragt sie.

»Alles okay, ist im Wagen. Ich fass es nicht, was du da gerade für einen Scheiß gelabert hast. Das ist *mein* Alter, nicht deiner.«

Relle greift nach dem Glas und trinkt einen Schluck Bier. »Hätt er's besser machen sollen.«

Nonc nimmt auch einen Schluck. »Und meinst du, sie äschern ihn ein?«

»Wer soll ihn einäschern?«, fragt sie.

»Na, Kalifornien natürlich.«

»Wie, du meinst die Regierung? Vergiss es, Süßer. Das kostet. Du musst rausfahren nach Kalifornien und ihn abholen. Du musst ihn beerdigen, so ist das Gesetz.«

»Weißt du, was ich gern machen würde?«, sagt Nonc. »Seine Asche nehmen und bei meiner Mutter auf dem Rasen verstreuen. Wie abgefahren wäre das denn? Die Alte würde ausrasten.«

»Ich würde mal sagen, deine einzige Chance ist rausfahren nach Kalifornien, und wenn sie das Leichentuch hochheben und du ihn identifizieren musst, dann sagst du, es ist nicht dein Alter. Dann muss die Regierung blechen.«

Nonc wirft Relle einen vernichtenden Blick zu. »Hey, was soll das?«, sagt er. »Hier geht es nicht um Geld.«

Er merkt, dass Relle ihm eine patzige Antwort geben will, von wegen Marnie, die sich seinen Lohn abgreift, aber sie beißt sich auf die Zunge. Um was Nettes zu sagen, konstatiert sie: »Das Auto siehst du nie wieder.«

»Ich weiß«, sagt er. Es war bloß ein Toyota, aber die laufen ewig.

Dann zieht Relle ein Foto heraus beziehungsweise eine Farbkopie von einem und schiebt es ihm hinüber. Es ist ein unscharfes Bild von einer Frau auf einem Tisch.

»Treibst du dich jetzt in Leichenhallen herum oder was?«, fragt Nonc.

»Nein«, antwortet sie. »FEMA hat ein Leichenbuch, das man durchgucken kann.«

»Tut mir leid, aber das ist nicht Marnie.«

»Hast du sie dir überhaupt richtig angeguckt? Ein Meter dreiundsechzig, blondiert, vermutlich Alkoholschädigung im Mutterleib.«

»Mensch, red nicht so einen Scheiß.«

»Hatte Marnie einen Kaiserschnitt?«

»Woher soll ich das wissen?«, fragt er zurück.

»Hör zu. Ich will doch auch nicht, dass sie das ist«, sagt Relle. »Niemand will, dass jemand stirbt. Ich meine, der kleine Hosenscheißer braucht seine Mama, und wie.«

»Marnie ist nicht tot«, entgegnet Nonc. »Sie macht nur mal Urlaub vom Muttersein, weiter nichts. Sieht ihr wirklich ähnlich, auf so eine beknackte Idee zu kommen.«

Relle zuckt die Achseln. »Na, dann können wir ja auch nach Beaumont fahren und selbst nachgucken, oder? Wenn sie's nicht ist, super. Alles bleibt beim Alten. Wenn sie es ist, bleibt auch alles beim Alten, außer, dass du wieder Pläne machen und etwas unternehmen kannst.«

Nonc schiebt ihr die Fotokopie zurück. »Du kennst Marnie nicht! Jemand wie Marnie ersäuft nicht in einem QuickMart in Texas. Wenn dieser ganze Hurrikan vorbei ist, steht sie besser da als je zuvor.«

»Zumindest mit weniger Ballast«, meint Relle.

»Sie hat wahrscheinlich Geld von der FEMA bekommen und macht sich gerade einen schönen Lenz. Wenn die Kohle alle ist, ist sie wieder da.«

»Welcher normale Mensch würde denn sein Kind sitzenlassen, wenn's ihm gut geht, und wiederkommen, wenn nicht?«

Darauf hat Nonc auch keine Antwort.

Relle stöbert in ihrer Handtasche herum. »Und warum willst du sie nicht finden?«

Nonc trinkt noch ein Schlückchen Bier und schiebt das Glas dann von sich. »Ich suche genauso nach ihr wie du.«

Relle zieht ein großes Wattestäbchen in einem Plastikröhrchen aus der Handtasche, noch eingeschweißt. »Fast hätt ich's vergessen«, sagt sie.

»Was vergessen?«

»Sag mal A«, befiehlt sie ihm.

»Warum?«

»Mach's einfach«, sagt sie und reißt die Folie auf.

Als Nonc »A« sagt, steckt sie ihm das Ding tief in den Mund und dreht es ein paar Mal an seinem Gaumen um.

»Was zum Teufel ist das denn?«

»Das ist ein Tupfer.«

»Was für ein Tupfer?«

Relle trinkt das Bier aus und steckt den Tupfer zurück in das Plastikröhrchen.

»Wir sehen lieber mal nach dem kleinen Mann«, sagt sie. »Ich muss wieder los.«

Als sie draußen über den Schotter und die Kronkorken auf dem Parkplatz knirschen, hören sie schon Geronimo im Truck. Er ruft: »Hoch, hoch.« Als Nonc den Kopf zur Tür hereinsteckt, sieht er, dass der Junge es geschafft hat, den Styropordeckel einer Kühlbox anzuheben. Alles ist voll krabbelnder Flusskrebse, und Geronimo windet sich.

»Holla«, sagt Relle. »Da hat aber einer Spaß.«

Sie will einsteigen, aber Nonc sagt: »Lass mich. Wir kommen schon klar.«

»Bist du sauer oder was?«

»Nein«, antwortet er. »Wir reden heute Abend drüber.«

»Bei AA?«

Der Junge zerrt an den Gurten des Babyhopsers.

»Wo denn wohl sonst?«, gibt Nonc zurück. »So, und jetzt muss ich mich hier mal kümmern.«

Aber Relle geht nicht, sondern steigt in den Transporter. »Er ist so süß«, sagt sie. »Irgendwann kriegen wir mal ein Kind, das genauso süß ist wie er.« Und damit schiebt sie ihm einen Tupfer in den Mund.

»Hey, verdammt noch mal, was machst du da?«

»Ist doch nur ein Test«, sagt sie und springt aus dem Wagen. »Ist bei der FEMA kostenlos, damit Familien wieder zusammengeführt werden können.«

Nonc rennt ihr hinterher. »Bist du wahnsinnig? Das ist mein Sohn!«, ruft er. »Guck ihn dir an, natürlich ist er von mir.«

»Das weißt du doch gar nicht«, sagt sie und läuft in ihrem Trainingsanzug über die Zufahrtsstraße.

Als Nonc in den Transporter klettert, lassen die Flusskrebse böse ihre Klauen klicken, und Geronimo hat Schluckauf, den er immer kriegt, wenn er sich fürchtet. »Hoch, hoch«, ruft der Junge.

Er zappelt mit den Beinen und reißt an den Gurten.

Es tut Nonc weh, ihn so zu sehen. »Hey, mein Großer«, sagt er. »Vor denen brauchst du doch keine Angst zu haben. Nonc ist da, alles ist in Ordnung. Nonc beschützt dich.«

Er macht die Haken los, und der Kleine klammert sich an ihm fest. Er zittert am ganzen Körper, sein Gesicht ist mit Rotz verschmiert.

In der Windel ist zwar noch nichts, aber Nonc geht mit ihm nach hinten zum Windelwechseln. Das beruhigt ihn immer. »Ruhig, ganz ruhig«, flüstert Nonc und legt ihn auf die Wickelunterlage. Der Junge hält immer noch panisch Ausschau nach den Flusskrebsen.

»Nonc ist wieder da, okay? Nonc kommt immer wieder.« Aber Geronimo ist noch zu klein, um es zu begreifen. In diesem Augenblick kennt er nur die Angst und glaubt, dass sie ewig dauern wird, dass es nichts anderes gibt.

Nonc zieht ihm die Hose herunter und öffnet die Windel. Sie ist zwar noch völlig in Ordnung, nicht nass oder so, aber er wirft sie trotzdem weg. Geronimo beruhigt sich allmählich, als Nonc ihm eine frische Windel unter den Po schiebt. Nonc macht immer wieder *psch*, und als er den Jungen bittet, die Beine zu heben, gehorcht Geronimo sofort und hält die Beine oben. Jetzt kommt Geronimos liebster Teil. Nonc hält den Babypuder hoch. Ganz sanft lässt er ihn herunterschneien. Das Zeug ist kühl und duftet frisch.

Er schüttelt die Dose, und der Blick seines Sohnes folgt dem weißen Pulverstaub, der langsam herunterrieselt. Das kann der Junge sich ewig ansehen.

Der UPS-Betriebshof ist fast leer; die wenigen Fahrer, die momentan überhaupt noch arbeiten, sind unterwegs. Nonc dockt den Truck an, damit sie ihn saubermachen und volltanken können, bevor sie wieder losfahren. Geronimo darf den Wasserschlauch halten und spült die Flusskrebse in den Gully, die Nonc aus dem Wagen auf den Asphalt kehrt. Es scheint dem Jungen Spaß zu machen, wie die Krebse gegen den Wasserstrahl antanzen, aber als sie endlich alle im Abfluss verschwunden sind, scheint er nicht recht weiterzuwissen.

UPS erlaubt Nonc, seine Lebensmittel im gekühlten Lagerhaus aufzubewahren, so dass er zwischen den Ausfahrten ein paar Erdnussbutterbrote schmieren und die Nuckeltassen nachfüllen kann. Was solche Sachen betrifft, sind die von UPS ziemlich cool – Nonc darf den Truck nachts mitnehmen, so wie ein Bulle seinen Streifenwagen, und sie verlieren kein Wort darüber, dass Geronimo mitfährt. Solang man keinen Scheiß baut, mit dem man sich in die Schlagzeilen katapultiert, ist der braune Riese auf deiner Seite. Ein Fahrer hatte einen in der Krone und fuhr seinen Truck in den Straßengraben. UPS kam und hat ihn wieder rausgezogen, keine große Sache. Ein paar Stunden Therapie, und schon war er wieder im Einsatz.

Nonc lädt sich eine neue Packliste auf das DIAD-Board, das ihm die optimale Route vorzeichnet – er sieht auf den ersten Blick, dass eins der Pakete an seine eigene Adresse geht, also seine alte, die an der Kirkman Avenue, wo er rausgeklagt wurde. Dahin fährt er zuerst. In seiner Straße hat es zwei dicke Eichen umgeweht, so dass ein ganz anderes Licht auf das Mietshaus mit den vier Wohnungen fällt. Er erkennt es kaum wieder, als er vorfährt. Alle vier Türen sind eingetreten, und auf der Veranda stecken ein paar Krähen die Köpfe immer abwechselnd in einen Cornflakes-Karton.

Als er an jenem Tag im letzten Jahr nach Hause gekommen war, hing ein fettes Vorhängeschloss an der Tür, zusammen mit einem Schrieb vom Gerichtsvollzieher, in dem stand, sein gesamter Besitz würde versteigert und der Erlös auf seine Mietschulden angerechnet. Aber als Nonc jetzt einen Schritt näher tritt, sieht er seinen eigenen alten Fernseher auf der Konsole stehen, sein Sofa, auf dem der Schimmel blüht, seine mit Glassplittern überstäubte Esstischgarnitur. Das restliche Zeug gehört ihm nicht – das kaputte Geschirr auf dem Boden, die zersplitterten Bilderrahmen, das umgedrehte Fahrrad an der Hintertür. Dass dieser ganze fremde Kram nun zwischen seinen Sachen liegt, findet er weniger seltsam als die Vorstellung, dass sie ihm irgendwann mal etwas bedeutet haben sollen. Wann hatte er je Zeit, auf der Couch zu sitzen? Hat er wirklich mal Fernsehserien geschaut? Es kommt ihm so vor, als wäre ihm der, dem damals das Sofa gehörte, nicht minder fremd als der, dessen Familienfotos jetzt auf dem Boden herumfliegen.

Nonc wirft einen Blick auf das Päckchen und sieht, dass es an ihn selbst adressiert ist, Randall Richard. Es ist von seinem Vater. Nonc nimmt eine Scherbe und schlitzt den Karton auf. Ein Klebezettel liegt darin, eines der untrüglichen Post-its seines Vaters: »Kalifornien hat mich umgebracht, aber sonst ist es okay hier. Das hier sind meine persönlichen Sachen. Sie haben mich gefragt, was damit passieren soll, und mir fiel nichts anderes ein.«

Nonc dreht den Zettel um, ob da noch mehr steht, aber da ist nichts. In dem Karton sind die Klamotten seines Vaters – seine Hose, sein Hemd, sein Gürtel, seine Basecap. Mit dem Tod seines Alten hat Nonc kein Problem, aber die Vorstellung, dass er sich nie wieder vernünftig anziehen wird, dass er in einem Krankenhauskittel sterben wird, kommt ihm merkwürdig und unmöglich vor. Eine Brieftasche liegt auch dabei. In das Leder ist das Wort »Nonc« eingebrannt, eine Abkürzung von *N'Oncle*, das Cajun-Wort für »Onkel«, mit dem man gute Freunde der Familie bezeichnet. So hatte er als Junge seinen Vater genannt, bevor er anfing, ihn Harlan zu nennen. Es wird Nonc auf einmal klar, dass er zu seinem Vater nie »Dad« gesagt hat, so wie sein eigener Sohn komischerweise zu ihm jetzt auch nicht.

In der Brieftasche ist eine Kundenkarte von Costco, etwas Bargeld und eine handgeschriebene Liste mit Online-Kasinos inklusive Zugangsdaten und Passwörtern. Außerdem ist ein kalifornischer Führerschein mit einer Adresse in L.A. darin, die er mit dem DIAD nachgucken könnte, und ein uralter, laminierter Schrieb von einem Arzt, der bescheinigt, dass Harlan stumm ist. Nonc nimmt einen Schlüsselbund aus dem Paket, einen großen, an dem alle möglichen Autoschlüssel hängen: Toyota, Ford, Hyundai. Ein Schlüssel gehört zu einem Motorboot, einem Grady White, dem besten. Ansonsten ist da noch ein Paket unbenutzter weißer Stofftaschentücher, mit denen sein Vater immer seine Halskanüle saubergemacht hat. Das ganze Zeug liegt auf Noncs Schoß. Es ist ein Gefühl, als würde er die Habseligkeiten von seinem Dad durchwühlen, als könnte der jeden Moment hereinkommen und ihn dabei erwischen. Oder als sei sein Vater schon vor langer Zeit gestorben und das seien die letzten Überbleibsel von ihm. Nonc wischt alles von seinem Schoß aufs Sofa – die Schlüssel, das Geld, die LSU-Basecap. Er steht auf und sieht sich noch einmal um. Er versucht, die verschiedenen Besitzer in dem ganzen Müll zu erkennen, die Sachen irgendwie auseinanderzuhalten. Nichts wie weg. Beim Rausgehen will er die Tür hinter sich zuziehen, aber sie klemmt.

Um mal eine Pause von Geronimo zu haben, gehen Nonc und Relle immer zu den AA-Treffen in der Presbyterianischen Kirche, wo ein paar Omas kostenlose Kinderbetreuung anbieten. Zwei Stunden lang kann man gratis Kaffee trinken und sich die Probleme anderer Leute anhören. Heute Abend ist Nonc vor Relle da, liefert den Knirps ab, nimmt sich ein Stück Hefezopf und setzt sich in dem noch halb leeren Kreis auf einen Stuhl. Die Kirchen tun immer so, als wäre dort alles etwas ganz Besonderes – Briefumschläge für die Kollekte, Kleinkinder in dunklen Samtanzügen und am Sonntag Parkeinweiser mit weißen Handschuhen. Aber im Untergeschoss sehen alle Kirchen gleich aus – Klappstühle, alte Elektrogeräte, Wäschekörbe voller Klamotten von toten Leuten.

Die AA-Dauergäste treffen ein. Es soll zwar angeblich »anonym« zugehen, aber Lake Charles ist kein besonders großer Ort und Nonc hat schon so ziemlich an jeder Tür mal geklopft. Linda Tasso kommt, die älteste Tochter des Bürgermeisters. Sie schafft es, jede Woche einen neuen Tiefpunkt zu erreichen, über den sie sich endlos auslassen kann. Jim Arceneaux hat immer seine gigantische Truckstop-Thermoskanne mit Eistee dabei. Früher hatte er mal einen Reptilienzoo an der Interstate, haufenweise Schlangen und Alligatoren. Er wurde ganz schnell trocken, als er eine Anzeige wegen Tierquälerei aufgebrummt bekam, nachdem herausgekommen war, dass er ständig Kätzchen und Welpen aus dem Tierheim adoptierte. Ein paar Gestalten aus New Orleans sind auch dabei, die erkennt man sofort – man sieht, dass sie die abgelegten Klamotten von jemand anderem auftragen, und in ihren Augen liegt ein abwesender Blick.

Endlich lässt sich auch Relle blicken – sie hat einen Jogginganzug in Schokoladenbraun und Weinrot an und setzt sich Nonc gegenüber. Sie fläzt sich mit gespreizten Beinen auf den Stuhl, und der Hosenstoff spannt so, dass sich ihre Muschi darunter abzeichnet. Das Mädel fährt wirklich auf diese AA-Meetings ab, und das nicht nur, weil es die einzigen Stunden sind, in denen sie den Jungen nicht dabeihaben. Relle scheint ziemlich angeturnt davon zu sein, dass auch total normal aussehende Leute, Leute mit einem Job und einem Haus, in Wirklichkeit schwach und labil sind. Relle war vermutlich das einzige hübsche Mädchen in der Highschool, die nie beliebt war, und deswegen genießt sie es, in der Pause mit den anderen aus der Gruppe dazustehen, umgeben von Smalltalk, sich Zigaretten zu schnorren, mitzulachen, wenn die anderen lachen. Und dann, wenn die Pause vorbei ist und alle anderen zur zweiten Runde wieder hineingehen – dann nimmt sie Nonc bei der Hand und führt ihn zum Lieferwagen.

Bei den Meetings dreht sie immer voll auf. Sie breitet sich gerne vor den anderen über ihre Beziehung aus. Heute Abend geht sie auch gleich in die Vollen. Ein Evakuierter aus New Orleans steht auf. »Ich heiße James B. und bin Alkoholiker – «, sagt er, und schon fällt Relle ein und legt los. Aber Nonc starrt immer noch James B. an, der ein brandneues Chuck-E.-Cheese-T-Shirt trägt. Im Vergleich zum Blütenweiß des T-Shirts sieht der Rest von ihm aus, als wäre er einmal durch den Fleischwolf gedreht worden.

»Mein Freund«, sagt Relle und blickt an die Decke, als wüssten die anderen nicht, wer damit gemeint ist. »Mein Freund hat eine Menge Power, aber er hat auch eine Menge Probleme. Uns stehen schwierige Zeiten bevor, aber er verschließt die Augen davor. Ich sehe eine Beerdigung, eine Reise. Ich versuche, ihm zu helfen. Ich halte ihm meine Hand hin, aber ich befürchte, dass er sie nicht nehmen wird.«

Bill Maque, der Besitzer von *Game and Fish*, sagt: »Dein Freund muss dort eine Gruppe finden, bevor er sich auf die Reise macht. Glaub's mir, er braucht jemanden, der ihn dort erwartet, wo er hinfährt.«

»Eine Beerdigung«, fällt Linda Tasso ein. »Das zieht ihn garantiert runter, da kannst du gleich den Psychiater rufen.«

Noncs Aufgabe ist es zu raten, von welchen »Problemen« Relle genau redet. Gestern Abend hatte sie etwas erzählt von »keiner sollte die Probleme von zwei Leuten aufgebürdet bekommen«, und sie meinte natürlich die Scheiße, in die Marnie sie hineinmanövriert hat, und dass Marnie gefunden werden müsse, komme, was wolle. Aber Nonc ist unsicher, ob sie mit »Problemen« heute Marnie im Allgemeinen meint oder ganz konkret den Vaterschaftstest – in jedem Fall könnte sich alles ändern. Die Mama von deinem Kleinen ist tot? Dein Sohn ist überhaupt nicht dein Sohn? Solche Sachen kann man genauso wenig rückgängig machen wie ein von der Brücke geschubstes Kind, und wenn Nonc sich mit irgendwas auskennt, dann mit Problemen, die man nicht einfach aus der Welt schaffen kann. Klar, man kann nicht allen Schwierigkeiten aus dem Weg gehen, aber man kann sie hier und da ignorieren, und man ist auf keinen Fall so blöd und sucht auch noch nach welchen!

»Ich weiß ja nicht, wie dein Freund darüber denkt«, sagt Nonc. »Aber vielleicht denkt er ja: *Hey, danke, dass du mir helfen willst, aber er kriegt das schon geregelt.* Vielleicht braucht er ja gar nicht unbedingt Hilfe.«

Es soll zwar anonym zugehen, aber alle sehen Nonc ins Gesicht. Er weiß, was sie denken – *Mensch, Junge, nun lass dir doch helfen.*

Verblüfft erwidert Relle: »Willst du damit sagen, dass mein Freund nicht will, dass ich ihm helfe?«

»Nimm die Hilfe an!«, ruft James B. Er blickt zur Decke: »Herr, öffne ihm die Augen, dass er die Hilfe annehmen kann!«

Nonc sagt: »Ich mein ja nur, vielleicht geht's deinem Freund ja gar nicht so schlecht. Er schlägt sich durch, oder? Immer eins nach dem andern. Er kriegt das schon geregelt.«

Linda Tasso unterstützt ihn: »Ein Schritt nach dem anderen.«

»Das glaubt mein Freund vielleicht«, wendet Relle ein. »Aber er steckt irgendwie fest, und wenn man sich nicht nach vorne bewegt, fällt man ja zurück. Ich habe nämlich einen Plan. Und in dem spielt er eine Rolle.«

»Und warum glaubst du, dass du weißt, was am besten für ihn ist?«

»Weil er einen Platz in meinem Herzen hat«, sagt Relle. »Und weil ich ihn besser kenne als er sich selbst.«

Ermattet sehen die Leute wieder Nonc an. Ihnen reicht's für heute Abend mit der Cherelle-Show. Nonc ist das egal. »Wenn der Kerl einen Platz in deinem Herzen hat«, sagt er, »dann gehören alle seine Fehler auch dazu – und auch sein Kind, das weißt du genau.«

Relle beugt sich nach vorn. »Ich mache was aus dir«, sagt sie. Sie blickt Nonc geradewegs in die Augen. »Niemand hat je was aus dir gemacht, weil noch nie jemand genug für dich empfunden hat. Lass mich dir helfen und ich mache was aus dir.«

James B. zeigt hinauf ins Deckengebälk. »Das Dach ist schwach«, sagt er, und alle blicken hinauf. »Herr Jesus, lass es schwach sein, lass mich die undichte Stelle finden.«

Schweigen, als James B. aufsteht. Er sieht wirklich aus, als würde er ganz tief in der Tinte sitzen.

»Früher habe ich jeden Drink genau eingeplant«, sagt er. »Ich habe jeden Schritt zum Spirituosengeschäft geplant, und jetzt braucht man einen Plan, wie man davon wegkommt, von seinem Leuchten. Warum lässt unser Herr Jesus ein Spirituosengeschäft leuchten? Jetzt muss man planen, wie man an einen Klappstuhl kommt, an eine Tasse Kaffee.« Er sieht seinen Kaffee an, als hätte er noch nie Kaffee gesehen. »Wo man aufs Klo gehen kann, mit welchem Bus man fahren muss, wo man ein Stück Pizza kriegt. Die Hunde von der Kette lassen.«

Nervös lachend sagt Jay Arceneaux: »Ja ja, wir waren wahrscheinlich alle schon mal an dem Punkt, von dem James gerade redet.«

»Nimm dir das Messer vom Tisch, du wirst es noch brauchen«, fährt James B. fort, in einem Ton, als sei er direkt der Bibel entsprungen, so wie die Figuren in den Buntglasfenstern über ihnen.

Jay Arceneaux erhebt sich. Mit einem gezwungenen Lachen sagt er: »Keine Messer, bitte, ja?« Er schaut Bill Maque an, als sollte er auch aufstehen. »James B., wir hören deinen Schmerz«, sagt Jay. Er hat eine Bibel in der Hand. Er breitet die Arme aus. »Brauchst du Gemeinschaft?«

»Seid bereit, wenn das Dunkel kommt«, sagt James B. »Das Wasser steht dir bis zu den Füßen, den Knien, den Rippen. Den ganzen Tag lang habe ich nur für den nächsten Schluck gelebt und geatmet. Man macht die Augen zu, aber das Leuchten sieht man immer noch – das Budweiserblau, das Coorsgelb. Stich das Messer in die Zimmerdecke, rechne dir einen Weg durch den Dachboden aus. Denk dran, dass Steinwolle schwimmt. Eine Flasche, die du vor langer Zeit da versteckt hast. Lasst die Hunde los, bitte lasst meine Hunde von der Kette. In dem engen Raum umschwirrt dich die Steinwolle. Du musst das Dach kennen. Bitte lass es eine schwache Stelle haben. Schneide dich durch, bis du das Leuchten siehst, suche im schwarzen Wasser nach dem Leuchten.

Mach dich klein, rutsche durch. Herr, mach die Hunde von der Kette los, sonst ertrinken sie alle.«

Nach der Pause ragen Cherelles Beine in die Luft und Nonc ist in ihr. Im Truck riecht es nach Feuchttüchern und Flusskrebsen. In der Kapelle drüben spielt jemand Orgel. Die Tonleitern klingen mechanisch, wie bei jemandem, der übt und übt und nicht weiß, ob er jemals besser werden wird. Relle hat die seltsame Angewohnheit, dass sie Nonc beim Vögeln direkt in die Augen schaut, sie schaut nie weg. Es nervt irgendwie, aber Relle sagt, sie kann nicht anders, und außerdem kommt sie jedes Mal. Sie erinnert ihn daran, wie gut ihre Körper zusammenpassen, wie er seine Arme um ihre schmalen Schultern legt, wie ihre Beine sich um seine Taille schlingen. Manchmal hat Nonc allerdings das starke Gefühl, dass sie sich innerlich wehrt, als würde sie nicht loslassen wollen. Aber vielleicht will sie auch nur, dass der Sex länger dauert, und will deswegen so lange wie irgend möglich die Kontrolle behalten. Nonc kann spüren, wie sie gegen das ankämpft, was sich in ihr aufbaut, und in dem Moment, in dem sie endlich nachgibt und sich davontragen lässt, schließt sie die Augen.

Weil sie ihn so durchdringend anblickt, macht er meistens selbst die Augen zu, entschwindet in seine eigene Welt, und die Gedanken fangen an zu wandern. Zu James B. und was den Leuten in New Orleans passiert ist. Er hat schon öfter versucht sich vorzustellen, wie Marnie jemanden überredet hat, mit ihr nach Lake Charles zu fahren, damit sie da Geronimo abladen und schön Urlaub vom Mamasein machen kann. Aber nun wird ihm schlagartig klar, dass irgendwas Schlimmes in NO passiert sein muss, mit Marnie, mit ihrem Sohn.

Relle fasst ihn an den Hüften, damit er innehält. Wenn sie schlechte Laune hat, dann zwingt sie ihn manchmal dazu, mittendrin ein Kondom überzuziehen. Aber sie wirkt nicht sauer.

»Hast du gehört, was ich da drin beim Meeting gesagt habe?«, fragt sie. »Ich versuche, mir einen Platz in deinem Herz zu sichern.«

»Du bist in meinem Herzen.«

»Dann verhalt dich auch so«, sagt sie. »Du musst auch was tun.«

»Okay, dann fahr ich halt nach Beaumont – ich geh nachschauen, ob sie es ist.«

Relle fasst in ihre Handtasche. »Sie ist es nicht«, sagt sie. »Ich habe nach der Mittagspause angerufen. War jemand anders, das tote Mädchen, wie sich rausgestellt hat.« Relle zieht eine himmelblaue Kreditkarte von der FEMA heraus. »Ich tue was«, sagt sie. »Ich baue eine Zukunft für uns auf. Aber wenn sich uns Chancen bieten, wenn wir was entscheiden müssen, dann muss ich wissen, dass ich auf dich zählen kann.«

Nonc hat schon Tausende dieser Karten gesehen, die Evakuierten haben alle so eine. Das Problem ist nur, dass sie einem nicht direkt beim Überleben helfen, weil es nichts zu kaufen gibt – das Einzige, was man sich damit kaufen kann, ist der Weg aus Louisiana heraus. »Wo hast'n die her?«, fragt er.

»Da sind fünftausend Dollar drauf«, sagt sie. »Das ist ein Startguthaben für ein Kleinunternehmen. Kriegt man geschenkt.«

»Kleinunternehmen?«

Relle wühlt erneut in ihrer Tasche und zieht eine Broschüre heraus – »Noncs Jagdtouren«. Bilder von Jagdhunden und Enten sind darauf zu sehen, und ein Foto von Nonc, besser gesagt ein Scan seines Highschoolfotos. Hinten auf dem Faltblatt ist eine Google Map, wie man zu dem Grundstück kommt, das Relles Vater gehört, irgendwo im Süden. »Nicht schlecht, was?«, sagt sie. »Habe ich bei der Arbeit selbst am Rechner gemacht. Die ganzen Jagdhunde und das Zeug, die Bilder habe ich mir einfach auf der Homepage von der NRA geklaut. Mit der Kohle auf der Karte besorgen wir uns einen Allradwagen, und – *ta-da!* – schon haben wir unser Business. Eines Tages können wir uns dann ein Jagdhaus bauen, was weiß ich. Wir haben Kohle, und wir können machen, was wir wollen.«

Nonc könnte jetzt einwenden, dass er keinen blassen Schimmer von der Entenjagd hat, und sie auch nicht. Er könnte sie daran erinnern, dass ihr Vater Windhunde gezüchtet hat und nicht Jagdhunde, dass das Ganze streng gesehen ein Verbrechen ist, weil sein Einkommen sowieso schon für die Unterhaltszahlungen gepfändet wird. Aber er starrt nur auf sein Foto. Das Grinsen auf seinem Gesicht steht irgendwo zwischen Hoffnung und Erleichterung, als sei der schwierige Teil überstanden, jetzt, wo er die Schule abgeschlossen hat. Den gleichen idiotischen Gesichtsausdruck hatten auch die Leute drauf, als sie nach Katrina hier aus dem Bus stiegen, als sie nicht wussten, dass Rita schon auf sie wartete.

»Ständig kriegen wir im Besucherzentrum Anrufe«, meint Relle, »von Leuten, die nach Jagdführern suchen. Ich soll eigentlich immer die Typen auf der Liste empfehlen, schön gerecht einen nach dem anderen. Und auf einmal kapiere ich es. Das ist die Antwort, direkt vor mir!«

»Und du, findest du nicht schlimm, dass das Betrug ist?«, fragt er.

»Was denn?«, sagt Relle. »Die Jäger, das sind Aktienhändler und so Leute. Wir fahren sie einfach nur da raus. Die haben schicke Gewehre und vergoldete Trillerpfeifen.«

»Schrotflinte heißt das«, sagt Nonc. »Enten jagt man mit der Schrotflinte. Außerdem weißt du genau, was ich meine.«

»Und weißt du, was *ich* schlimm finde?«, fragt sie. »Ich finde es schlimm, dass ich mit einem Rudel Bekloppter zusammenleben muss, damit ich ein Dach über dem Kopf habe. Ich finde es schlimm, dass ich zu den AAs gehen muss, wenn ich den Abend mit dir verbringen will.«

Er studiert auf der Karte, wie man zu dem Grundstück kommt, das Relles Vater gehört. Der hatte da draußen eine Zucht für Windhunde. Die Sache war ein totales Fiasko, und jeder weiß, dass überall Hunde begraben liegen, auch wenn es keiner laut sagt. Wenn Nonc den Blues kriegt, weil sein Vater ein Loser ist und ihm das Auto geklaut hat, dann braucht er nur an Relle zu denken und wie viel beschissener es ist, dass ihr Alter sich *nicht* aus dem Staub gemacht hat. In Wahrheit interessiert Relle sich nicht für

Geld und tolle Businessideen, sie will einfach nur neu anfangen. Für jemanden, der so aufgewachsen ist wie sie, ist Relle eigentlich ganz gut geraten.

»Na, solange du dir im Klaren darüber bist, wie abgefuckt das Ganze ist«, sagt er.

»Hey, was willst du«, erwidert sie. »Ich habe heute vier E-Mails mit dieser Broschüre verschickt – die Leute überweisen schon ihre Anzahlung. Einer wohnt in Hollywood!«

Sie massiert ihn, zieht ihn wieder in sich hinein, aber er merkt, dass sie nicht mehr bei der Sache ist, als hätte sie eine Samtkordel zwischen sich und dem, was da unten passiert, gespannt. Dann sieht sie ihn an, die Augen fragend verengt. Es ist kein zorniger Blick – sie checkt ihn einfach nur ab. Er schließt die Augen und sieht eine Kneipe, in der er früher immer mit Marnie war, da, wo sie sich kennengelernt haben. Der Laden heißt Triple Crown und ist draußen an der Landstraße, am Highway 90. Er muss an die eine Nacht denken, als sie zusammen losgezogen sind – da kannten sie sich noch nicht sehr lange –, und Marnie sagt auf einmal Nee, heute Abend will sie nichts trinken. Nonc dachte sich nichts dabei, er fand es okay, aber er hatte so ein Gefühl, und wenn er jetzt daran zurückdenkt, dann stellte sich das, was ihm damals unwichtig vorkam, als riesengroße Sache heraus. Er sollte es erst einen Monat später erfahren, aber das war der Tag, an dem Marnie sicher wusste, dass sie schwanger war. Die wichtigsten Sachen liegen manchmal direkt vor einem, und man kriegt nichts davon mit.

Als die Zeit um ist, holen sie Geronimo im Gemeindehaus ab.

Sie bleiben vor der Tür stehen. Durch das kleine Guckfenster sehen sie die Omas, die mit vor der Brust verschränkten Armen drinnen stehen. Relle sagt: »Die alten Weiber sind echt gruselig.«

»Red einfach nicht mit ihnen«, erwidert Nonc.

»Alte Frauen sind mir ein totales Rätsel«, sagt sie. »Was sind das für Leute, was wollen sie von einem?«

Nonc geht das genauso. Alte Frauen tun immer so lieb und nett und unschuldig, aber dann bohren sie einem ihren allwissenden Blick in den Rücken. Außerdem sehen sie alle gleich aus – Nonc hätte nicht sagen können, ob das dieselben alten Damen sind wie letzte Woche oder nicht.

Geronimo sitzt auf einem Kinderplastikstühlchen. Er trägt eine in der Taille zugebundene Schürze und rollt sehr ernsthaft irgendeine Knetmasse aus. Er kriegt es noch nicht einmal mit, dass die beiden hereinkommen. Nonc starrt den Jungen an, seine runde Stirn, die langen Wimpern. Geronimo reibt sich das Ohr, das macht er immer, wenn er müde ist.

»Komm zu Nonc«, sagt Nonc, geht in die Hocke und breitet die Arme aus.

Der Junge bewegt sich nicht.

Die Omas gehen zu Geronimo. Eine nimmt ihn an der Hand.

»Was für ein liebes Kind«, sagt sie.

»Unglaublich süß«, fügt eine der anderen hinzu und zieht ihm die Schürze aus.

Als sie den Jungen zu Nonc bringen, sieht er, dass sie ihm die Haare geschnitten und seinen Sonnenbrand dick mit Salbe eingeschmiert haben. Er trägt einen abgelegten Overall aus der Kleiderkammer.

»Haben Sie ihn gebadet?«, fragt Nonc.

»Wir haben ihn ein bisschen hübsch gemacht«, sagt die eine.

»Geronimo ist so ein außergewöhnlicher Name.«

»Er steht für Entschlossenheit und Unverwüstlichkeit.«

»In der Sprache der Apachen bedeutet ›Geronimo‹ *unverbrüchlich treu*.«

»Wir haben ihm den *Letzten Palomino* vorgelesen.«

Die Frauen trumpfen immer weiter damit auf, welche Bücher sie mit ihm gelesen haben, was sie alles gebastelt und gespielt haben, als seien sie die Gastgeberinnen bei irgendeinem großartigen Event und Geronimo der Ehrengast, und Nonc und Relle würden ihn gerade zum ersten Mal kennenlernen.

Die eine nimmt eine Zeichnung mit ein paar gelben Krakeln darauf und heftet sie dem Jungen an den Overall. Die Zeichnung trägt den Titel *Ara.* »So eine Katastrophe kann einen ziemlich aus der Bahn werfen«, sagt die Oma.

»Ganz besonders ein Kind«, fügt die andere hinzu. Sie streckt ihm eine braune Papiertüte entgegen, deren oberer Rand ordentlich umgeschlagen ist. »Hier ist Geronimos Schlafanzug.«

Nonc merkt, wie Relle zusammenzuckt. »Das ist kein Schlafanzug«, sagt er. »Das ist ein selbstgenähter Trainingsanzug mit Paspeln und allen Schikanen. Für Geronimo maßgeschneidert aus …«

»Marokkanischem Stoff«, sagt Relle.

»Aus marokkanischem Stoff.«

Dann schweigen alle. Die alten Damen sehen Nonc mit vielsagendem Blick an.

»Es war vollkommen richtig, dass Sie Geronimo hergebracht haben«, sagt die eine. »Geronimo ist hier jederzeit willkommen. Er ist in einem unglaublich süßen Alter.«

»Ganz schwierig, wenn Kinder in dem Alter von ihrer Mutter getrennt werden.«

»Das kann wirklich traumatisch sein.«

»Vielleicht bin ich ja die Mutter des Jungen«, sagt Relle. »Haben Sie sich das schon mal überlegt? Woher wollen Sie wissen, dass ich es nicht bin?«

Draußen ist es schon dunkel. Nonc lässt den Transporter an, und sie fahren zu dem Übergangswohnheim, in dem Relle wohnt. Heute Abend macht er nicht seine übliche Runde durch die Kneipen und Notunterkünfte, auf der Suche nach Marnie. Er tritt aufs Gas, um die Moskitos abzuschütteln, und schon sind sie unterwegs.

Als sie ankommen, ist Dr. Gaby gleich an der Tür, was leider heißt, dass es heute Nacht kein Bett mit sauberen Laken für Geronimo und Nonc gibt, keine heiße Dusche und Toilette am Morgen. Sobald Geronimo Dr. Gaby sieht, rennt er los und springt auf ihren Rollstuhl. Nonc zuckt zusammen – Relle hat ihm verraten, dass Dr. Gaby einen Pissebeutel trägt, dass man ihn zwar nicht sehen kann, aber sie hat ihn unter ihren Klamotten.

Dr. Gaby sieht Nonc fragend an. »Sie haben ihm die Haare geschnitten.«

Relle erwidert: »Woher wollen Sie wissen, dass ich sie ihm nicht geschnitten habe?«

Dr. Gaby gibt keine Antwort. Sie wendet das Gesicht des Jungen nach links und rechts und begutachtet seinen Sonnenbrand. »Schon viel besser«, sagt sie und wirft Nonc einen abschätzigen Blick zu. Dann führt sie ihre gewohnte Routine durch: Sie fasst den Jungen an den Ohren und späht hinein. Sie fährt mit dem Finger über seine Zähne. Mit dem Daumen zieht sie seine Augenlider nach unten, um sich seine Augäpfel anzusehen. Dabei ist sie gar keine echte Ärztin – bevor sie wegen ihrer Krankheit aufhören musste, war sie Psychiaterin.

»Juckt das vom Haareschneiden?«, fragt sie Geronimo.

Geronimo reibt sich den Hals. »Juckt«, sagt er.

Dr. Gaby bläst ihm die Haarspitzen vom Hals, wendet zackig den Rollstuhl und rollt mit Geronimo auf dem Schoß hinein.

Nonc und Relle folgen ihnen. Die Einrichtung ein Übergangsheim zu nennen, trifft es eigentlich nicht. Das Haus hat vier Bewohner mit chronischen Leiden, die hier dauerhaft leben. Wenn man erst mal hier gelandet ist, kommt man nirgendwo mehr hin. Relle hat zwar keine Ausbildung, sie bewacht die Leute mehr oder minder nur, kommandiert sie dafür aber gern und viel herum.

Nach Katrina traf dann das Dream-Team ein. Acht erwachsene Männer, die sich an der Hand hielten, als sie aus dem *Superdome*-Bus stiegen. Dr. Gaby glaubt, dass es sich um schwere Fälle von Autismus handelt, aber sie weiß es auch nicht genau – die Männer sind ohne Unterlagen, Krankenakten, Fallgeschichten oder vollständige Namensangaben bei ihnen aufgelaufen. Keiner hier weiß, wo sie vorher untergebracht waren, aber jedenfalls waren sie zusammen und sind dran gewöhnt, ewig aufzubleiben, und machen einen Aufstand, wenn sie nicht jeden Abend ihr Video kriegen. Als Nonc und Relle heute Abend am Wohnzimmer vorbeigehen, sitzen alle im blauen Schein einer Robin-Williams-Komödie und schlürfen ihre Diet Rite Sodas.

»Was für eine Freakshow«, sagt Relle.

Nonc wirft einen Blick in die ausdruckslosen Gesichter, auf die Limodosen in den dicken Händen.

»Armselig«, fügt Relle hinzu. »Kannst du dir so ein Leben vorstellen, dass man festsitzt vor der Glotze und das gucken muss, was einem angeschaltet wird, und festhängt in der Stadt, wo einen zufällig der Bus ablädt?«

In der Küche kühlen blecheweise Kekse aus, alles duftet danach. Die Arbeitsflächen sind extra niedrig angebracht, auf Rollstuhlhöhe, also genau richtig für einen kleinen Jungen. Geronimo sitzt auf Dr. Gabys Schoß vor einer großen Schüssel. Dr. Gaby gibt ihm ein Ei und umfasst seine kleine Hand mit ihrer. Zusammen schlagen sie das Ei am Schüsselrand auf. Dr. Gaby trennt das Ei und lässt den Dotter in die Schüssel gleiten. Wortlos reicht sie Geronimo das nächste Ei. Er schlägt es vorsichtig an der Kante auf und gibt es an Dr. Gaby weiter, die es trennt.

Relle nimmt sich einen Keks. »Lecker, Haferkekse«, sagt sie mit vollem Mund. »Wenn wir mal Kinder haben, dürfen die den ganzen Tag Kekse essen.«

Dr. Gaby ermahnt Relle: »Die sind für die freiwilligen Helfer. Und die Liste für morgen hängt am Kühlschrank.« Dann sieht sie Nonc an: »Wie Sie wahrscheinlich inzwischen mitbekommen haben, ist Ihre Freundin keine von der zartbesaiteten Truppe. Aber eins muss man ihr lassen: Gib ihr eine Liste, und sie beschafft dir das Zeug.«

Nonc fragt: »Hat sich immer noch niemand gemeldet, der das Dream-Team haben will?« Er weiß, dass er die Männer nicht so nennen sollte. Den Ausdruck hat sich Relle ausgedacht und sie benutzt ihn nur, wenn sie Dr. Gaby ärgern will.

»Hunderttausende von Menschen haben ihr Zuhause verloren«, erwidert Dr. Gaby. »Ich kenne Ihre berühmte Einstellung dazu, der Hurrikan kümmert Sie nicht, aber für den Rest der Welt sieht das anders aus.«

»Und was ist, wenn die nie abgeholt werden?«, fragt Nonc.

»Wenn, wenn, wenn.« Dr. Gaby zuckt die Achseln. »Und bevor

wir uns hier festplaudern, wollte ich nur gesagt haben, dass Sie hier nicht übernachten können, Randall. Ich weiß, dass es schon vorgekommen ist und auf das, was hier vor sich geht, wenn ich nicht da bin, habe ich leider keinen Einfluss, aber die Männer sind momentan sehr sensibel, sie brauchen Stabilität. Außerdem muss ich an das Kindeswohl denken.«

»Um den Jungen brauchen Sie sich keine Sorgen zu machen«, entgegnet Nonc. »Der ist bestens versorgt.«

»Ich mag es mir gar nicht weiter ausmalen, wo dieses Kind die Nächte verbringt. Ich meine aber das Wohl des Kindes hier in diesem Haus. Ich weiß nicht, was das für Männer sind, welche Geschichte sie haben, zu was sie fähig sind. Gut und Böse zu unterscheiden, das ist ein Luxus denkender Köpfe. Eine ganze Latte von Vorsichtsmaßnahmen wäre notwendig, damit der Junge sicher hier schlafen könnte.« Geronimo darf einen Finger in den Rührteig stecken. »Und wo schläfst du, mein Schatz?«, fragt Dr. Gaby ihn.

Geronimos Gesicht erhellt sich. »Auto«, sagt er. »Baby küss Auto.«

»Ein ganzer Satz!«, sagt Dr. Gaby. »Ich will gar nicht wissen, was er zu bedeuten hat. Aber er redet schon in Sätzen!«

»Das habe ich ihm beigebracht«, sagt Relle.

»Wir schlafen in einer fetten Villa am Prien Lake«, sagt Nonc.

Dr. Gaby sieht ihn mit einem Blick an, der nur *Träum weiter* heißen kann.

»O Gott«, sagt Relle zu Nonc. »Ich muss dir unbedingt was zeigen.«

Sie stürmt die Treppe hoch.

»Und, wie ist das Leben als Vater so für Sie?«, fragt Dr. Gaby. »Was haben Sie bisher dazugelernt?«

»Keine Ahnung«, antwortet Nonc.

Sie sieht ihn vielsagend an.

»Soll ich mich jetzt scheiße fühlen oder was? Machen Sie ruhig, sagen Sie mir, was ich falsch mache! Ich habe den Jungen impfen lassen! Wie Sie gesagt haben.«

»Bei Dr. Benson in der Sprechstunde?«

Nonc nickt.

»Ausgezeichnet, Randall. Ein hervorragender erster Schritt. Haben Sie schon mal ein Kind mit Röteln gesehen? Ganz schlimm. Und genau in einer Lage wie jetzt kann es zu Erkrankungen kommen, nach einer Naturkatastrophe. Klassisches Szenario für den Ausbruch einer Seuche.«

Randall greift nach einem Keks. »Wenn die Typen irgendwie nicht koscher sind, was ist dann mit Ihnen und Ihrer Sicherheit?«

»Ach, machen Sie sich darum mal keine Sorgen. Aber es gibt etwas, was mir einfach nicht aus dem Kopf will«, sagt sie. »Viele wichtige Entscheidungen im Leben treffen andere für uns.«

Nonc ist klar, dass sie ihm jetzt einen Vortrag halten wird. Vor ein paar Wochen hat sie das schon einmal gemacht, über kindliche Entwicklung. Die Wahrheit ist, dass er jetzt, mit sechsundzwanzig, feststellt, dass er es herrlich findet, wenn ihm jemand Vorträge hält. Noch nie im Leben hat jemand längere Gespräche mit ihm geführt, bei denen es einzig und allein um seine Situation geht.

»Ich hätte mich nicht unbedingt für ein Leben in Lake Charles entschieden«, sagt Dr. Gaby. »Meine Ehe ist nicht so verlaufen, wie ich mir das gewünscht hätte. Meine Krankheit habe ich mir auch nicht ausgesucht. So ähnlich muss es doch bei Ihnen auch aussehen, oder? Aber Sie sind extrem anpassungsfähig. Eine Ihrer Stärken. Aber wenn es um ein Kind geht, da kann man nicht zaudern. Sie müssen sich für ihn entscheiden – und dann müssen Sie hundertprozentig bei der Sache bleiben. Vielleicht hilft es, sich vorzustellen, dass man nicht eine Entscheidung *trifft*, sondern einer Entscheidung *gehorcht*. Stellen Sie fest, was Sie wollen, und dem gehorchen Sie dann. Sie dürfen heute Nacht nicht hierbleiben, weil ich mich für diese Menschen entschieden habe, und das kann ich nicht gefährden, in keiner Hinsicht. Sie müssen eine Familie schaffen, Randall. Sie entscheiden sich für diese Familie und dann lassen Sie sie nie wieder los. Blutsverwandtschaft bedeutet doch nichts. Ihre Eltern, ich habe von ihnen gehört – denen schulden Sie gar nichts. Cherelle redet, als wäre dieser kleine Junge hier nicht Ihr Sohn, dass ein Test das beweisen würde. Meinen Sie, das interessiert den kleinen Jungen? Glauben Sie, ich bin mit diesen Männern verwandt? Ich weiß nicht mal genau, wie sie heißen. Aber ich habe mich für sie entschieden, Randall. Und ich halte an ihnen fest.«

Dr. Gaby macht ein Gesicht, als hätte sie noch mehr gute Ratschläge zu verteilen, aber Relle kommt wieder nach unten, in der Hand ein Ölgemälde von einer Ente. Sie fliegt knapp über dem Wasser, Brust vorgereckt, Flügel ausgebreitet, im Landeanflug. Es tut weh, es anzusehen – man kann die Ladung Schrot richtig spüren, mit der sie gleich abgeschossen wird.

»Was ist das denn?«, fragt Nonc.

»Hab ich von der Heilsarmee«, antwortet Relle. »Für unser Haus. Unseren Jagdsitz.«

Am Südufer des Prien Lake, ganz am Ende der Landzunge, steht das Fundament eines Hauses, das vor fünfzig Jahren von Hurrikan Audrey weggeblasen wurde. Das Fundament ist gemauert und der Zement mit Muschelkalk vermischt, so dass er im Mondlicht geheimnisvoll glitzert. Auch früher hat Nonc hier schon oft nachts geparkt, ist vorgefahren, als würde er aus dem Büro nach Hause kommen, und hat seine Hängematte zwischen dem Lieferwagen und dem noch einsam dastehenden Kamin aufgespannt. Mittlerweile hat Nonc die freie Auswahl: Die Sturmflut nach Rita hat hier sämtliche Häuser hinaus auf den See geschwemmt, wo die Gezeiten sie dann in Kleinholz verwandelt haben.

Im Dunkeln hält Nonc mit den Scheinwerfern auf ein Betonviereck zu. Er fährt den Transporter mit Karacho hoch auf das Fundament und parkt im Wohnzimmer. Dann machen Geronimo und er sich bettfertig. Sie stehen auf den kühlen Küchenfliesen, das Lüftchen vom See zerrt an ihren Kleidern, während sie sich die Zähne putzen und zu den grünen und roten Bojen hinausschauen, die die Fahrrinne markieren; weiter weg blinken die Fördertürme der Bohrinseln. Das Einzige, was vom Haus noch steht, ist eine einsame Kloschüssel, doch als Nonc den Deckel vorsichtig anhebt, ist sie schon vollgeschissen. Nonc pinkelt ins Schlafzimmer und verpasst dem Jungen dann eine neue Windel. Als er die alte mit der Wucht einer Handgranate ins Marschgras pfeffert, unterbrechen die Frösche ihr Gequake.

Die Paketregale werden eingeklappt, die Schaumstoffmatratze wird ausgerollt und Vater und Sohn betten sich zur Nachtruhe. Geronimo liegt auf dem Rücken und blickt hoch zum Deckenlicht. Nonc liegt auf der Seite und betrachtet den Jungen, der sorglos und tief atmet, trotz allem, was er schon mitgemacht hat, auch wenn seinen Augen vielleicht ein gewisser Glanz fehlt, als könnte das kleine Licht in ihm eines Tages einfach ausgehen. Aber sein Atem ist duftend, sauber und perfekt. Der Junge sieht Nonc vielleicht nicht wahnsinnig ähnlich, aber wenn er die Stirn runzelt, hat er denselben zweifelnd-kritischen Blick drauf wie Harlan. Und die unergründlichen braunen Augen mit den hellen Flecken darin sind hundert Prozent Marnie.

»Wo ist Mama?«, fragt Nonc ihn.

Der Junge blickt hoch ins Licht.

»Pill«, sagt er. Das sagt er klar und deutlich, aber ungerührt.

»Pill?«, fragte Nonc.

»Narc«, sagt der Junge.

»Nonc?«

»Pill«, sagt der Junge.

Nonc bemerkt, dass unter den Fingernägeln des Kleinen noch Knete sitzt. Er nimmt seine Hand und säubert die Fingernägel in einer Halbkreisbewegung mit einer Kulikappe. Geronimo dreht den Kopf und sieht seinem Vater ausdruckslos und entspannt bei der Arbeit zu. Die Fingernägel des Jungen sind glatt und weich, irgendwie vollkommen. Dr. Gaby meint, man könnte an den Streifen auf den Fingernägeln ablesen, ob ein Kind mangelernährt ist – Geronimos Nägel sind der Beweis dafür, dass Marnie ihn offensichtlich ordentlich ernährt hat. Nonc hat seinen Sohn mehrmals besucht, nachdem sie mit ihm nach New Orleans gezogen war. Unter Marnies prüfendem Blick aß Nonc Pudding mit dem

Kleinen und machte mit bei Spielen wie *Ich-grabsche-mir-deine-Sonnenbrille-und-werfe-sie-auf-den-Boden-und-du-kannst-absolut-nichts-dagegen-tun*. Nonc musste allerdings zugeben, dass er sich mit einem Auge immer in der Bude umsah, um zu sehen, was Marnie mit seinem Geld machte. Er nahm den Kleinen nicht wirklich wahr, wie perfekt er war, wie ganz und gar unverdorben. Nonc weiß, dass der Junge eines Tages, wenn Marnie ihn wieder mitgenommen hat und er älter wird, nichts mehr von diesen Momenten wissen wird. Sich nicht daran erinnern wird, wie sie beim Roten Kreuz zusammen geduscht haben, sich ihre Morgenpizza gehamstert und zusammen in einem dunkelbraunen Truck durch die Gegend gefahren sind. Das ist wahrscheinlich auch besser so, sagt sich Nonc.

Für seine Entwicklung ist es garantiert besser. Er streichelt seinem Sohn übers Haar.

Das Handy klingelt – eine kalifornische Nummer. Geronimo sieht es argwöhnisch an. Nonc geht dran, hört eine Frauenstimme.

»Ich rufe im Auftrag von Harlan Richard an. Spreche ich mit Randall Richard?«

»Wir heißen *Rie-schaa*«, sagt er.

»Es ist Ihnen möglicherweise nicht bekannt, aber Ihr Vater hat seine Stimme verloren. Er hat mich gebeten, Ihnen etwas vorzulesen.«

»Sind Sie Krankenschwester?«, fragt Randall.

»Schwesternhelferin.«

»Liegt er im Sterben?«

»So etwas wird nicht in die Akte eingetragen«, antwortet sie. »Aber wir sind hier auf der Palliativstation.«

»Und da kommt man nicht lebend wieder raus, richtig?«

»So würde ich das nicht formulieren.«

»Wie lange kennen Sie meinen Vater schon?«

»Meine Schicht hat gerade angefangen«, sagt sie und liest die Notiz dann mit tonloser, mechanisch klingender Stimme vor: »*Ich weiß, dass ich dir nicht viel gegeben habe, Randall. Ich habe nicht immer viel zu geben gehabt. Irgendwie komisch. Alles, was*

ich dir zu sagen habe, sind Sachen, die du eh schon weißt. Ich
habe ein paar Dinge, die ich an dich weitergeben will. Vielleicht
kannst du sie ja gebrauchen. Der Doktor hat gesagt –«

»Geben Sie ihn mir mal.«

»Sie müssen sich vielleicht erst an den Gedanken gewöhnen«,
sagt die Helferin. »Aber er hat seine Sprechfähigkeit verloren.«

»Bitte«, sagt Nonc. »Geben Sie ihm den Hörer.«

Als Nonc das Klicken und Pfeifen hört, sagt er: »Hier ist dein
Enkel« und gibt Geronimo das Telefon in die Hand. »Dein Opa ist
dran«, sagt er, aber der Junge liegt nur da, und die leuchtende Tastatur wirft ein blaues Licht auf seine Wange. Er sagt noch nicht
mal *Pill*. »Opa« ist ein Wort, das er vermutlich noch nie gehört
hat. Er flüstert: »Grobi ist dran.«

»Gro-Gro?«, fragt der Junge. »Gro-Gro?« Und dann fängt er
an, Grobis ganzes ABC-Lied vor sich hin zu murmeln. Während
seines Singsangs starrt er ausdruckslos vor sich hin, und plötzlich
kommt Nonc der Gedanke, dass der Junge die *Sesamstraße* vielleicht noch nie im Fernsehen geguckt hat, dass er die Figuren gar
nicht kennt, nur ihre Stimmen auf der einen endlosen CD.

Nach einer Weile nimmt Nonc das Handy wieder an sich. »So,
jetzt hast du mit deinem Enkel telefoniert. Das ist doch nicht übel,
oder? Das kriegt nicht jeder Opa geboten. Hör zu, Dad. Hier ist
keiner nachtragend oder so was. Ich nehme dir nichts übel. Sag dir
einfach, dass du dir Mühe gegeben hast, alles so gut wie möglich
zu machen – und damit lässt du das Ganze auf sich beruhen. Und
schau nicht zurück, wenn es mal so weit ist, okay?«

Nonc klappt das Telefon zu und schließt die Schiebetür. Dann
befreit er seine Beine von der Decke. Sie sollen rausgucken, damit
die Mücken von seinem Sohn weggelockt werden. Und bevor sich
das Deckenlicht automatisch ausgeschaltet hat, schnarcht Geronimo schon sein Babyspeckschnorcheln, und beide sind weg.

Am nächsten Morgen geht Dank brauner Technologie alles super-
schnell. Sie füllen die Nuckeltassen auf und machen sich ein paar
Sandwiches und los geht es ostwärts, durch Welsh, Iowa, Lacas-

sine, wo die gerade leer gewordenen Schweinegehege von dem wiedererwachten Glanz der Wurstfabrik zeugen. Sie holen eine Lieferung am Chenault Air Field ab, dann biegen sie ein in Richtung Untersuchungsgefängnis Calcasieu, vorbei an Händlern für Industriemaschinen und schwerem Gerät und dem Kinderheim, und halten zwischen den vielen Wohnmobilen an, die anstelle einer Kaution als Pfand hinterlegt wurden und nun die Straße säumen.

Der Knast in Calcasieu ist momentan dreifach überbelegt, wegen der ganzen Knastis aus New Orleans, und auf dem Parkplatz haben sich die evakuierten Angehörigen der evakuierten Insassen häuslich niedergelassen. Der Zaun der Gefängnisanlage dient übergangsweise als Besuchsraum: unter der gnadenlosen Sonne klammert sich eine lange Reihe von Ehefrauen und Eltern am Maschendraht fest, während die Häftlinge auf der anderen Seite unter dem strengen Blick der Wächter Abstand halten und machen, was Häftlinge immer machen: beteuern, beschwichtigen, so tun, als wäre alles schon irgendwie zu schaffen. Alle – Gefangene, Wärter und Besucher – schlagen sich mit demselben Zeug vom Roten Kreuz durch, alle haben denselben *Scope*-Atem, denselben Hotelseifenduft, dieselben weißen Ringe unter den Achseln. Nonc hat von Videospielen bis Hochzeitsfracks schon alles in diesen Knast geliefert. Heute fährt er mit dem Handwagen, auf dem Plastikhandfesseln, Stichschutzwesten und ein Karton von einer Firma, die SlamTec heißt, gestapelt sind, Schlangenlinien um die Leute auf dem Bürgersteig.

Beim Warten an der Sicherheitskontrolle lehnt Nonc an seinen Paketen, da fällt ihm ein Schalter auf, wo man Häftlinge suchen lassen kann. Einfach nur so, er hätte selbst nicht sagen können, warum, geht er ans Fensterchen und sagt, er will Marnie Broussard sehen, er sei ihr Bruder aus Dallas. Die Beamtin blättert in Stapeln von irgendwelchen Ausdrucken und sagt etwas in ein Funkgerät. »Falls sie drin ist«, sagt sie, »wird sie rausgebracht.« Nonc liefert sein Zeug ab, kauft sich was zu trinken und wartet dann zusammen mit Geronimo im Wagen. Er liest Zeitung, während die CD immer wieder durchläuft. In der Zeitung ist ein Artikel über die Frau, die ihre Kinder von der Brücke gestoßen hat. Da steht, es gäbe keinerlei Geburtsurkunde oder irgendwelche anderen Unterlagen über die Kinder. Wahrscheinlich Hausgeburten, steht da, in einer Sozialwohnung, und dann war die Mutter mit den Kindern nie beim Arzt, im Kindergarten oder in der Schule gewesen. Das Merkwürdigste ist, dass sie behauptet, sie könne sich nicht an die Namen der Kinder erinnern. Sie fielen ihr beim besten Willen nicht mehr ein. Nonc fragt sich, wie so was möglich ist, dass es keinerlei Beweise geben soll, dass jemand gelebt hat. Vielleicht, wenn man total asozial ist, wenn man sein Leben so richtig in die Scheiße geritten hat, dann geht so was.

Schließlich sieht er durch die Windschutzscheibe, wie Marnie herausgeführt wird, die Augen mit beiden Händen gegen das helle Licht geschützt. Eine Menge Leute schlappen in verschiedenfarbigen Overalls herum, aber sie in so einem Ding zu sehen, ist dann doch ein Schock.

»Na, wer hätte das gedacht«, sagt Nonc zu seinem Sohn, steigt aus dem Transporter und überquert den Parkplatz.

Als dann auch Nonc in den Maschendraht fasst, schüttelt Marnie nur den Kopf. »Ich hab's doch geahnt«, sagt sie. »Mein Bruder würde mich nie besuchen kommen.«

»Was zur Hölle machst du hier?«, fragt Nonc. »Ich hab überall nach dir gesucht!«

»Wie geht's meinem Süßen?«, fragt sie.

»Dem geht's bestens«, sagt Nonc. »Und, wie bist du hier gelandet?«

»Das ist alles ein Riesenmissverständnis und klärt sich demnächst sowieso auf.«

»Was hast du angestellt?«

»Nichts, ich hab dir doch gesagt, dass es ein Missverständnis ist.«

»Hast du irgendein krummes Ding mit der FEMA gedreht oder was?«

Marnie hält eine Hand hoch. »Hey, mach mich nicht an! Weißt

du, was hier drin los ist? Halb New Orleans sitzt da drin. Es gibt keine Duschen und ich schlafe auf einem Esstisch. Männer und Frauen sitzen hier zusammen ein, Randall, Schwuchteln, Vergewaltiger, alle! Eine Zeitlang haben sie uns mit ins Jena State Medium gesperrt.« Sie starrt ihn an, damit er kapiert, was das heißt. »Das waren gruselige Weiber da draußen, ich sag's dir.«

Neben ihnen versucht ein verurteilter Vater seiner Frau und Tochter gut zuzureden, die Marnie voller Beklommenheit belauschen.

»Was ist passiert?«, fragt Nonc.

Marnie sagt: »Na ja. Ich war mit einem Typen zusammen und wusste nicht, was der laufen hatte. Und da haben sie mich dann mit hopsgenommen. Ich wär schon lange wieder draußen, wenn die nicht so einen Rückstau hätten … vor mir sind noch tausend Fälle oder so. Es gibt noch nicht mal eine Anklage.«

»Eine Anklage weswegen?«

»Hab ich dir doch gesagt, nichts. Ich habe nichts gemacht.«

»Ich komme jeden Tag hier vorbei, Marnie. Du hättest mir doch Bescheid geben können. Ich hätte deine Hilfe wirklich gut gebrauchen können.«

»Du kriegst das schon hin, und ich bin ja auch bald wieder draußen. Er ist ein braves Kind, da braucht man keine Gebrauchsanleitung.«

»Von wegen«, sagt Nonc. »Sag mir, was *Bibbe* heißt.«

Sie lacht. »Das ist jetzt nicht dein Ernst. Oder? Was meinst du denn, was das heißt?«

»Ich hab keinen Schimmer.«

»Das Zauberwort, Randall. *Bibbe* heißt *bitte*.«

»Der Junge sagt *Pill* – was soll das bloß heißen?«, fragt Nonc.

»Er sagt *Pill*?«, fragt sie. »Warum?«

Nonc schüttelt den Kopf. »Was ist mit den Buchstaben M und A?«

»Mein Gott, Randall, jetzt verarschst du mich aber! Lies ihm doch einfach was vor! Ich habe dir ein Buch mitgegeben, das *Elmas große Ferien* heißt.«

»Außerdem sagt er *Narc*.«

»Und das glaubst du ihm besser auch«, meint sie.

Nonc spürt, wie der Maschendrahtzaun bebt. Er dreht den Kopf und blickt über die Hände der anderen Besucher hinweg. In der Ferne ist ein Trupp Gefängnispersonal mit einem Bagger dabei, Zaunabschnitte wieder aufzurichten, die Rita umgepustet hat.

Nonc fragt Marnie: »Meinst du, es ist gut für ihn, dich so zu sehen?«

»Er ist hier? Mein Sohn ist hier und du sagst mir nichts?!«

»Ich habe ein paar Fragen, Marnie, und ich brauche Antworten.«

»Sei nicht so ein Arschloch«, sagt sie. »Wo ist er?«

Nonc starrt sie nur an.

»Du bist ein Arschloch«, sagt Marnie. »Ich habe nichts weiter getan, als dass ich Allen mein Handy geliehen habe. Mehr nicht, ich schwör's. Er steckt in der Scheiße und ich habe nichts davon gewusst.«

Sie versucht ständig, die Hände in die Taschen zu schieben, aber sie hat keine Taschen.

Nonc und Marnie waren gerade mal zwei Monate zusammen gewesen, aber er erinnert sich noch genau an den Blick, den sie manchmal draufhatte, dieser Blick, als wäre alles möglich. Diesen Blick hat sie jetzt auch wieder in den Augen. Nur ist jetzt ganz klar, dass sie nicht in die Zukunft blickt, sondern weg von der Vergangenheit.

»Die glauben, ich wäre der Kurier gewesen, der das Zeug geliefert hat. Als ob ich die ganze Nacht Zeit hätte, irgendwelche Tütchen mit Speed in der Gegend rumzufahren! Ich habe ein Kind. Ich habe Verantwortung! Ich hab noch nie einen Eightball auch nur angefasst.« Marnie hält sich die Hand über die Augen, als wolle sie sich vor irgendeiner gigantischen Absurdität schützen. »Himmel Herrgott, Allen ist so was von bescheuert. Wär ich besser bei dir geblieben«, sagt sie und lacht ein jämmerliches, vorwurfsvolles Lachen – als wäre das so ungefähr das Einzige gewesen, was ihr Leben noch beschissener hätte machen können, als es jetzt war.

Nonc muss an James B. denken und wie er so seltsam zitterte. Daran, dass James B. nicht verstehen konnte, warum Gott zulässt, dass ein Schnapsladen leuchtet.

»Ich hab eine Frage«, sagt Nonc. »Und erzähl mir keinen Scheiß, okay? Heißt er wirklich Geronimo?«

»Was soll das?«

»Ich will wissen, welcher Name auf der Geburtsurkunde unseres Sohnes steht.«

»Soll das ein Witz sein? Du hast ihm den Namen selbst gegeben«, sagt Marnie.

»Ich hätte die Geburtsurkunde nur gern mal gesehen.«

»Mein Gott, wie kommst du nur auf so bescheuerte Ideen?«

»Ich musste nur gerade an die Frau denken«, erklärt er. »Die, die ihre Kinder von der Brücke gestoßen hat, weißt du. Die sitzt wahrscheinlich bei dir da drin. Wahrscheinlich kennst du sie sogar!«

»O mein Gott«, versucht Marnie die Verzweiflung wegzulachen. »Du bist so ein unglaubliches Arschloch.«

»Was?«

»Du bist einfach unglaublich! Du dämlicher Idiot. Ich liebe meinen Sohn mehr, als du es dir je vorstellen kannst.«

»Was habe ich denn gesagt?«

»Ich weiß, worauf du hinauswillst. Du bist ein Arschloch! Na komm, sag's schon! Raus mit der Sprache.«

Nonc weicht zurück. Er geht zurück zum Truck, nimmt den Jungen auf den Arm und streicht ihm die Haare glatt. Er drückt ihm das Ara-Gemälde in die Hand und sagt: »Das schenkst du Mama.« Hand in Hand gehen sie über den Parkplatz, aber nach den ersten Metern fängt der Kleine an zu rennen. Nonc joggt mit, hält aber Abstand. Er sieht, wie sein Sohn sich am Zaun festklammert. Er sieht, wie Marnie zu weinen anfängt und sich die Tränen mit zitternden Fingern abwischt. Es ist echter, tiefer Schmerz. Das ist keine Frau, die glaubt, dass sie ihr Kind in einer Woche wiedersehen wird, ganz im Gegenteil, und Nonc ist mit einem Mal klar, dass der Junge sehr lange bei ihm bleiben wird.

Bei Chuck E. Cheese's hängt der drückende Mief der vielen Leute, die dort mehr oder weniger campieren, sie können ja nirgendwo anders hin. Das kleine Licht in Geronimo leuchtet nur ganz schwach, deshalb macht Nonc mit ihm eine Runde durch die Kinderecke und setzt ihn reihum auf sämtliche Hopsetiere und Fahrautomaten. Während Nonc einen Chip nach dem anderen einwirft, treibt ihn vor allem eine Frage um, und zwar, wer den Jungen in seinem Lieferwagen abgesetzt hat. Wie merkwürdig das Ganze war, wurde ihm erst klar, als sie vom Gefängnis wegfuhren – aber beim Gedanken an die Hände eines Fremden an seinem Sohn dreht sich ihm die Pizza im Magen um.

Nonc geht neben Geronimo – mit den Apfelbäckchen, den Stummelzähnchen, den Augen, die so braun und tief wie ein Bayou-Sumpf sind – in die Hocke. Der Kleine bewegt sich im Tempo von gut zwei Stundenkilometern auf einem Planwagen im Kreis. »Wer hat dich zu mir gebracht?«, fragt er den Jungen.

Nonc bewegt die Hand vor Geronimos Augen, aber er reagiert nicht. Es ist fast so, als starre er in die Ferne, um die Leere direkt vor sich, die seine Mutter füllen sollte, nicht zu sehen. Nonc berührt das Kind, sein Ohrläppchen, sieht ihm in die Augen. Wenn er wenigstens weinen würde, dann wüsste Nonc, was zu tun wäre. Wenn ein Kind weint, wiegt man es im Arm und gibt ihm einen liebevollen Klaps auf den Po.

Nonc füttert das Karussell mit einer Handvoll Chips und ruft Relle an.

Als sie drangeht, sagt er: »Das mit dem Jagdding, meinst du das wirklich ernst? Dass das klappen könnte? Ich muss es wissen – echt jetzt.«

»Was hast du denn?«, fragt sie. »Ist irgendwas passiert?«

»Sag mir, dass wir das durchziehen mit den Jägern. Dass wir das wirklich machen. Ich will nicht, dass mein Sohn in einem Scheißtransporter aufwächst. Das kann so nicht weitergehen.«

»Klar ziehen wir das durch. Wenn du es nur willst. Du hast die Unmengen von Enten gesehen, die es da draußen gibt. Wildgänse ohne Ende. Wir besorgen uns einen Wagen, und dann bauen wir die Hundezucht zu einem Jagdhaus um, und ehe du dich's versiehst, haben wir einen Koch und eine Sauna! Als Nächstes kommen die Leute in ihren Flitterwochen, ich sag's dir.«

»Ich kann einen Geländewagen besorgen, aber wenn das nur irgendeine blöde Idee von dir ist –«

»Die Leute schicken schon ihre Anzahlungen«, antwortet sie. »Und wann wäre ich mal nicht auf deiner Seite gewesen, Randall? Ich bin der einzige Mensch auf der Welt, der auf deiner Seite ist.«

Nonc beobachtet den mittlerweile in einer großen Teetasse kreiselnden Geronimo. »Okay, aber dann hör auf mit dem Scheiß von wegen Vaterschaftstest und so. Er ist mein Sohn und damit fertig. Und komm mir nicht mehr mit Marnie.«

»Du hast vollkommen recht«, sagt Relle, »ich hätte das mit dem blöden Test nicht machen sollen. Der Junge ist mit dir verwandt, das ist ja offensichtlich. Blutsverwandtschaft heißt ja auch nur, dass dein Kind immer deins bleiben wird, ganz egal, was dir zustößt, wohin du auch gehst.«

»Genau das wollte ich hören«, antwortet Nonc. »Ich muss jetzt mal telefonieren, und du musst deine Sachen packen.«

»Was ist mit dem Jungen?«

»Von jetzt an machen wir alles richtig.«

Nonc wäscht sich das Gesicht mit Wasser aus einem roten Plastikbecher. Er legt dem Kleinen die nasse Hand auf die Schulter und wählt dann eine Nummer in Kalifornien. Als sein Vater drangeht, sagt Nonc: »Hol mal jemanden. Wir müssen was besprechen.«

Eine Minute später ist ein Pfleger am Apparat. »Hola«, sagt er. »Está Enrique aquí.«

»Enrique«, sagt Nonc. »Können Sie mir helfen, mit meinem Vater zu reden?«

»Hey«, antwortet Enrique. »Sind Sie der mit der Freundin, die neulich angerufen hat? Ich hab davon gehört. Das war echt heftig.«

»Das war jemand anders«, sagt Nonc.

»Na, dann ist ja gut«, erwidert Enrique. »Ich finde Ihren Alten nämlich total witzig. Mein Dad, das war auch so ein bärbeißiger alter Knochen. Ihr Dad erinnert mich irgendwie an ihn.«

»Wie geht es ihm?«

»Er ist tot«, sagt Enrique.

»Er ist tot?«

»Ja, letztes Jahr gestorben. Halt, reden wir jetzt von meinem Dad oder Ihrem? Ich dachte, Sie hätten mich nach meinem Alten gefragt.«

»Wollen Sie mich verarschen oder was?«, fragt Nonc.

Enrique gibt keine Antwort. Nonc hört, wie er ruft: »Ihr Sohn ist dran. Er will wissen, wie es Ihnen geht.« Dann sagt Enrique in den Hörer: »Wir müssen warten, bis er fertig getippt hat.«

»Wie getippt, auf einem Rechner?«

»Hier auf der Palliativen haben wir überall WLAN«, sagt Enrique. »Auf dem Computer kann er reden, wissen Sie.« Dann liest Enrique langsam mit, während Harlan tippt: »*Habe den Sturm heute im TV gesehen. Alle okay?*«

Nonc ist sich unsicher, wer mit »alle« gemeint ist, antwortet aber: »Ja, sagen Sie ihm, eine Menge Leute sind noch verschwunden, aber wir haben alles gut überstanden.«

Enrique wiederholt das, dann liest er wieder vor. »*Sehr schlimm für ein Kind. Ich war sechs, als Audrey kam. Deswegen bin ich angeblich auch nicht richtig gewachsen. Wegen dem Jahr nach Audrey.*«

Die Alten reden immer noch alle von Hurrikan Audrey; Nonc hat gehört, wie die Sturmflut die Wassermassen dreißig Kilometer landeinwärts drängte, bis hinein in den Gekrösesack des Lake Charles, ohne jede Vorwarnung; wie die Alligatoren unter den Bäumen schliefen und warteten, bis die verfaulten Leichen aus den Ästen fielen. Aber Harlan hat bisher noch nie davon erzählt.

»*Wäre ich bloß in Lake Charles geblieben*«, liest Enrique vor,

»dann hätte mich der Sturm umgebracht. So wäre es richtig gewesen. So soll ein Cajun sterben.«

»Sagen Sie ihm, dass ich sein Päckchen bekommen habe«, sagt Nonc.

Enrique gibt das weiter und erwidert: »*Die Nummern in meiner Brieftasche sind Internetpokerkonten – das ist meine Bank. Keine Steuern, keine Unterlagen. Das Geld wird überwiesen.*«

»Fragen Sie ihn mal …«, sagt Nonc. »Hat er einen Geländewagen?«

»Hey, Leute«, antwortet Enrique. »Wie wär's mit ein bisschen Smalltalk? Ihr tut, als ob's hier nur um die Erbschaft ginge. Redet mal miteinander wie Vater und Sohn.«

»Was ist die Antwort? Hat er einen?«

Enrique stellt die Frage und liest die Antwort vor: »*Was für einen Namen hast du deinem Sohn gegeben?*«

»Geronimo«, antwortet Nonc.

»Wow. Sie haben Ihren Kleinen Geronimo genannt? Das ist stark. Das wird ein starker Junge. Name ist Schicksal. Mein richtiger Name ist Maximilian.«

Nonc sagt: »Fragen Sie ihn, ist es ein Van oder ein Pick-up, wie viele Kilometer hat er auf'm Buckel und so weiter.«

Enrique fragt und liest dann: »*Ich habe mehrere Autos. Weiß nicht, wie viel sie wert sind, aber sie gehören dir. Ich wollte sie den Aussätzigen hinterlassen.*«

Das ist ein Ausdruck, den Nonc seit seiner Kindheit nicht mehr gehört hat. Damals stellten die Leute ihre alten Möbel auf dem Anleger ab, von wo das Schiff nach Carville Island abfuhr und die Leprakolonie versorgte. Harlan riss immer gern den Witz, dass einem nichts wirklich gehörte – man borgte es nur eine Weile von den Aussätzigen. Seit Harlan Kehlkopf und Stimmbänder verloren hat, hat er nicht mehr gelacht – seine Augen weiten sich, die Lippen werden schmal, das wars. Aber Nonc erinnert sich, dass Harlan immer voller Zuneigung über die Aussätzigen gelacht hat, als seien sie in der Evolutionsgeschichte die nächsten Verwandten der Cajun.

»Er klingt aber gar nicht so, als würde er demnächst sterben«, sagt Nonc. »Glauben Sie, dass er bald stirbt?«

»Fragen Sie ihn selbst«, antwortet Enrique. »Er will mit Ihnen reden.«

»Was?«

»Er übt jetzt Sprechen.«

»Mit dem Computer?«

»Nein, richtig sprechen. Verstehen kann man ihn nicht, aber man kriegt trotzdem mit, was er sagen will.«

Nonc umfasst das Handy fester. Worüber wird sein Vater mit ihm sprechen wollen – die Konflikte, vor denen er weggelaufen ist, wie man ihn in Erinnerung behalten wird, wo er begraben werden will? Aber als Harlan selbst am Telefon ist und Nonc sein schmatzendes, heiseres Krächzen tief aus der Luftröhre hört, weiß er sofort, dass es um den Jungen geht. Nonc stellt sich vor, dass der Mund seines Vaters weit offen steht, wie die Tür zu einem der vom Wind abgedeckten Häuser, und auch wenn Nonc die einzelnen Töne nicht identifizieren kann, weiß er, dass es um einen Enkel geht, einen Hurrikan und das kommende Jahr.

Nonc fährt zurück zu seiner alten Wohnung und schnappt sich die Schlüssel, das Geld und die Brieftasche, die noch auf der Couch liegen. Zwischen dem Müll, der auf dem Boden herumfliegt, bemerkt Nonc auch ein kleines Fernglas, ein Opernglas für das Footballstadion oder so; auf der ganzen Fahrt zu Dr. Gaby betrachtet der Junge die Welt durch das eine der beiden Objektive. Als Nonc am Haus vorfährt und auf dem Rasen parkt, sitzt das versammelte Dream-Team auf der Veranda auf Klappstühlen, während Relle ihnen langsam die gesamte Mitgliederliste der Psychologenvereinigung Louisianas vorliest. Sie liest einen Namen vor, sucht in ihren Gesichtern nach einer Reaktion, liest ihn dann noch einmal, dann fährt sie fort. Geronimo springt aus dem Auto und klettert auf einen leeren Stuhl.

Es ist ein träger, heißer Tag, Wolken ballen sich am Himmel zusammen; die Männer lauschen Relles Stimme hingebungsvoll, als würden *sie* jeden Moment von ihr aufgerufen werden und dürften in die Reihen der Menschen eingehen, die von jemandem gekannt werden.

Nonc läuft die Rollstuhlrampe hinauf. Relle steht auf und lässt den Stoß Papier auf ihren Stuhl fallen. »Ich dachte schon, du kommst nicht mehr«, sagt sie. »Als Nächstes ist die Psychologenvereinigung von Mississippi dran.«

»Bist du so weit?«, fragt er.

»Fahren wir wirklich?« Und, als wollte sie abchecken, wie ernst es ihm ist: »Ich meine, was ist mit deinem Job? Feuern die dich nicht?«

»Kann schon sein«, sagt er. »Aber vielleicht sagen sie sich auch einfach, dass es wegen dem Sturm ist.«

Sie mustert ihn von Kopf bis Fuß. »Okay.«

Dr. Gaby finden sie in der Küche, wo sie Unmengen von Sandwiches in Plastikfolie wickelt. Geronimo schnappt sich eine Schüssel aus dem Küchenschrank und sieht Dr. Gaby erwartungsvoll an.

Als ahnte Dr. Gaby, was Nonc von ihr will, dreht sie sich nicht zu ihm um.

Dr. Gaby fragt Relle: »Irgendeine Reaktion auf die Liste?«

»Die kennen nicht mal *Ihren* Namen.«

»Sie brauchen sich auch nicht an meinen Namen zu erinnern«, gibt Dr. Gaby zurück. »Es geht nur darum, ob sie den von ihrem Arzt wiedererkennen.«

Nonc räuspert sich. »Wir fahren nach Kalifornien.«

»Und wann fahren Sie los?«, fragt Dr. Gaby.

»Jetzt.«

»Und wie kommen Sie da hin?«

»Mit dem Truck.«

»Sie wollen also mit dem Truck Ihrer Firma nach Kalifornien fahren – ist die damit einverstanden?«

Nonc zuckt die Achseln, aber das sieht Dr. Gaby nicht. Sie ist damit beschäftigt, jedes Sandwich sehr sorgfältig in die Mitte eines Plastikvierecks zu legen. Sie faltet eine Seite über das Brot, dann die andere darüber, dann zwirbelt sie die Enden zusammen.

»Sie können nicht mit dem Kind nach Kalifornien fahren«, sagt sie. »Nicht in einem gestohlenen UPS-Truck. Sie haben nicht mal einen Kindersitz.«

»Ich weiß«, sagt Nonc. »Deswegen bin ich ja hier.«

Sie dreht den Rollstuhl um und sieht ihn an.

»Dr. Gaby«, sagt er. »Ich habe gemacht, was Sie mir gesagt haben. Ich habe mich entschieden. Ich habe mich entschieden, dass ich ein Vater sein will, der es richtig macht. Der ganze Bullshit von meinem Dad, was er anderen alles angetan hat. Jetzt haben wir die Chance, etwas Gutes daraus zu machen. Ich bitte Sie nur um eine Woche. Es ist nicht gut für das Kindeswohl, den Jungen mitzunehmen. Ich weiß, dass es für Sie immer darum geht, was dem Kindeswohl dient.«

Relle sagt: »Wir holen einen Geländewagen ab.«

Dr. Gaby fragt: »Und wissen Sie, auf was Sie sich da einlassen? Sie brauchen einen Totenschein, die Zulassungsbescheinigung aus einem anderen Bundesstaat, eine neue Versicherung, und das alles nur für die Eigentumsübertragung. Gott bewahre, dass Sie auf die Testamentseröffnung warten müssen.«

Nonc erwidert: »Wenn wir ankommen, lebt er ja noch.«

Dr. Gaby sieht Relle an. »Wird sie den Wagen hierher zurückfahren? Was ist, wenn er Gangschaltung hat? Kann sie den Truck fahren?«

»Es geht um mehr, nicht nur um den Geländewagen«, sagt Nonc.

Relle sagt: »Jetzt hören Sie schon auf, uns die Sache madig zu machen. Wir sind noch nicht mal zur Tür raus.«

Dr. Gaby hält Relle den Teller mit den eingewickelten Broten hin. »Würden Sie so gut sein und das Mittagessen austeilen?«

Aber Relle geht einfach nach oben, um fertig zu packen.

»Dass ich Ihnen mit dem Kind helfe, das ist nicht die Frage. Ich habe den Kleinen gern«, sagt Dr. Gaby. »Die Frage ist die: Können Sie mir eine Person nennen, die Louisiana verlassen hat und wiedergekommen ist?«

»Ich«, sagt Nonc. »Ich komme wieder.«

»Hören Sie denn eigentlich, was Sie da sagen? Ja zu einem Kind zu sagen ist etwas anderes, als das Kind zu verlassen.«

»Es ist doch nur für eine Woche«, erwidert er.

Dr. Gaby denkt darüber nach. Sie rollt zum Kühlschrank, schenkt Milch in einen Pappbecher und gibt sie Geronimo zu trinken. »Meine Haltung zu solchen Fragen kennen Sie ja, oder? Ihnen ist klar, dass ich tun muss, was am besten für den Jungen ist, wenn Sie ihn mir überlassen. Nur das ist ausschlaggebend.«

»Das ist genau das, was ich will. Sein Bestes«, sagt Nonc. »Deswegen spreche ich ja auch mit Ihnen.«

»Haben Sie die Mutter ausfindig gemacht?«

»Jawohl, Ma'am. Sie sitzt in Calcasieu im Knast.«

Dr. Gaby atmet einmal tief durch und sieht Geronimo an. »Können Sie mir eine Kontaktnummer in Kalifornien geben? Bei wem kann ich mich melden, falls Ihr Handy nicht mehr funktioniert oder keine Verbindung da ist?«

»Nein, kann ich nicht«, antwortet er.

»Und können Sie mir genau sagen, wann Sie wieder da sind?«

»Ich würde mal sagen, eine Woche. Zwei Tage Hinfahrt, zwei Tage Rückfahrt, zwei Tage für den Papierkram. Ein Tag für Unvorhergesehenes.«

»Es tut mir leid, dass ich so sein muss, Randall. Aber können wir uns auf einen exakten Zeitpunkt Ihrer Rückkehr einigen?«

Nonc betrachtet sie mit plötzlichem Misstrauen. »Na ja. Die Sache lässt sich ja schlecht perfekt planen. Es gibt unbekannte Faktoren. Wenn Sie's also ganz genau wissen wollen, dann: Nein.«

»Ich werde das also schriftlich festhalten, in Ordnung? Dass Sie nur grob schätzen können, wann Sie zurückkehren werden?«

Nonc runzelt die Braue und sieht sie gekränkt an.

»Randall«, sagt Dr. Gaby. »Wissen Sie, was Sie da tun? Sie müssen nicht nach Kalifornien. Sie haben doch einen Job, und ich kann Ihnen helfen. Soll ich mich für Sie entscheiden? Ich tue es. Ich verpflichte mich dazu, für Sie da zu sein.«

»Bitte, Dr. Gaby«, sagt Nonc. »Es ist doch nur eine Woche.«

Dr. Gaby legt ein weißes Blatt Papier vor sich auf die Arbeitsfläche und sucht nach einem Bleistift. »Sie müssen mir eine Bescheinigung ausstellen, dass Sie mir die Vormundschaft übertragen. Wenn es einen Notfall gibt oder irgendwas passiert, dann brauche ich so eine Bescheinigung.«

»Vorübergehende Vormundschaft.«

»Natürlich«, sagt sie. »Vorübergehend.«

Ohne ein weiteres Wort fördert Dr. Gaby eine kleine Kühlbox für ihre Fahrt zutage. Während Nonc ihr die Bescheinigung ausstellt, steckt sie Sandwiches und ein paar Dosen Diet Rite Soda hinein, dazu ein Kühlaggregat, damit sie kalt bleiben. Die Formulierung geht Nonc leicht von der Hand, aber als er fertig ist, bringt er es nicht übers Herz durchzulesen, was er geschrieben hat.

»Behalten Sie Cherelle im Auge«, sagt Dr. Gaby und überreicht ihm die Kühlbox. »Ich war immer überzeugt, dass sie prinzipiell ein gutes Herz hat, aber ganz ehrlich – besonders viel habe ich davon bisher noch nicht gesehen.«

Als sie nach draußen kommen, sehen sie Cherelle, die den Rasen überquert. Sie watschelt seltsam, als wäre sie schwanger, weil sie ihre schwere Nähmaschine zum Transporter schleppt.

»Hey, was soll das?«, ruft Nonc ihr hinterher. »Wir bleiben nicht lange weg.«

Ächzend antwortet Relle: »Ohne meine Nähmaschine gehe ich nirgendwo hin.«

Dr. Gaby sieht Nonc an. Es ist der gleiche Blick, mit den ihn auch die alten Damen im Gemeindehaus angesehen haben.

»Was?«, fragt er.

Sie sieht ihn nur immer weiter an. »Nichts«, sagt sie.

Nonc geht zum Truck, um Geronimos gelben CD-Player und seine restlichen Sachen zu holen. Sie sind immer noch in derselben Tasche, in die Marnie sie gepackt hatte. Nonc hat das Gefühl, als müsste es eigentlich noch viel für die Reise vorzubereiten geben, aber es gibt nichts. Er kommt mit den Sachen zurück und deponiert sie auf der Veranda. Geronimo sitzt auf der Rampe, lässt die Füße seitlich herunterbaumeln und hält das Fernglas hoch. Er guckt nur durch eins der beiden Objektive, damit Nonc durch das andere schauen kann.

»Bibo«, sagt Geronimo zu ihm.

Nonc geht neben dem Kleinen in die Hocke. »Nonc muss jetzt weg«, erklärt er ihm. »Aber er ist gleich wieder da. Nonc kommt immer zurück, vergiss das nicht.« Dann nimmt er sein DIAD-Board und gibt es Geronimo. »Hier in dem Ding ist ein GPS-Chip. Mit dem Ding finde ich dich immer wieder, egal, wo du hingehst oder was mit dir passiert. Falls irgendwas schiefgeht, dann rede ich einfach mit meinen Kumpels von UPS, und damit spüren wir dich wieder auf.« Nonc gibt dem Jungen einen Kuss auf die Stirn. »Und vergiss nie, dass Nonc dein echter Vater ist«, sagt er. »Und dass er gleich wieder da ist.«

Dr. Gaby rollt ins Haus zurück, bevor er sich von ihr verabschieden kann.

Als Nonc in den Transporter steigt, sitzt Relle schon auf dem Beifahrersitz. Sie macht die Packgurte ab und zieht stapelweise Ausdrucke aus ihrer Tasche, Sachen, die sie aus dem Internet heruntergeladen hat. Auf einem Ausdruck steht: »Wohnungssuche in L. A. leicht gemacht«.

»Was?«, sagt sie, als er einen Blick darauf wirft. »In L. A. kann man nicht im Truck schlafen.«

Alles läuft gut, denkt Nonc, als er die Kiste anlässt. Soweit war alles wesentlich einfacher, als er gedacht hatte. Nonc hatte befürchtet, dass der Abschied von Geronimo ihn fertigmachen würde, dass der Junge in Tränen aufgelöst sein würde, und dann würde er auch heulen müssen und alles würde falsch anfangen. Aber alles läuft bestens. »Wir müssen ordentlich Gas geben«, sagt er, als sie aus der Einfahrt biegen. Nonc winkt zum letzten Mal – das Dream-Team betrachtet ihn ohne Missbilligung, ohne Regung, sein Sohn blickt ihm mit einem Auge hinterher. Im Fernglas muss er sehr groß aussehen, denkt Nonc, er muss das gesamte Blickfeld des Jungen einnehmen.

Sie biegen auf die Lake Street, und der Plan wird Realität. Endlich stoßen Nonc nicht nur Sachen zu, sondern er stößt Sachen an, und das ist ein neues Gefühl, ein gutes. Der Plan wird ihm alles abverlangen, das weiß er. Er wird alles von ihm fordern, was er hat.

Relle fängt an, neue Radiosender einzuspeichern. »Manche Leute behaupten, New York wäre die Modehauptstadt«, erzählt sie ihm. »Aber das stimmt überhaupt nicht. L.A. ist die Modehauptstadt.«

Nonc denkt an das eine Mal, als er mit Relle zum Grundstück ihres Vaters rausgefahren ist. Er musste die ganze Zeit dran denken, wo wohl die Hunde begraben lagen. Bei jedem Schritt stellte er sich eine Blase verwester Windhunde unter seinen Füßen vor. Aber so darf er nicht denken. Es gibt so zeltförmige Blockhäuser zum Selber-Zusammenbauen, die stellt man hin, wo man will. So was muss er sich vorstellen.

»Weißt du, wer richtig gut wäre als Koch?«, fragt er. »Der Bruder von Donny Trousseau. Der Mann, der kann echt kochen.«

»Ja, der Typ ist super«, sagt Relle. Sie klappt die Kühlbox auf und holt zwei Getränkedosen heraus. Dann nimmt sie die Sandwiches. »Ich kann die Dinger nicht mehr sehen«, sagt sie und schmeißt sie aus dem Fenster.

Nonc sieht im Rückspiegel, wie sie über die Straße purzeln. Urplötzlich fällt ihm wieder ein, dass er eine Wörterliste für Dr. Gaby machen wollte.

»O Shit«, sagt er. »Ich wollte noch eine Gebrauchsanleitung für den Kleinen schreiben.«

»Keine Sorge«, sagt sie. »Dr. Gaby ist Vollprofi.«

»Da hast du wahrscheinlich recht.«

»Natürlich hab ich recht«, entgegnet sie. Sie fahren die Auffahrt zur I-210 und zur Brücke hoch. »Und du entspannst dich jetzt mal ein bisschen, okay? Mach dich locker. Dein Alter wird dir keinen Ärger machen – der ist so gut wie tot. Und wenn wir einen Tag später zurückkommen, macht das auch nichts, oder eine Woche später. Was soll Dr. Gaby schon machen, den Kurzen in einen Teppich wickeln und zum Sperrmüll an die Straße stellen? Nein, sie liebt den kleinen Hosenscheißer. Alles läuft wie geschmiert, auch wenn irgendwas dazwischenkommt. Falls ich also einen kleinen Boxenstopp in Denver einlegen muss, läuft trotzdem alles wie geschmiert.«

»Du musst einen kleinen Boxenstopp in Denver einlegen?«

Sie fasst nach seiner Hand. »Siehst du, du entspannst dich nicht.«

Als sie die Steigung der Lake Charles Bridge hinauffahren, sieht Nonc die Muskeln und Ellbogen der petrochemischen Fabrikanlagen, aus deren Schornsteinen die lilablauen Flammen lodern. Unter ihnen treiben die schmutzigbraunen Ränder der Gezeiten und das offene Gedärm Louisianas. Am Scheitelpunkt der Brücke sieht man nichts von dem, was hier passiert ist, keine Nuckeltasse auf dem Standstreifen, kein Kinderschühchen. Nonc blickt über die Stadt hinweg. Sie liegt vor ihm wie ein Gemälde der biblischen Endzeit, auf dem alles groß und beeindruckend wirkt, aber wenn man näher hinsieht, haben die Leute an jeder Ecke mit irgendeinem Riesenmist zu kämpfen. Nonc schaltet in den vierten Gang, und selbst das fühlt sich schon wie etwas Großes an, wie der erste Schritt von etwas Unvorstellbarem. Die kleinsten Dinge kommen ihm auf einmal wie eine große Sache vor, wie ein Wegweiser. Man küsst seinen Sohn oben auf den Kopf, und das ist eine große Sache, zweifellos. Man dreht den Schlüssel in der Zündung und legt den Gang ein und weiß, dass es nichts Alltägliches mehr ist. Auf dem Scheitelpunkt der Lake Charles Bridge, auf dem Weg nach Westen, den Wind in den Augen, und wenn man die Sonnenbrille aus der Stirn rutschen lässt, riecht es nach Ewigkeit.

INTERESSANT!

INTERESSANT: Ich hackte Bettdecken, Meta-Ekstasen in Abkühlungen und lebe kopfüber.

Wenn das jetzt keinen Sinn ergibt, macht das nichts. Ich habe immer und immer wieder versucht, es zu begreifen, aber ich kapiere es auch nicht. Die wichtigsten Dinge im Leben verbergen wir sogar vor uns selbst.

Gerade erst kürzlich kam das Thema *tote Ehefrauen* auf. Mein Mann und ich haben uns auf dem Heimweg von einer Lesung darüber unterhalten. Eine Schriftstellerin aus der Gegend hatte aus ihren Kurzgeschichten gelesen, und nun liefen wir durch den Regen, bei uns in San Francisco typisches Winterwetter. Die Schriftstellerin aus der Gegend war blutjung und sexy. Ihre Arme waren durchtrainiert, ihre schwarzen Haare glänzend. Und nur damit das von vornherein klar ist: Ich werde über die Brüste sämtlicher Frauen sprechen, die meinen Weg kreuzen. Ihre waren unter weißem Satin weder auffällig verborgen noch zur Schau gestellt, sondern völlig, unerträglich normal, und dafür hasste ich sie noch mehr. Die Story, die sie las, handelte von einem Mann, der sich einige Zeit nach dem Tod seiner Ehefrau entschließt, wieder nach Frauen Ausschau zu halten. Immer ist es irgendein Blutgerinnsel, Autounfall oder langwieriger Kampf gegen den Krebs. Krebs ist für Frauen in literarischen Texten immer die schlimmste Art zu sterben. Na, jedenfalls lässt der Mann eine angemessene Zeit nach dem Verlust seiner Frau verstreichen – sechzehn Monate! –, bevor er sich zum ersten Mal wieder mit einer Frau verabredet. Nach all der Trauer ist er in seinem Überschwang kaum zu bremsen. Gleich das erste Mädchen, mit dem er ins Gespräch kommt, ist mehr als willens. Der Mann ist nach der langen Durststrecke spitz wie Nachbars Lumpi und der Sex total wow. Der über vierzigjährige Witwer nagelt das knapp zwanzigjährige Ding auf dem umgedrehten Rumpf seines Glasfaserkajaks. Was die Geschichte uns sagen will – natürlich ganz subtil: Findet ein Mann endlich die Liebe, empfindet er sie noch viel tiefer, wenn er am eigenen Leib erfahren musste, wie schnell das Leben vorbei sein kann. Na gut, am Leib seiner verstorbenen Frau.

Applaus, Fragen aus dem Publikum, noch mehr Applaus.

Es regnet also. Wir kommen gerade aus dem Buchladen, Booksmith an der Haight Street. Überall auf dem Bürgersteig lungern durchnässte Obdachlose herum. Wir gehören zu den Arschgeigen, die nie was geben.

»Und, wie fandst du die Geschichte?«, fragt mein Mann.

Mir ist eh schon klar, dass sie ihm gefallen hat. Er mag alle Geschichten.

Ich sage: »Ich konnte gut mit der toten Ehefrau mitfühlen.«

Worauf mein Mann, der begriffsstutzigste Mensch, der je einen Pulitzerpreis gewonnen hat, erwidert:

»Aber … sie kam doch gar nicht selber vor.«

Ein Jahr zuvor war bei mir Krebs diagnostiziert worden, und ich hatte von OP über Chemo bis zu diversen Interventionen, Injektionen, Behandlungen und sonstigen Demütigungen alles durch. Als ich krank wurde, verwandelte sich unsere Jüngste in ein Pferd: unser schweigsames, nicht zu zähmendes Fohlen wiehert und schnaubt nur noch. Davor hatte sie jedoch eine Phase, die bei uns nur noch »Interessant!« hieß. »Interessant!«, verkündete das Kind und erzählte uns von etwas Unglaublichem – kein Killerwal hat je in der freien Wildbahn einen Menschen getötet. Insekten sind eine eiweißreiche Nahrungsquelle. Kolibris haben Gefühle und sind oft traurig.

Ich finde auch eine ganze Menge interessant: Leuprorelin führt nicht nur dazu, dass kein Eisprung mehr stattfindet, sondern wird auch zur chemischen Kastration von Sexualtriebtätern verwendet. Vinblastin verhindert die Zellteilung. Es ist ein giftiges Alkaloid aus den hübschen Blüten der Rosafarbenen Catharanthe. Von Tamoxifen fangen die Hüftknochen an zu knarzen. Ein Jahr nach Beendigung der Chemotherapie sind mir die Augenbrauen ausgefallen. Und wenn sie einem die Möpse schon lange abgesäbelt haben, kann man sie immer noch spüren. Wenn man friert, fühlen sie sich kalt an, sie schmerzen beim Sport und werden beim Duschen nass; da kann man frottieren wie eine Wahnsinnige, sie tropfen immer noch.

Bevor mein Mann den Pulitzerpreis gewonnen hat, hatten wir einen Deal: Ich finde ihn toll, obwohl er etliche Pfunde zugelegt hat. Und er findet mich toll, obwohl ich eine beidseitige Brustamputation hatte. Wer würde uns auch sonst noch wollen? Genau. Jetzt wird mein Liebster bei jedem Literaturevent von jungen Dorothy Parkers umschwärmt. Das Schlimmste ist, dass der Roman, den er geschrieben hat, in Nordkorea spielt, und er wird ständig zu Veranstaltungen eingeladen, in denen es von koreanischen Damen der Gesellschaft und koreanischen Gönnerinnen und koreanischen Menschenrechtsaktivistinnen und koreanischen Schriftstellerinnen und anderen weiblichen Stützen der amerikanisch-koreanischen Gemeinschaft nur so wimmelt.

Habe ich die Worte *jung* und *hübsch* vergessen?

Oh, Adam, Sie sind so unglaublich sensibel für das Leiden des koreanischen Volkes!, sagt die schöne koreanische Salonlöwin.

Er verhält sich natürlich tadellos. Er sagt dann immer: »Und das ist meine wunderbare Frau.«

Die schöne koreanische Salonlöwin beachtet mich nicht und sagt: »Sie müssen unserem Lesezirkel die Ehre erweisen.«

Wenn ich diesen Satz höre, wird mir jedes Mal speiübel und ich denke nur: Gib mir ein Gewehr und ein Alibi!

Aber ich bin schrecklich müde. Meine Gedanken fangen an abzuschweifen, wenn ich müde bin. Noch vier Blocks, dann sind wir zu Hause, unsere Kinder sind schon alt genug, dass sie keinen Babysitter mehr brauchen. An diesen Abenden zeichnet unser elfjähriger Sohn Comics vom Ansturm der Mongolen und der amerikanischen Bürgerrechtsbewegung – sein Geschichtslehrer hat ihm erlaubt, seine Aufsätze zu zeichnen (San Francisco, sage ich nur!). Unsere Tochter ist mit ihren neun Jahren eine Meisterbäckerin. Sie hat die Haare zum Pferdeschwanz zusammengebunden und knetet mehlüberstäubt den Brotteig. Das Fohlen ist erst sieben und übt Dressur. Sie ist ein Ross, das keinen Reiter braucht. Aber von meinen Kindern erzähle ich lieber in einer anderen Geschichte. Ich kann sie momentan kaum richtig ansehen. Ihre schmalen, kleinen Gestalten, ihre zarten Profile – das ist einfach zu viel.

Mein Mann und ich laufen durch den Regen. Wir halten uns nicht an der Hand. Mir sitzt immer noch der Juckreiz vom Vinblastin unter den Fingernägeln. Wie sich herausstellte, sind die Nagelbetten eine Stelle, an der Giftstoffe im Körper gespeichert werden. Hast du schon mal den Drang verspürt, dir die Fingernägel rauszureißen, damit du dich darunter kratzen kannst, so lange an den Nägeln zu zerren, bis sie herausbrechen, damit du kratzen, kratzen, kratzen kannst?

Ich beuge die Finger und reibe die Fingerkuppen an den Nieten meines Ledergürtels.

Ich weiß, dass ich es nicht tun sollte, frage ihn aber trotzdem:

»Wie lange würdest du warten?«

»Wie, warten?«

»Mit dem Kajak-Sex mit der Zwanzigjährigen. Wie viele Monate nach meinem Tod würdest du dir Zeit lassen?«

Ich weiß, dass ich nicht so einen Schwachsinn reden sollte. Er hat keinen blassen Schimmer von dem Wahnwitz, der durch meinen Kopf tobt.

Er denkt kurz nach. »Rechtlich gesehen bräuchte ich wahrscheinlich eine Sterbeurkunde«, sagt er. »Sonst wäre das ja Bigamie oder so. Ich müsste also die Autopsie und die Beerdigung und das Mahlen der bürokratischen Mühlen abwarten, bis ich den Schein habe. Ich wette, das kann zwölf bis sechzehn Wochen dauern.«

»Eine Sterbeurkunde beschaffen«, sage ich. »Das muss ja ein ganz schöner Aufwand sein. Aber warte – du kennst doch diesen

Typen, der in der Stadtverwaltung arbeitet. Keith, du weißt schon, wen ich meine.«

»Genau, Keith«, sagt er. »Ich wette, Keith könnte mir im Handumdrehen einen Todesnachweis besorgen. Bei dem hab ich sowieso noch was gut. Ein Typ wie Keith, der könnte die Sterbeurkunde im Rathaus von Tisch zu Tisch tragen und persönlich dafür sorgen, dass sie von allen abgezeichnet wird, dafür würde er garantiert nicht mehr als sieben bis vierzehn Tage brauchen.«

»Das ist also deine Antwort – sieben bis vierzehn Tage?«

»Plus minus natürlich nur. Es gibt immer irgendwas, womit man nicht gerechnet hat. Dinge, auf die Keith keinen Einfluss hat. Wenn er die Sache zu sehr übers Knie brechen würde, könnte es ihn in ernsthafte Schwierigkeiten bringen. Es könnte ihn seinen Job kosten.«

»Mensch, der arme Keith. Jetzt tut er mir schon leid, wie er den Mächten des Schicksals ausgeliefert ist etcetera etcetera. Und dabei wollte er nichts weiter, als seinem trauernden Kumpel dabei helfen, dass er endlich wieder eine Nummer schieben kann.«

Mein Mann wirft mir einen besorgten Blick zu.

Wir gehen bei Frank's Liquors vorbei, um Kondome zu kaufen, auch wenn wir Unmengen davon zu Hause haben. Damit will er mir durch die Blume sagen: *Ich flehe dich an, gib mir ein bisschen Sex!*

Mein Mann kann Kondome nicht ausstehen, aber es gibt eine Marke, die er ein bisschen weniger hasst als die anderen. Ich darf die Pille nicht mehr nehmen, weil mein Brustkrebs Östrogenrezeptor-positiv war. Mein Mann glaubt den Ärzten nicht, die sagen, dass man immer noch schwanger werden kann, auch wenn Tamoxifen künstlich die Wechseljahre herbeiführt. Mein Mann ist sechsundvierzig. Ich bin fünfundvierzig. Er glaubt nicht, dass ich mit Mitte vierzig nach Krebs, Chemo und pharmazeutisch herbeigeführter Menopause noch mal schwanger werden kann. Aber ich sag's euch, Mädels: Ich kenne meine Gebärmutter. Erwiesene Tatsache.

»Glaubst du, dass es eine Autopsie geben würde?«, frage ich, als er vor der Auslage steht. »Das finde ich eine schreckliche Vorstellung, so aufgeschnippelt zu werden.«

Er sieht mir in die Augen. »Das ist nur Spaß, oder? Wir gehen deine Ängste mit Humor und therapeutisch wirksamem Witz an, richtig?«

»Natürlich.«

Er nickt. »Ja, wahrscheinlich schon. Du bist jung und gesund. Sie würden dich bestimmt aufschnippeln wollen, um herauszufinden, was dir den Rest gegeben hat.«

Ein kleines, säuerliches »Ha!« entwischt mir. Ich weiß, dass ich keine derartigen Laute von mir geben sollte.

Er sagt: »Und wenn ich außerdem nach sieben bis vierzehn Tagen schon wieder eine Neue habe – «

»Plus minus.«

»Genau, plus minus. Da will man auf jeden Fall ausschließen, dass es nicht mit rechten Dingen zuging.«

»Du verdienst einen Schuldenschnitt«, sage ich. »Das will ja niemand, dass der Tod der ersten Frau unheilschwanger über einer frischen Beziehung hängt. Das ist nicht fair der Neuen gegenüber.«

»Ich glaube nicht, dass dieses Spiel noch therapeutisch wertvoll ist«, sagt er und zeigt auf die Kondome, die er gern hätte.

Interessant: Eine der möglichen Nebenwirkungen von Tamoxifen sind schwerwiegende Geburtsfehler.

Interessant: Mein Mann will auf keinen Fall eine Vasektomie.

Er bezahlt bei der alten Frau, die hinter der Theke steht.

Ihr schlaffer Hängebusen schwabbelt unter dem Kleid.

Als die Geldschublade der Kasse aufspringt, stößt sie gegen ihren Busen.

Meine Freundinnen sagen, dass ich eines Tages noch froh sein werde. Dass mir der Hängebusen erspart bleibt. Ich habe mich gegen den Wiederaufbau nach der Brustamputation entschieden. Deswegen habe ich jetzt gar nichts, nur zwei diagonale Reißverschlusslinien, wo meine Titten sein sollten.

Wir biegen um die Ecke und gehen die Cole Street hinauf.

Die Kondome sind reines Wunschdenken. Wir wissen beide, dass ich mich schlafen lege, sobald wir zu Hause sind.

Interessant: Ich schlafe zwölf bis dreizehn Stunden pro Nacht.

Interessant: Von Taxotere bekommt man rosa Urin.

Interessant: Endoxan ist ein mit Senfgas verwandter Kampfstoff. Wenn das Medikament aus dem Blut ausgefiltert wird, vernarbt die Blase, weswegen ich jede Nacht andauernd pinkeln muss.

Begreifst du, warum es schwer für mich ist, Wachen und Schlafen auseinanderzuhalten, dass mir sogar Leben und Tod wie vertauscht vorkommen können? Hörst du, was ich dir klarzumachen versuche: dass ich manchmal glaube, ich bin vielleicht schon nicht mehr da?

»Und was ist mit deinem indianischen Ehrenkodex?«, frage ich meinen Mann. »Müsstest du da nicht ein paar Monde lang warten oder so?«

Er schweigt, und ich zucke selbst zusammen über das, was ich gerade gesagt habe.

»Es tut mir leid«, sage ich. »Ich weiß nicht, was mit mir los ist.«

»Du bist nur müde«, sagt er.

Mittlerweile regnet es nicht mehr richtig, sondern ist eher neblig-feucht. Ich hatte vorhin richtig Hass auf die Frau, die gelesen hat. Ich hatte Hass auf die Zuschauer. Ich hatte Hass auf diese gescheiterten Möchtegern-Schriftsteller im Publikum. Ich hasse alle gescheiterten Schriftsteller, besonders mich selbst.

Ich frage: »Hast du schon mal an *gar nie* gedacht?«

»Gar nie was?«

»Dass es überhaupt nie eine andere Frau geben wird, niemals.«

»Warum redest du so einen Quatsch?«, fragt er. »Solche Sachen hast du doch schon ganz lange nicht mehr gesagt.«

»Du könntest doch einfach enthaltsam leben«, sage ich. »Dich durchbeißen, zusammenreißen, was weiß ich.«

»Es tut mir wirklich leid, dass dir solche Sachen im Kopf herumspuken«, sagt er.

Interessant: Charles Manson hat früher in unserem Viertel gewohnt, in der Cole Street 636.

Mansons Haus taucht vor uns auf. Ich bleibe immer davor stehen und betrachte es. Heutzutage ist es beige, aber früher, als Manson hier seine Kommune hatte, für die er seine mordenden jungen Mädchen rekrutiert hat, war es blau angestrichen. In meinem letzten Roman habe ich dieses Haus als Location benutzt; er ist bis heute nicht erschienen. Wo sind all die Jahre des Schreibens geblieben? Wo hat dieses Buch eine Heimat? Ich blicke am Manson-Haus empor. Momentan fühle ich mich lebendig, aber man kann sich nie sicher sein, wenn man durch Gazevorhänge in abgedunkelte Innenräume blickt. Bei den Recherchen für meinen Roman bin ich auf Fotos von Sharon Tate gestoßen, Mansons berühmtestem Opfer. Erstochen. Ihre Brüste sind schwer und rund, weil sie schwanger ist, ihre Brustwarzen groß und dunkel.

Ich schaue hoch zu meinem Mann. Er ist groß und bullig und sieht aus wie ein Footballspieler. Aber nicht wie ein geschmeidiger Receiver auf einem Sportkalender, sondern eher wie ein schwerfälliger Linebacker, dem die Schwarte über den Hosenbund hängt.

»Ich muss es wissen«, sage ich. »Sag mir einfach, wie lange du warten würdest.«

Er legt mir die Hand auf die Schulter und sieht mir fest in die Augen. Ich kann den Blick nicht abwenden.

»Du gehst nirgendwohin«, sagt er. »Jedenfalls nicht ohne uns. Wir halten zusammen. Falls hier jemand abtreten muss, treten wir gemeinsam ab. In unserer 777 sinkt der Kabinendruck. Oder noch besser: Wir sitzen alle im Van, wenn es passiert. Wir fahren nach Pacifica und packen die Kurve bei Devil's Slide nicht, wir durchbrechen die Leitplanke, wir alle, du, ich, die Kinder, der Hund. Für Angst bleibt keine Zeit. Kein Innehalten. Wir schleudern. Wir stürzen den Abhang hinunter. Wir schießen über die Klippe hinaus.« Er drückt mir fest die Schulter, fast zu fest. »So wird es sein, verstehst du? Wenn die Zeit gekommen ist, gehen wir alle. Alle zusammen.«

Etwas in mir schmilzt. Dass er so was zu mir sagt, erhält mich am Leben.

Mein Mann und meine Kinder sind zur ersten Chemo mit ins Krankenhaus gekommen. War das vor einem Jahr? Oder vor drei? Was ist schon Zeit – die kurze Schwingung einer einzelnen Saite oder eine komplette Tonleiter einmal rauf und wieder runter? Auf der Chemo gibt es zwölf Betten mit Tropf, und unsere Jüngste findet dort gar nichts interessant. Das ist der Tag, an dem sie aufhört zu sprechen und sich in das Fohlen verwandelt, das durchs Krankenhaus galoppiert und seine Wünsche durch Hufescharren zum Ausdruck bringt. Unser Sohn erkannte einen Jungen aus seiner Schule. Ich erkannte ihn auch, er hatte bei der Talentshow mitgemacht. Der Junge hatte eine uralte Stepptanznummer aufgeführt. Die Zeiten sind vorbei. Nun saß er bei seiner Mutter: eine ausgezehrte, abgehärmte Frau unter einem Metallbaum mit einem tropfenden Beutel. Sie musste schon viele Runden Chemotherapie hinter sich haben, aber selbst mir war sofort klar, dass sie es nicht packen würde. Ich sprach sie nicht an. Wer würde eine tote Frau grüßen, wer würde mit dem Tod höchstpersönlich plaudern? Ich ließ nicht zu, dass mein Blick in ihre Richtung wanderte, während zorniges Taxotere in unsere Venen tropfte, ihre und meine.

So wurde ich dann später auch von den anderen behandelt, auch heute, als ich nach Hause komme und meinen Mann mit Megumi auf dem Sofa sitzen sehe; sie ist eine der anderen Mütter von der Schule der Mädchen. Mein Mann und Megumi unterhalten sich im gedämpften Licht des nebelnassen Erkerfensters. Auf dem Couchtisch steht Chicken Katsu in einer gläsernen Auflaufform. Megumi trägt ein Top, das sich straff wie ein Trampolin über ihre Brust spannt. Ihre Hand liegt auf der Schulter meines Mannes. Sie hat zwar zwei Kinder, aber trotzdem einen Busen wie ein Teenie. Er springt einem geradezu ins Gesicht. Diese Titten haben alles drauf außer Kaugummikauen und Hello-Kitty-Herzchen-Malen.

»Und was macht ihr hier?«, frage ich die beiden.

Sie ignorieren mich einfach. Ganz schön dreist.

Ich habe Megumi auf dem Spielplatz kennengelernt, wo wir ins Gespräch kamen, während unsere Töchter schaukelten. Mir gefiel ihr Shinjuku-Stil und ihr mein American Vintage. Toki Doki und Patsy Cline brachten uns zusammen.

»Tolles Kleid«, war das Erste, was sie zu mir sagte.

Es war ein rückenfreies Kleid mit Rosenprint und Wasserfallausschnitt.

»Interessant«, sagte ich zu ihr. »Ich komme aus Florida, und Florida ist das Second-Hand-Klamotten-Paradies schlechthin. Die ganzen reichen alten Ladies aus New York und New Jersey ziehen dahin, wenn sie pensioniert sind. Sie bringen eine irre Kleiderkollektion mit, alles, was sie ihr Leben lang angesammelt haben, und dann sterben sie.«

»Das ist etwas, was mir gefällt«, antwortete Megumi mit ihrer ein wenig förmlichen Ausdrucksweise. »In Tokio würde niemand das Kleid einer Toten anziehen.«

Dann entschuldigte sie sich sofort, weil sie Angst hatte, sie könnte mich verletzt haben. »Seit ich nach Amerika gezogen bin, sage ich seltsame Dinge«, gestand sie mir.

Unsere Familie plante zu dieser Zeit eine Reise nach Tokio zur japanischen Buchpremiere des Romans meines Mannes. Im Laufe der nächsten Wochen zeichnete Megumi mir Kanji mit dem Stöckchen in den Sandkasten, damit ich mich im Narita Airport, im Shinkansen und der Marunouchi-U-Bahn-Linie zurechtfinden würde. Sie fragte mich nach meinem Mann und seinem Buch. »Schriftsteller genießen viel Ansehen in Japan«, sagte sie.

»Ich bin auch Schriftstellerin«, sagte ich.

Sie wandte ihren Blick von den Schriftzeichen ab und betrachtete mich mit neuem Interesse.

»Aber niemand will meine Bücher veröffentlichen«, fügte ich hinzu.

Vielleicht, weil ich ihr das offenbart hatte, gestand sie mir später auch etwas. Es war ein neblig kalter Nachmittag. Wir sahen einem Vater dabei zu, wie er seine Tochter besonders kräftig anschubste und ihr begeistertes Quietschen genoss, wenn die Schaukel den Moment der Schwerelosigkeit an der höchsten Stelle erreichte.

»Wenn mein Leben ein Roman wäre«, sagte Megumi unvermittelt, »müsste ich mich von meinem Mann trennen. Das ist doch eine Regel in der Literatur, oder? Dass man seinem Herzen folgen muss. Mein Mann ist distanziert und gefühllos«, erklärte sie. »Bevor ich herkam, habe ich das nicht gewusst. Das hat mir Amerika beigebracht.«

Ich hätte sie beschwichtigen müssen. Ich hätte sie daran erinnern müssen, dass ihr Mann sehr viel und hart arbeitete und sich alles wieder einrenken würde.

Stattdessen fragte ich: »Und was ist mit deinen Kindern?«

Megumi sagte nichts.

Und jetzt finde ich sie hier, auf *meinem* Sofa, mit der Hand auf der Schulter *meines* Mannes!

Die beiden kennen sich nur, weil ich sie einander vorgestellt habe! Glaubst du es? *Ich* habe ihr eine Ausgabe seines Romans auf Japanisch besorgt. Jetzt muss ich mir ansehen, wie Megumi ihre großen, dunklen Augen zu ihm aufschlägt. Und ich weiß, wann mein Mann jemandem seine volle Aufmerksamkeit schenkt.

Worüber sie miteinander sprechen, kann ich nicht verstehen, aber es geht um mehr als Literatur, so viel sehe ich jedenfalls auf den ersten Blick.

Mir fällt noch etwas anderes ins Auge: mehrere Köcher mit Pfeilen darin – rote Federn, gelbe Federn, weiße.

In der Küche steht eine mit Aluminiumfolie abgedeckte Auflaufform. Nein, es sind sogar zwei Aufläufe.

Ich bemerke ein Patientenarmband an meinem Handgelenk. Habe ich das als Ehrenabzeichen dran gelassen? Oder als ironisch-düsteres Accessoire? Soll das Armband mich an etwas erinnern?

Interessant: Das Kanji-Zeichen für »irrational« ist die Kombination der Elemente »Frau« und »Tod«, hat Megumi jedenfalls behauptet.

Vor nicht allzu langer Zeit hat sich eine Szene abgespielt, die wohl unter meiner Schlaf-und-Wach-Verwirrung verbucht werden muss. Ich befand mich im Krankenhaus. Soweit also nichts

Ungewöhnliches. Das Schöne war, dass meine ganze Familie sich versammelt hatte – wir standen alle zusammen um das Bett einer Patientin herum. Das Krankenzimmer war voller Starbucks-Kaffeebecher, mein Bruder, meine Schwestern, meine Eltern – alle waren da, und wir plauderten miteinander, ganz wie früher. Man gab Anekdoten aus dem Krieg zum Besten. Mein Großonkel erzählte von einem Footballspiel in den Wüstendünen Nordafrikas nach einem Panzergefecht gegen Rommel. Mein Vater erzählte von einem traurigen Erlebnis, als er einer schwangeren Vietcong-Kämpferin helfen wollte, bei Cu-Chi ein Kind zur Welt zu bringen.

Mein Bruder wirkte auf einmal sehr ergriffen. Er sagte: »Ich glaube, es ist so weit.«

Wir blickten alle zum Bett, und da sah ich zum ersten Mal die sterbende Frau. Sie atmete rasselnd und immer langsamer. Sie schien vor unseren Augen gewichtsloser zu werden. Ich muss zugeben, dass ich eine gewisse Ähnlichkeit mit ihr hatte. Aber nur ein klein wenig – die Frau war völlig abgemagert, glatzköpfig und starrte ins Leere.

Meine Schwester fragte: »Sollen wir jemanden rufen?«

Ich stellte mir vor, wie der Notfallwagen mit den Spritzen und Elektroden und dem Intubationsschlauch hereingepoltert kam. Es ging mich ja nichts an, aber ich dachte: *Lasst doch die arme Frau in Ruhe. Lasst sie gehen.*

Wir sahen alle meinen Vater an. Er ist Arzt und hat dem Tod schon oft ins Auge geblickt.

Er stammt aus Georgia. Seine Augen sind alt und feucht und beständig mit einem Perlmutterglanz überzogen.

Er drehte sich zu meiner weinenden Mutter um. Sie schüttelte den Kopf.

Von außerkörperlichen Erfahrungen hast du sicher schon einmal gehört? Als ich in dem Krankenzimmer stand, hatte ich eine *inner*körperliche Erfahrung: Das völlig überzeugende Gefühl, die reale Welt zu verlassen und in diese fremde Person hineinzufließen. Als ihr Blick leer wurde und ihre Lippen erschlafften, spürte ich auf einmal das Morphium in ihr, mit dem alles aussah wie von einem Neonheiligenschein umgeben. Ich tauchte in den dunklen Tunnel der Morphinzeit ab, in der man Vergangenheit, Gegenwart und Zukunft gleichzeitig sehen kann. Ich war wieder ein kleines Mädchen auf einem gelben Fahrrad. Bald werde ich im Golden Gate Park stehen und Bogenschützen dabei zusehen, wie sie Pfeile in den Nebel schießen. Ich sehe, dass meine Eltern seit einer Woche am Bett dieser Frau sitzen und ihr meine Lieblings-jugendbücher vorlesen. Der gelbe Einband der Nancy-Drew-Kri-mis füllt mein ganzes Blickfeld. *Die verborgene Treppe. Die Maske mit dem Katzenkopf. Mord steht nicht im Stundenplan.*

Stell dir diesen Moment zwischen zwei Pulsschlägen vor, wenn das Herz einen Augenblick lang stillsteht. Dieses Nichts, das dunkle Dröhnen dieses Nichts, genau so fühlt es sich an. Alles, was du siehst, ist schwarzes Flimmern, und im Kopf ist nur noch das Gefühl wie am Boden des Schwimmbeckens, wenn du keine Luft mehr hast. Plötzlich kann ich auch den Körper dieser Frau von innen sehen – so was kann man, wenn man Krebs hat. Da ist eine knotige Kette blau eingefärbter Lymphknoten, dort ringeln sich die Tentakel eines durstigen Gebärmuttertumors. Überall die Knisterbrause verkalkter Streuungen. Lautlos taucht deine beste Freundin Kitty auf. Sie hat sich schon vor zwölf Jahren von der Welt verabschiedet. Krebs. Sie hält einen Finger an die Lippen. *Psst*, sagt sie. Und dann wird dir mit einem Schlag klar, dass du in einer sterbenden Frau gefangen bist. Du wirst lebendig begraben. *Wirst* wird zu *bist*, wird zu *warst*. Du kannst das Republikanerrot des St.-John-Jäckchens deiner Mutter nicht mehr erkennen. Du kannst den zittrigen Atem deiner Schwester nicht mehr hören. Und dann ist da nichts mehr als die Stille, die sich verdichtende, alles umschließende Stille der Frau, in der du festsitzt.

Und dann *Popp!* – irgendwie windest du dich heraus, zum Glück. Du bist wieder frei, zurück in der Welt der Starbucks-Weg-werfbecher und Parkuhren, die ständig gefüttert werden wollen.

Das waren echt heftige Hallus, das Gefühl, in der toten Frau drin zu sein. Aber das macht der Krebs mit dir, der weicht echt dein Hirn auf. Dein Zeitgefühl ist komplett aus den Fugen – wie sollst du jemals wieder unterscheiden können zwischen dem, was war und was sein wird, ganz zu schweigen von dem, was ist?

Mein Mann und die Kinder haben den ganzen Alptraum verpasst. Sie sitzen unten in der Kantine und essen Suppe.

Interessant: Im Geary Street Kaiser Permanente Hospital werden die Amputationen durchgeführt. Die Eiernudel-Wonton-Suppe ist ausgezeichnet. Die Wontons sind selbstgemacht und mit gedämpftem Kohl gefüllt und mit weißem Pfeffer gewürzt. Die Kaiser-Niederlassung an der Turk Street ist Chemo Central. Die Kellercafeteria ist auf Riesenschalen vietnamesische Pho spezialisiert, leckere Suppe mit Rinderhaxe und lila Basilikum obendrauf. Die rote Chilisoße nicht vergessen! Und wenn das Ende naht: das Kaiser-Krankenhaus an der Divisadero Street. Die Shio-Ramen-Suppe mit Schweinebacke ist einfach göttlich. Die Küche hat Tag und Nacht geöffnet.

Meine vulkanisch-telepathische Verschmelzung mit dem Tod hat seltsame Auswirkungen auf unsere Familie. Am seltsamsten ist, wie schwer es mir auf einmal fällt, meine Kinder anzusehen. Die Vorstellung, dass sie ohne mich durchs Leben gehen sollen, mich, den Menschen, dessen einzige große Aufgabe es ist, sie zu führen – das ist einfach unerträglich. Meine Hände zittern bei dem Gedanken, wie nah dran sie waren, dass ihnen die kleinen Lichter ausgepustet wurden. Wenn ich mir vorstelle, sie müssten ihren Weg durch die Welt allein finden, will ich am liebsten alles um mich herum kurz und klein schlagen, eine Axt nehmen und alles in meiner Reichweite in Stücke hauen. Nun habe ich aber noch nie im Leben Holz gehackt und bin insgesamt bei so was nicht sehr geschickt; Kollateralschäden wären also unvermeidlich, und ich würde Gut und Böse gleichermaßen den Garaus machen.

Interessant: Meine beste Freundin Kitty ist an Krebs gestorben. Im Laufe der Jahre nahmen die Ärzte ihr erst das linke Bein, dann die Brust, den Kehlkopf und die Eierstöcke. Als Entschädigung bekam sie zwei Gratisportionen Knochenmark. Als sich das

Ende anbahnte, hatte ich Angst, sie zu besuchen. Was sollte ich zu ihr sagen? Was bedeutet Abschied überhaupt? Als sie schließlich nur noch ein paar Tage zu leben hatte, nahm ich all meinen Mut zusammen und wollte zu ihr. Um Geld zu sparen, flog ich nur bis Atlanta und nahm von da den Bus. Aber ich stieg in den falschen! Das merkte ich erst, als ich in North Carolina war. Kitty starb in Florida.

Mein Mann reißt sich am Riemen. Er lässt mich in Ruhe und steht früh auf, um den Kindern Pausenbrote zu schmieren und sie zur Schule zu bringen. Die drei stehen zurzeit ziemlich neben sich. Sie schlafen jetzt bei ihrem Papa im Ehebett. Bei so vielen Armen und Beinen bleibt kein Platz mehr für mich. Sie liegen da wie ein Häufchen Elend, aber ich kann es verstehen: es ist nicht einfach, jemanden um ein Haar zu verlieren.

Ich verbringe viel Zeit im Golden Gate Park und nehme plötzlich viel mehr wahr als früher. Ich sehe eine Möwe vorbeisegeln und weiß genau, wo sie landen wird. Ich entwickle ein fast schon unheimliches Gefühl dafür, wie das Wetter werden wird. Ich brauche eine Pflanze nur anzusehen und weiß, welche Wirkung sie auf den menschlichen Körper hat.

Interessant: Nach einem kurzen Spaziergang durch den Park gelange ich zum Botanischen Garten, wo *Cohosh* wächst, die Blaue Frauenwurz. Aus ihren Beeren kann man einen Brei stampfen und ein lila Öl extrahieren, von dem sich die Gebärmutterwand zusammenzieht. Die Miwokstämme an der Pazifikküste benutzten dieses Beerenöl, um abzutreiben.

Das ist alles nicht einfach für meinen Mann, aber er fängt nicht wieder an zu trinken. Ich bin stolz auf ihn, auch wenn ich es völlig verstehen würde. Es würde zeigen, wie tief es ihn getroffen hat, mich um ein Haar zu verlieren. Wenn er nach dem Bourbon greifen würde, wüsste ich, wie sehr er mich braucht. Stattdessen kauft er ein Hantelset. Wenn die Kinder schlafen, geht er runter in den Keller und schwingt stundenlang die Kugelhanteln und hört dabei Podcasts über die Jagd mit Pfeil und Bogen, brasilianisches Jiu-Jitsu und Folklore der amerikanischen Ureinwohner.

Er verliert einiges an Pfunden, was mir zu denken gibt. Die Pfunde purzeln nur so.

Er bringt die Kinder zum Musikunterricht, zum Kampfsport, zum Zahnarzt. Das Hauptproblem ist die Schule, wo eine Kavalkade kontaktfreudiger Mütter gleich, nachdem sie die Kleinen abgeliefert haben, gemeinsam in ihr Morgenprogramm starten: Donuts im Café Reverie, Lesezirkel im Zazie's, und jeden Donnerstag Kaffeeklatsch. Die Mütter sind alle Singles, mehr oder weniger jedenfalls. Da ist Liddi, Mutter von Zwillingen, Erfinderin des Doppelyogamatten-Rucksacks, eine Lokalberühmtheit in Cole Valley. An ihr ist kein Grämmchen Fett und auf ihren straffen Brüstchen sitzen stark vorstehende, nicht zu übersehende Nippel. Dann gibt es Rocker-Mom Sabina mit ihrem Gothic-Tatoo-Look – Krakenarme locken aus ihrem tiefen Ausschnitt. Nicht zu vergessen: Salima, Professorin an der UCSF, die niemanden damit hinters Licht führen kann, dass sie ihre D-Körbchen unter mehreren Stoffschichten versteckt. Salima verliert kein Wort über den Ehemann, den sie – tot oder lebendig – in Lahore zurückgelassen hat.

Kommst du klar?, fragen sie meinen Mann.

Sag Bescheid, wenn du irgendetwas brauchst, bieten sie an.

Sie holen unsere Kinder mit dem Auto zu Geburtstagsfeiern und Spielnachmittagen ab. Bei ihnen ist der Ofen immer vorgeheizt. Aber nicht sie klopfen an die Tür, sondern Megumi. Und ihr wird geöffnet.

Interessant: Chuck Norris nimmt es in *Bare Knuckles* mit siebzehn Bösewichtern zugleich auf. Clint Eastwood greift in *Erbarmungslos* wieder zur Flinte. George Clooney ist in *The Descendants* betörend verletzlich. Und warum? Ihre Frauen sind gerade gestorben.

Interessant: eine Ehefrau, die mal nicht starb, war Lady Mary Montagu. Meine Creative-Writing-Abschlussarbeit war eine Sammlung miteinander verbundener Kurzgeschichten über Lady

Montagus Bemühungen, sich trotz ihrer fordernden Kinder, ihres berühmten Gatten und ihrer schmerzhaften Krankheit als Schriftstellerin durchzusetzen. Viel hatte ich zu dem Thema nicht zu sagen. Ich fand die Frau einfach ziemlich beeindruckend. Niemand, wirklich niemand las meine Abschlussarbeit, auch meine Professorin, die die Arbeit betreut hat, nicht. Schreiben Sie über Dinge, die Sie aus eigener Erfahrung kennen, riet sie mir immer. Ich wollte nicht auf sie hören.

An einem Nachmittag mache ich einen langen Spaziergang durch den Golden Gate Park, an den Dealern am Hippie Hill und dem rostfarbenen Kommandoturm des DeYoung Museums vorbei. Ich lasse sogar das Bisongehege hinter mir. Schon fast am Pazifischen Ozean, auf den großen Wiesen in Strandnähe, entdecke ich unerwartet meinen Mann und meine Kinder beim Bogenschießen. Was machen sie hier am Schießstand? Seit wann trainieren sie Bogenschießen? Sie halten Bogen in der Hand, die Sehnen gespannt, und schießen einen Pfeil nach dem anderen auf die schweren Strohscheiben am Ende der Anlage ab, konzentriert, ohne ein Wort. Das Fohlen hat einen Recurvebogen, unsere ältere Tochter schießt mit dem Olympic und unser Sohn spannt mit seinen schönen, schlanken Armen einen Langbogen. Mein Mann müht sich mit einem Compoundbogen ab, dessen Rollen und Lösevorrichtung unter dem Zug ächzen. Sie müssen Hunderte von Pfeilen gekauft haben und legen kaum eine Pause ein, um sie wieder einzusammeln. Als vor Sonnenuntergang der Nebel angerollt kommt, schießen sie auf gut Glück in die weiße Suppe. Als es dunkel wird, binden sie Ballons vor die Schießscheiben, damit sie es knallen hören, wenn ein Pfeil getroffen hat. Ich habe irgendwie ein untrügliches Gespür für die unsichtbaren Flugbahnen. Ich stehe neben meinem Mann, dessen Schultern die Spannung der Zugkraft anzusehen ist. Wenn er perfekt gezielt hat, flüstere ich: *Jetzt.* Er gehorcht. Ich brauche nicht mit ihm zusammen durchs Dunkel zur Zielscheibe zu gehen, um zu sehen, dass sich die Pfeile dicht an dicht im Schwarzen drängeln.

Später liest er den Kindern beim Zubettgehen nicht vor. Stattdessen kuscheln sie sich auf unserem extragroßen Doppelbett an ihn und er erzählt ihnen eine Geschichte, die er in einem Podcast der Lakota Sioux gehört hat. Mein Mann redet nie von seinen indianischen Vorfahren. Er hat das Sioux-Reservat noch nie besucht. Mit allen Menschen, die ihn mit diesem Ort verbinden, ist es den Bach runtergegangen, sie sind entweder dem Alkohol oder Unfällen zum Opfer gefallen oder einfach ausgewandert.

Die Geschichte, die er erzählt, handelt von einem Geisterpony, das von den Kriegern hochgeschätzt wurde, weil ein Pony, das bereits tot war, ihnen im Kampf nicht unter dem Hintern weggeschossen werden konnte. Das Pony kannte keinerlei Angst, bäumte sich hoch auf, berührte die Gegner und erwarb sich eine Adlerfeder nach der anderen. Erst gegen Ende des Kampfes merkten die Reiter, dass ein Geisterkrieger hinter ihnen auf dem Pferderücken saß und das Pony dirigierte. Und so erlernten die Tapferen den Galopp des Todes, ohne dieses Leben hinter sich lassen zu müssen.

Das Fohlen fragt: »Warum ist das Geisterpony nicht einfach in den Himmel gekommen?«

Mir wird klar, dass das die ersten Worte sind, die das Fohlen gesprochen hat, seit – wie lange ist das jetzt her?

Ihre Schwester antwortet ihr: »Die Geschichte handelt doch von dem Geisterkrieger, nicht von dem Pony.«

Das Fohlen fragt: »Und warum kommt dann der Geisterkrieger nicht in den Himmel?«

Ihre Schwester antwortet: »Weil Geister noch was auf der Welt zu erledigen haben. Das weiß doch jeder.«

Unser Sohn fragt: »Hatte Mom noch was zu erledigen?«

Mein Mann sagt: »Eine Mutter hat immer noch irgendwas zu tun.«

So eine Krankheit kann eine Familie schwer treffen. Und es bricht mir das Herz, wenn ich sie reden höre, als wäre ich nicht mehr da. Wenn ich wirklich schon tot bin, wo ist dann mein Grabstein, warum steht keine Urne mit meiner Asche auf dem Kaminsims? Nein, es zeigt einfach, dass ich mich zu weit von meiner Familie entfernt habe, ich muss mich zusammenreißen. Wenn ich nicht will, dass sie mich wie einen Geist behandeln, muss ich aufhören, mich wie einer zu benehmen.

Interessant: Im Fernsehen hat der Geist der verstorbenen Mutter immer die Aufgabe, eine anständige Ersatzmama für die Familie zu finden. Das ist ein uralter Topos – findet man schon bei Herodot, Euripides und Vergil. Beispiele jüngeren Datums sind die CBS-Fernsehserie *A Gifted Man*, die NBC-Serie *Awake* und *Safe Haven*, die jetzt ständig auf TNT läuft. Die TV-Geister-Mama durchschaut alle geldgeilen Schicksen und bösen Stiefmütter und findet das Mädel mit dem Herzen aus Gold, das den lieben Kleinen hilft, über ihren herben Verlust hinwegzukommen. Eine, die beim Klaviervorspiel klatscht, zur Stärkung Muffins bäckt und Sachen sagt wie »Deine Mama wäre stolz auf dich«.

Lass es dir gesagt sein: Ein solches Zuckergussweibchen gibt es nicht. Keine neue Frau interessiert sich für die Kinder der ersten. Sie stellen einfach nur eine unvermeidliche Komplikation in der Familienplanung dar. Dafür gibt es die Refertilisierung nach der Vasektomie und Internate in der Schweiz. Wenn ich eine Geister-Mama wäre, wäre es mein Job, den Rivalinnen die Augen auszustechen, sie allesamt zu erdolchen. Wieder und wieder und wieder zuzustechen.

Im Grunde muss man gar nicht sterben, um sich wie ein Geist zu fühlen. An dem Tag, an dem der Arzt mich mit der Diagnose anrief, waren wir auf einer Party in New York. Eine junge Produzentin der *Daily Show* erwog ein Live-Interview mit meinem Mann und wollte sich auf der Party mit ihm treffen. Sie war groß und gertenschlank und trug ein zu enges schwarzes Kleid; ihr Busen mag vielleicht mal schön gewesen sein, war durch ständiges Hungern aber auf nichts zusammengeschrumpft. Sie küsste meinen Mann zur Begrüßung auf die Wangen, lachte völlig grundlos und warf dabei den Kopf in den Nacken. Ich stand direkt daneben! Als ob ich gar nicht da wäre. Dann klingelte mein Handy – Kaiser Permanente mit dem Ergebnis der Gewebeprobe. Ich versuchte etwas zu sagen, brachte aber kein Wort heraus. Ich lief los, irrte in irgendwelchen Fluren herum. Auf einmal stand ich in einem Waschraum, in dem ich mir kaltes Wasser ins Gesicht spritzte. Dann war ich zwanzig Stockwerke weiter unten auf der 57th Street. Ich schwöre, dass ich nicht mit dem Aufzug gefahren bin. Ich war einfach unten. Dann saß ich im Bus nach North Carolina und ließ mir von einem versoffenen Prediger die Schultern massieren, während meine Freundin gerade in Florida starb. Dann war ich dran. Ich sah meine eigene Beerdigung: Der Rasen meiner Eltern ist mit Autos vollgeparkt. Sie müssen sich eine Gefriertruhe kaufen, um die vielen Kochschinken einzufrieren, die sie geschenkt bekommen. Meine Verwandten und Freunde versammeln sich an dem Fluss, der gemächlich an meinem Elternhaus vorbeifließt. Am Flussufer erzählen sie sich gegenseitig Geschichten von mir.

Mein Großonkel erzählt eine Anekdote von mir als kleinem Mädchen, wie ich beschloss, unseren Nachbarsjungen zu heiraten. Meine Eltern besorgten einen Kuchen und Blumen und überredeten den Richter aus unserer Straße dazu, in seinem Talar die feierliche Zeremonie durchzuführen. Die gesamte Nachbarschaft kam und alle fanden uns unheimlich niedlich. Weniger schön war der nächste Tag, an dem meine Eltern mir gestehen mussten, dass die Hochzeit nur ein Fake gewesen war.

Mein Bruder erzählt von meinem ersten Studienjahr an der Kunsthochschule, als ich zu Weihnachten nach Hause kam und einen ganzen Stapel Leinwände mitbrachte; alle sollten die Aktbilder bewundern, die meine männlichen Kommilitonen von mir hatten malen dürfen.

Meine Mutter will auch eine Geschichte erzählen. Ich weiß genau, dass es die vom Weihnachtspudel sein wird. Aber sie schafft es nicht. Es macht den Kindern Angst, wie sie in Zeitlupe zusammenklappt und wie ein Kleidersack zu Boden fällt. Um die Kinder abzulenken, schlägt mein Vater eine Kanufahrt vor – das hat ihnen früher immer unheimlich viel Spaß gemacht. Die Tränen laufen ihnen übers Gesicht, als sie orangefarbene Schwimmwesten überstreifen und ablegen. Das Fohlen fängt umgehend an zu schreien, es hätte Angst vor dem Wasser. In seiner Verzweiflung gibt es Laute von sich, wie wir sie von ihm noch nie gehört haben. Mein Sohn sitzt im Bug und versucht das Schluchzen zu unterdrücken, das ihn schüttelt, und dann sehe ich, wie auch die Schultern unserer Tochter zucken. Verzweifelt wendet sie den Kopf hin und her und ich weiß, dass sie nach mir sucht. Mein von der Trauer wie betäubter Vater schafft es nicht, das Paddel zu heben. Mein Vater, der im Lazarett bei Da Nang mehr als fünfzehnhundert Operationen vorgenommen hat, mein Vater, der nicht mit der Wimper zuckte, als der Strom im Charity Hospital in New Orleans ausfiel, schließt langsam die perlgrauen Augen. Und so treiben sie, keine zehn Meter von uns entfernt, das Boot zu kippelig, als dass sie einander tröstend umarmen könnten, und uns am Ufer zerreißt die Unmöglichkeit, zu ihnen zu gelangen.

Zurück auf der Party in New York war die Zeit stehengeblieben: Mein Mann und die Produzentin lachten immer noch haargenau dasselbe Lachen, ihr limettenfrischer Atem umwehte sie, und mir wurde klar, dass die Zukunft auch das bringen würde, diese eiskalten Ladys mit ihren toten Stahlaugen und den Herzen aus Reispapier. Sie wollten das Echte, das Authentische. Sie waren hinter dem her, was ich hatte: einem Mann, der bereit ist, mit dir von der Klippe zu springen. Sie würden ihm nachstellen, wenn er schwach war, wenn ich nicht mehr da war, um sie ihm vom Leib zu halten. Das war keine Hysterie. Das war keine Einbildung. Eine von ihnen war hier, direkt neben mir! Da stand sie, der Schoß trocken wie ein leerer Sakebecher, und zeigte lächelnd ihr perfektes Gebiss.

»Hören Sie auf! Diese Geschichte ist einfach zu gut«, lachte die Produzentin. »Das müssen Sie in der Show erzählen!«

Als mein Mann in falscher Bescheidenheit mit den Schultern zuckte, verschüttete er versehentlich etwas von seinem Wasser.

»Na gut«, sagte er. »Aber nur, wenn Sie wirklich meinen, dass es gut in die Show passt.«

Ohne Vorwarnung legte ich die Hand auf den Unterarm der Produzentin. Erschreckt drehte sie sich zu mir um und bemerkte mich zum ersten Mal.

Mit dem Griff meiner Finger überprüfte ich, ob ihre Seele etwas taugt – und spürte ihren Makel, berechnete ihr zu geringes Gewicht, genau wie Lady Montagu die mikroskopisch kleine Welt der Pockenpusteln berechnete und Voltaire lernte, Dampf zu wiegen.

Und, wer ist hier der Geist?

Es klopft an der Tür – Megumi!

Mein Mann macht auf, und die beiden betrachten einander fast trauervoll.

Sie sind sich ganz offensichtlich vollkommen darüber im Klaren, wie falsch das ist, was sie hier machen.

Sie gehen zusammen nach oben, wo überall Großpackungen von Kondomen versteckt sind – eine Riesenschachtel unter dem Waschbecken, im Medizinschränkchen, unter den Nachttisch geklebt, im Batteriefach des lebensgroßen, sprechenden Tiger-Plüschtiers verborgen!

Megumi und mein Mann gehen in unser Schlafzimmer. Sie lassen sämtliche Kondompackungen links liegen – dass sie keinen Gedanken an Verhütung zu verschwenden scheinen, trifft mich besonders hart.

Meine Geister-Mama hätte den Job, Flittchen wie Megumi davon abzuhalten, trauernde Männer zu vögeln, und wenn es dafür zu spät wäre, dann würde ich spät in der Nacht zu Megumi gehen, mich anschleichen, wenn sie schlafend auf ihrem schäbigen Alleinerziehenden-Mutter-Futon lag, und ihr mit einer Pipette einen, zwei, drei violette Tropfen zwischen die Lippen träufeln, genug, um das Baby umzubringen, das er ihr gemacht hat. Der Fötus in ihrem Bauch würde sich krümmen und die Fäustchen ballen und tot zusammenkringeln.

Megumi und mein Mann gehen nicht zum Bett. Sie gehen stattdessen zum Schrank, neben dem ein Kleiderständer auf Rollen mit meinen ganzen Vintagekleidern steht, die ich nicht mehr tragen kann, seit mir mein Dekolleté abhandengekommen ist. Ich habe die Kleider aus dem Schrank geräumt und auf den Ständer gehängt, bringe es aber noch nicht übers Herz, ihn aus dem Zimmer zu rollen.

Megumi lässt ihre Finger über die Stoffe gleiten.

Sie erstarrt, als sie einen Stapel meiner Bustiers auf der Kommode liegen sieht.

Interessant: Eine Frau kann sich vielleicht daran gewöhnen, tittenlos zu sein, aber dem Gefühl, sich ohne BH nackt zu fühlen, ist schwerer beizukommen. Man gewöhnt sich einfach dran, dass einen da etwas zusammenhält. Ich empfehle die Bustiers aus der Target-Teenagerabteilung. Meine sind mit bunten Peace-Zeichen bedruckt.

Megumi sucht sich ein Kleid aus und betrachtet es – es ist ein Hepburn in gedämpftem Altrosa mit U-Boot-Ausschnitt, weißen Paspeln und gefälteltem Petticoat. An der Uni in Florida, wo ich meinen Mann kennenlernte, waren wir bereits zwei Mal im selben Raum gewesen, bis er mich beim dritten Mal bemerkte. Als er mich endlich sah, trug ich dieses Kleid. Ich frage mich, ob er sich daran noch erinnert.

Megumi hält sich das Kleid vor den Körper und betrachtet sich im Spiegel. Dann dreht sie sich zu meinem Mann um und drapiert das Kleid mit fragendem Blick um ihre Figur.

Interessant: Das Kanji-Zeichen für »Figur« ist eine Kombination der Elemente »Nächste« und »Frau«.

Ich betrachte meine Figur im Spiegel.

Interessant: Wenn du keinen Busen mehr hast, ist die Brust nicht einfach flach – nach der OP sieht sie hohl und eingefallen aus. Und der Bauch steht auf einmal vor. Mein Chirurg hatte mich gewarnt. Aber wer kann sich so etwas schon vorstellen? Wer würde sich freiwillig so etwas ausmalen?

Megumi wartet, mein Kleid an ihren Körper gedrückt. Mein Mann streckt den Arm aus. Sein Blick ist ins Leere gerichtet. Mit den Fingerspitzen rafft er hier den Stoff, zupft da ein wenig am

Fall der Falten. Schließlich nickt er. Sie nimmt das Geschenk an und faltet das Kleid in ihre Arme.

Ich erdolche sie nicht. Ich stehe nur da und tue nichts.

Interessant: Mein erster Roman, den niemand veröffentlichen wollte, handelt von Trophäenfrauen in Scottsdale, die ein Selbstschutzkommando bilden, mit dem sie in ihrer Gated Community patrouillieren. Darin kommt unter anderem die Ermordung eines Rotluchses vor, eine nächtliche Golftragödie, die Zweckentfremdung einer Golfballsammelmaschine und eine Sexszene zwischen einem Mann und einer Frau, die beide Rucksäcke mit Sodapistolen darin tragen. Der Roman hieß *The Beige Berets*.

Interessant: In meinem zweiten Roman, den niemand veröffentlichen wollte, geht es um zwei junge Mädchen, die übersinnliche Kräfte haben. Die eine kann Auras lesen, die andere sieht Geister. Um das mit den Geistern gruseliger zu machen, ließ ich den Vater der beiden in Charles Mansons früherem Haus wohnen. Um die Mädchen schutzloser zu machen, räumte ich ihre Mutter aus dem Weg – ich ließ sie an Krebs erkranken. Um die Sache spannender zu gestalten, siedelte ich nebenan einen Kinderschänder an, den ich Mister Roses nannte. Den Namen hatte sich mein Mann ausgedacht. Mein Mann war ganz vernarrt in diese Figur. Er half mir sehr dabei, Mister Roses' Lebensgeschichte und seinen Ton zu entwickeln. Dann hat mir mein Mann diese Figur gestohlen und eine Erzählung aus der Perspektive von Mister Roses geschrieben, »Dark Meadow« heißt sie. Den Namen dieses zweiten Romans kann ich noch nicht mal aussprechen, es regt mich zu sehr auf.

Mein Mann schreibt den Roman nicht mehr weiter, an dem er vor meiner Krebserkrankung gearbeitet hat. Wenn die Kinder schlafen, ruft er die Website fettemoepse.tv auf. Er sieht sich die Bilder im Diashowmodus an, so dass eine üppig bestückte Dame nach der anderen auftaucht und wieder verschwindet, auftaucht und verschwindet. Mein Mann hat die Handcreme bereitstehen, aber er onaniert nicht. Er starrt auf eine unbestimmte Stelle kurz hinter dem Bildschirm. Ich sehe mir die Frauen an. Für mich steckt in diesen untertassengroßen Nippeln und baumelnden Eutern vor allem geballte Muttermilch-Power. Diese Frauen sollten hungrige Neugeborene säugen, statt einsamen Männern lüsterne Blicke zuzuwerfen, sie sollten sich in Findelhäusern melden und die Legionen von Waisenkindern der Welt mit Muttermilch versorgen. Wir sollten diese Busenwunder mit Fallschirmen über Tsunamiregionen, Erdbebenepizentren und den entlegensten Provinzen Nordkoreas abspringen lassen!

Ich knie mich neben meinen Mann, der in ungesunder Haltung auf seinem ergonomischen Schreibtischstuhl lümmelt. Ich bringe meine Augen auf seine Augenhöhe, weiß aber immer noch nicht, wohin er starrt. Unsere Gesichter berühren sich fast, und ich spüre seine starke, liebevolle Energie, obwohl er traurig und verloren wirkt. *Lass uns ins Bett gehen*, flüstere ich, und er kommt ein bisschen zu sich. Aber er steht nicht auf, um in unser Schlafzimmer zu gehen. Stattdessen öffnet er ein leeres Worddokument und starrt auf den Monitor. Schließlich tippt er »Ich hackte Bettdecken«.

»Nein!«, schreie ich ihn an. »*Ich* habe Krebs, das ist *meine* Krankheit. Das ist *meine* Geschichte. Sie gehört *mir*!«

Interessant: Wenn man Krebs hat, lernt man, das Große im Kleinen zu sehen. Siehst du die »Metastasen« in *Meta-Ekstasen*? Die »Lunge« in *Abkühlungen*, die »Leber« in *lebe kopfüber*? Wenn jemand beim Smalltalk nur ein klein bisschen aufmerksam wäre, würde er merken, dass du unter deinem Kopftuch keine Haare hast. Aber es ist für alle einfacher, wenn du nur sagst: »Tut mir leid, mein Leben ist momentan etwas kopfüber.« Oder versuch's mit: »Eine Abkühlung würde mir guttun.« Das kann im Sommer doch jeder nachfühlen.

Aber manchmal bist du total neben der Spur von der Chemo, dein Kopf ist voll Watte, deine Fingernägel jucken wie verrückt, und Smalltalk ist das Letzte, worauf du Lust hast. Stell dich drauf ein.

Person 1: »Mensch so was, ich habe dich ja ewig nicht gesehen! Wie geht es dir?«

Du: »Ich hackte Bettdecken.«

Person 2: »Hey, schön, dich zu sehen. Tut mir leid, dass ich mich so lange nicht gemeldet habe, zu viel Stress.«

Du: »Meta-Ekstasen.« Lächle tiefsinnig, und so bleiben.

Pfeile zischen durch die Nacht. Gelbäugige Waschbären stellen sich auf die Hinterbeine und blicken ihnen hinterher. Im Frühjahr entrollt der Strandampfer, den die Miwok-Indianer als Aphrodisiakum eingesetzt haben, seine Blätter. Ich kann meine Kinder nicht mehr direkt anblicken. Ich betrachte sie aus der Ferne. Aus einer Entfernung, die groß genug ist, dass ich meine Kinder fast nicht mehr von anderen unterscheiden kann, sehe ich meinem Mann dabei zu, wie er sie zur Schule bringt.

Noch schlimmer als die Krebsglotzer sind die Witwergrapscherinnen. Mit mitleidigem Blick stürzen sie sich auf meinen Mann und er kommt nicht umhin, Sachen zu sagen wie *Es geht schon* und *Wir kommen zurecht*. Aber er ist ja nicht dumm. Er bringt ihnen ihre Auflaufformen zurück, zum Auffüllen.

Unsere Tochter übernimmt meine Rolle. Ich beobachte sie, wie sie ihren Bruder und das Fohlen ermahnt, ihre Asthmamedikamente zu nehmen und vor dem Schlafengehen ihre Schullektüre zu lesen. Als in der Schule Läuse die Runde machen, ist sie diejenige, die ihren Geschwistern geduldig die Haare auskämmt, nachdem mein Mann frustriert aufgegeben hat.

Und wo ist Megumi? Sie lässt sich nicht mehr blicken, und das macht mich nur noch argwöhnischer. Ich frage mich, ob mein Mann wohl etwas von dem Pulitzer-Preisgeld genommen und sich ein »Studio« gekauft hat. Du weißt schon, ein kleines Apartment, das man als Werbungskosten absetzen kann, wo man »mal richtig zum Arbeiten kommt«. Ich sehe mir seinen Schlüsselbund an, aber an dem hängt nichts Neues, nur die Haustürschlüssel, die für sein Büro in Stanford, den Honda Odyssey, für fünf Fahrradbügelschlösser.

Mit meiner neuerlich geschärften Wahrnehmung suche ich die Nachbarschaft mental nach diesem so genannten Studio ab. Ich versuche, das Sprudeln des allgegenwärtigen Mineralwassers meines Mannes aufzuspüren, das Schimmern seiner schwarzgoldenen Kondomverpackungen oder das Schnalzen von Megumis BH-Träger. Doch da ist nur der vom Meer hereinströmende Nebel, der die Welt einen Block nach dem anderen zum Verschwinden bringt, angefangen bei den Vierziger-Avenues.

Interessant: Die Miwok glaubten, dass der aufziehende Nebel einen mit ins Jenseits reißen konnte.

Interessant: Versehentlich ins Leben nach dem Tod zu rutschen, war für die Miwok eine ernstzunehmende Sorge. Um einander im Nebel besser finden zu können, malten sie sich die Haut mit Pigment aus der Asche verbrannter Gifteiche an. Sie benetzten ihre Brust mit dem Serum von Engelwurz. Jeder von ihnen hatte einen eigenen Warnruf, an dem er erkannt werden konnte.

Aus irgendeinem Grund geht meine Familie heute Abend nicht zum Bogenschießen. Als die Kinder zu Bett gebracht werden, bekommen sie keine Indianergeschichte erzählt. Sogar fettemoepse.tv muss warten. Mein Mann sitzt in seinem Arbeitszimmer, öffnet die Worddatei und klaut weiter meine Geschichte. Diesmal schreie ich ihn nicht an. Er schreibt nicht schnell, wirkt dabei aber sehr aufgewühlt. Das Ringen um die richtigen Wörter steht ihm ins Gesicht geschrieben. Er trinkt eine Flasche Mineralwasser nach der anderen, pinkelt in die leeren Plastikflaschen und schreibt fast die ganze Nacht durch. Die Gespräche mit ihm fehlen mir. Mir fehlt, wie die Dinge erst wirklich real wurden, wenn wir einander davon erzählten.

Interessant: Mein dritter, unvollendeter Roman handelt von Buffalo Calf Road Woman, der Kriegerin der Cheyenne, die Custer am Little Bighorn den entscheidenden Stoß vom Pferd versetzte. Ich schrieb nur deshalb etwas über ihr Leben, weil ich es so erstaunlich fand, auch wenn es mit mir persönlich nur wenig zu tun hatte.

Meine Recherchematerialien liegen vor meinem Mann ausgebreitet: Atlanten der nordamerikanischen Stämme, Handbücher über Pflanzenwirkstoffe, Sitten und Gebräuche, Mythologie. Ich glaube, das tut ihm gut.

Ich bin da, wenn er zum letzten Mal in dieser Nacht Strg+S drückt.

Ich folge ihm nach oben. Die Kinder schlafen im Ehebett. Er legt sich zwischen ihre kreuz und quer ragenden Arme und Beine, und ich will mich auch dazulegen, aber es ist kein Platz mehr. Der Kopf meines Mannes liegt auf dem Kissen, doch seine Augen sind offen, die Pupillen weiten sich, als fokussierten sie etwas, was gerade im Dunkel verschwindet.

Interessant: Mein Mann glaubt nicht, dass Träume eine tiefere Bedeutung haben.

Interessant: Ich hatte einmal einen Traum. In dem Traum stand ich nackt im Dunkeln. Eine Frau kam auf mich zu. Als sie näher kam, erkannte ich, dass ich es war. Sie sagte zu mir, oder wahrscheinlich sagte ich zu mir selbst: »Es ist so weit.« Dann streckte sie den Arm aus und berührte meine linke Brust. Ich erwachte, und meine Brust war warm und pochte. Ich spürte einen Knoten im – wie ich später lernen sollte – lateralen oberen Quadranten. Am Morgen stand ich vor dem Spiegel, konnte aber den Knoten nirgendwo ertasten. Ich erzählte meinem Mann von dem Traum. Er sagte: »Gruselig.« Ich sagte ihm, dass ich umgehend zum Arzt wollte. »Mach dir keine Sorgen«, sagte er. »Da ist bestimmt nichts.«

Schließlich schläft mein Mann doch ein. Einen Arm legt er über eines der Kinder, den anderen schützend um ein zweites. Alle haben sich gegenseitig die Kissen weggezogen. Die Kinder bewegen zu den tiefen Atemzügen meines Mannes die Finger. Ich muss ihm etwas sagen.

Interessant: Mein Mann hat einen geheimen Namen, einen Sioux-Namen.

Ihm ist das peinlich. Er will nicht, dass ihn jemand ausspricht, weil er meint, dass er den Namen nicht verdient. Aber als ich die Lakota-Worte murmle, erwacht er aus dem Schlaf. Er kann mich sehen, das spüre ich, sein Blick dringt langsam zu mir durch. Er lächelt nicht, aber in seinem Gesicht steht etwas wie Erkennen.

Hinter dem Erkerfenster lecken lange Nebelzungen die Frederick Street hinunter.

»Ich glaube, es ist so weit«, sage ich zu ihm.

Er nickt, dann schläft er wieder ein. Später wird es nur ein Traum gewesen sein.

Ich stehe am Bett und blicke hinunter auf meine Kinder. Da ist mein Sohn, dessen Rücken stark geworden ist vom Bogenschießen. Ich kann seine Kleinen-Jungen-Bäckchen noch erkennen, und seine langen Wimpern. Ich kann den Jungen noch sehen, der die ganze Nacht an meiner Brust hing, der immer so gern Feuerhydranten umarmte, der ohne Hemd und mit langen Haaren an einem träge fließenden Fluss in Florida entlangrannte. Jetzt sind seine Haare abrasiert wie bei seinem Vater, und seine Pupillen bewegen sich langsam unter den Augenlidern, als träume er von einem weniger chaotischen Leben, in dem er nicht so durchgerüttelt wird.

Das Haar meiner Tochter ist dunkelstes Schwarz. Wenn einer von uns das Blut der Ureinwohner in sich hat, ist sie es. Dunkelhäutig, schnell und wendig ist sie, und sie hat einen stolzen Blick, dem nichts entgeht. Sie wäre diejenige, die sich ins Kampfgetümmel stürzen würde, um ihren Bruder zu retten, so wie Buffalo Calf Road Woman. Heute Nacht liegt sie mit meinem iPhone in der Hand da, Wecker auf Sonnenaufgang gestellt, und ihrem entschlossenen Mund kann ich die Liste von Dingen ansehen, die sie zu erledigen hat, um ihre Geschwister aus dem Bett, zum Frühstück und in die Schule zu bekommen.

Und schließlich das Fohlen.

Interessant: Die Begeisterung meiner Jüngsten für interessante Fakten war nur eine Phase. Als meine Krankheit sie in ein Pferd verwandelte, sagte sie nie wieder »Interessant«.

Interessant: Pferde können keine menschlichen Worte äußern oder menschliche Gefühle empfinden. Sie sind widerstandsfähige Tiere, immun gegen die Trauer der Menschenlast, die sie tragen.

Sie ist wieder ein kleiner Mensch, Angehöriger einer schwachen, verletzlichen Spezies. Wer kann ihr erklären, was sie verpasst hat, während sie ein Pferd war? Wer wird sie im Arm halten und ihr erzählen, wer ich war und was ich durchgemacht habe? Wäre sie nur nie ein Pferd gewesen, könnte sie nur ein wenig länger eines bleiben. Was würde ich nicht geben, ihr Wiehern wieder zu hören, ihr Schnauben, zu sehen, wie zart sie mit dem Huf scharrte, wenn sie eine Möhre oder einen Zuckerwürfel wollte. Aber es ist vorbei. Sie wird nie wieder auf allen vieren durch die Wohnung galoppieren oder sich selbst eine Mähne mit schwarzem Filzstift auf den Rücken malen. Es wird einfach nur eine Phase gewesen sein, die nur in einer Geschichte überlebt. Und das werde ich wohl auch sein – eine Geschichte von früher, als sie klein waren.

MEIN FREUND GEORGE ORWELL
UND ICH

Eine Geschichte

JEDEN MORGEN kommt Prinz zu mir ins Bett gesprungen und steht mit der Leine im Maul auf meiner Brust. Er ist ein kleiner Hund, aber seine Augen sind groß und feucht. Ich rieche seinen Atem – *Wurst* – und mir fällt ein, dass ich eine Knacker auf dem Schneidebrett liegen gelassen habe. Prinz ist im Grunde ein artiger Hund, aber manchmal gibt er leider seinen kriminellen Neigungen nach. Ich bin zwar seit dem Fall der Mauer im Ruhestand und arbeite nicht mehr in der Haftanstalt, aber ein subversives Element erkenne ich immer noch auf den ersten Blick. Gerade die kleinen Charmeure muss man im Auge behalten.

Prinz legt den Kopf schief und hechelt.

»Das merke ich mir«, sage ich zu ihm und nehme die Leine in die Hand.

Vorn an der Tür ziehe ich Prinz sein Miniaturjäckchen aus Leder an. Wie ein schneidiger kleiner Vopo sieht er damit aus. Es ist November, und ich knöpfe mir die Jacke auch bis oben hin zu. Ich weiß, ich weiß, es gibt seit achtzehn Jahren keine Volkspolizei mehr. Es ist immerhin 2008. Aber ein Mann und sein Hund in passenden Lederjacken, das macht immer noch was her.

Draußen ist die Luft klar und kalt. Trockene Blätter bedecken den welken Rasen. Als Prinz ein Eichhörnchen wittert, bellt er wie verrückt, bis ich die Leine fallen und ihn davonflitzen lasse. Ich werfe einen Blick in den Briefkasten, in dem der neue *Spiegel* und ein Brief stecken. Aber er trägt nicht die Handschrift meiner

Frau Gitte – oder *Exfrau*, oder was weiß ich, als was sie sich jetzt bezeichnet.

Wahrscheinlich stammt der Brief von einem ehemaligen Häftling – meine früheren Schützlinge kommen nach und nach an einen Punkt, wo sie »ihre Stimme wiederfinden« und mir mitteilen wollen, was die Haft mit ihnen angerichtet hat. Meine Adresse steht im Telefonbuch; ich habe nichts zu verbergen. Ich freue mich über die Briefe, allerdings muss ich zugeben, dass ich sie meistens nur überfliege. Sie klingen irgendwie pathetisch, wie Traktate der *Anonymen Alkoholiker* – natürlich sind die einzelnen Schritte wichtig für denjenigen, der nüchtern werden will, aber so was lesen? Nein, danke. Ich lasse den Briefschlitz wieder zuklappen. Die ehemaligen Häftlinge würden sich vor Angst in die Hose machen, wenn ich je zurückschreiben würde. Wenn ich sie an die Vergehen erinnern würde, die zu ihrer Einweisung bei uns in der Untersuchungshaft führten, ganz zu schweigen von ihrem Verhalten, als sie erst mal drin waren – gelogen haben sie, andere denunziert, gefleht, geschluchzt und vor jeder Demütigung gebuckelt.

Ich folge Prinz durch das raschelnde Laub; ich kann mir vorstellen, was Sie jetzt denken: *Hans, wie können Sie nur so ein linkes Revolverblatt wie den* Spiegel *lesen?* Ich kann dazu nur sagen: Gitte hat das Blatt abonniert. Wir hatten was übrig für Geschichten, wir zwei. In unseren guten Zeiten haben wir einander Geschichten erzählt. Das hat unsere Ehe am Leben erhalten, aber irgendwann hat es dann wohl nicht mehr gereicht. Beim Kochen oder bei der Gartenarbeit habe ich ihr Geschichten aus dem Gefängnis erzählt. Es waren irre Storys, die man auch lange nach der Schließung der Haftanstalt immer noch gut erzählen konnte. Manchmal waren sie romantisch, von jungen Liebespaaren, die einander vor dem Verhör fatale Eide schworen. Oft waren sie auch lustig, wie die von dem farbenblinden Häftling, der in ständiger Panik war, weil er nicht wusste, ob die Warnlampen nun rot oder grün leuchteten. Nur von den wirklich tragischen Sachen erzählte ich Gitte nichts, weil sie die Nase voll hatte von Tragödien.

Sie kommentierte meine Geschichten immer mit Abscheu: »O Hans, das ist ja widerlich. Was bist du nur für ein Unmensch!«

Aber das sagte sie immer in einem Ton, der mir zu verstehen gab: *Erzähl weiter!*

Gitte verließ fast nie das Haus. Sie war – völlig zu Unrecht – davon überzeugt, die Leute würden sie anstarren, weil sie mit dem Leiter eines Stasigefängnisses verheiratet war. Deswegen fing sie an, Fotoapparate zu reparieren, vor allem Practicas und Exaktas. Die ganzen DDR-Marken. Morgens las sie, und in den unausgefüllten Nachmittagsstunden schraubte sie unter einer hellen Lupenlampe am Schwenkarm die Kameragehäuse mit winzigen Schraubenziehern auf. Dabei erzählte sie mir Geschichten, und die stammten aus dem *Spiegel*. Sie saß im Bademantel da, nippte an ihrem Gin Tonic und berichtete mir von all den schlimmen Dingen, die sie über die Bundesregierung gelesen hatte: Abhörprogramme, Bundeswehr in Afghanistan, Abu Ghuraib, Drohnen. Beim Reden rauchte und gestikulierte und trank sie, bis die kleinen Schräubchen nicht mehr in die kleinen Löcher gehen wollten.

Gitte hatte ein Herz für die zu kurz Gekommenen und war nicht der Typ, der sich groß den Kopf darüber zerbricht, welche schwierigen, undankbaren Entscheidungen gefällt werden müssen, damit eine Gesellschaft vernünftig funktioniert. Ich war größeren Zusammenhängen verpflichtet. Und deshalb musste ich auch immer auf die unangenehme Wahrheit hinter ihren Sozi-Artikeln verweisen, auf das, was dort verschwiegen wurde.

Abends, wenn wir einen weiteren Tag hinter uns gebracht hatten, waren dann keine Worte mehr nötig. Ich machte ihr ihren letzten Drink des Abends, einen großen, geeisten Wodka mit einer Scheibe Pampelmuse drin. Dann gab es nur noch uns beide – keine Räuberpistolen von amerikanischen Eingreiftruppen mehr, verschwunden die Gespenster meiner alternden Exhäftlinge. Ich sah ihr zu, wie sie still trank, wie ihre Lippen sich um den Rand des Glases stülpten und ihre Kehle beim Schlucken lang wurde.

Wenn nur noch das Eis übrig war, brachte ich sie nach oben ins Bett, und dann lag sie völlig friedlich da und hatte keine Sorgen mehr auf der Welt – vergessen war die Reue, dass sie den Direktor eines Stasigefängnisses geheiratet hatte, vergessen waren die Schuldgefühle wegen ihrer Affären. Sogar der Krieg und alles, was sie danach als kleines Mädchen mitgemacht hatte, spielten keine Rolle mehr.

»Die Glut«, murmelte sie beim Einschlafen. »Die Glut darf nicht erlöschen.«

Die Augen fielen ihr zu, und ihre Lippen formten Worte, die schon aus den ersten Bildern eines Traumes stammten, und ich fragte sie dann: *Was ist das für eine Glut, von der du immer redest, wo findet man sie, kannst du ihre Wärme spüren?* Aber der Alkohol hatte sie schon an einen ganz weit entfernten Ort getragen. Ich strich ihr mit der Hand über Haare und Schultern. Ich war davon überzeugt, dass sie meine Zärtlichkeit spürte, dass ich mit meinem Streicheln dorthin vordringen konnte, wo die Glut noch glomm, auch wenn Gittes Worte und Empfindungen nicht mehr die Reise zurück schafften. Und so öffnete ich ihren Bademantel, sobald sie leise zu schnarchen anfing, und drang langsam und liebevoll in sie ein.

Prinz schnüffelt an etwas, das auf dem Rasen liegt. Ich gehe hin – es ist ein kleines, in braunes Papier eingeschlagenes und mit Bindfaden zugeknotetes Päckchen. Ich halte inne. Lasse den Blick durch die Nachbarschaft streifen und suche mit zusammengekniffenen Augen nach einem Hinweis auf denjenigen, der die Päckchen für mich auf dem Rasen hinterlässt. Das hier ist schon das dritte. Ich blicke hoch zu den Wachtürmen der Untersuchungshaftanstalt Hohenschönhausen. Wäre unsere UHA doch nur noch in Betrieb, dann könnte ich mir ansehen, was die Überwachungskameras auf der Außenmauer aufgezeichnet haben, und die subversiven Elemente leicht identifizieren, die mir diese Präsente hinterlassen. Aber die Kameras sind abgeschaltet, die Haftanstalt schon lange geschlossen.

Um das Päckchen kümmere ich mich später.

Ich schiebe mit dem Stiefel ein Häufchen Blätter darüber, bis es nicht mehr zu sehen ist.

Prinz und ich laufen die Lössauer Straße hinunter. Vor herbstlich dekorierten Hauseingängen sind Zierkürbisse aufgestellt. Sämtliche Ein- und Mehrfamilienhäuser hier wurden für die Mitarbeiter der Haftanstalt errichtet, genau wie unseres auch. Die meisten meiner Kollegen sind in der Zwischenzeit weggezogen, aber ein paar sind noch da, und jetzt wohnt hier eine nette Mischung aus alten und neuen Familien. Nach der Wiedervereinigung, als die DDR abgeschafft wurde, hieß es, wir müssten unsere Häuser aufgeben. Dass wir Teil des bösen Staatsapparats eines Landes auf der falschen Seite der Geschichte seien und keine schönen Wohnungen mitten in Berlin verdient hätten.

Das habe ich jedenfalls gehört. Niemand hat mir das je ins Gesicht gesagt.

Prinz und ich biegen um die Ecke in die Genslerstraße ein und setzen unseren Morgenspaziergang entlang der Außenmauer des Gefängnisses fort. Obendrauf sind Stacheldraht und die Keramikisolatoren, an denen früher der elektrische Draht hing. Früher warfen Leute Bücher über die Mauern nach drinnen, wahrscheinlich in der Hoffnung, die Insassen würden sie finden. Die Menschen verstanden einfach nicht, wie notwendig Einrichtungen wie die unsrige waren. Zusammen mit den Dingen, die den Häftlingen bei der Ankunft abgenommen wurden, landeten diese Bücher in der Kiste mit Fundsachen, aus der ich Gitte oft etwas mitbrachte. Auf diese Weise bekam sie selbst in den repressivsten Zeiten der DDR *1984* zu lesen und Kassetten der Rolling Stones zu hören.

Einmal tanzte sie zu dieser Musik, und dann sagte sie mit müder, rauchiger Stimme: »Mick Jagger versteht mich. Er weiß, wer ich bin.«

Ich lachte: »Ja, ja, ihr zwei seid ganz dicke Kumpels, was?«

»Jagger und ich, wir haben schon viel durchgemacht«, sagte sie. »Wir haben beide viele Tränen vergossen.«

Sie lächelte und warf den Kopf in den Nacken – für mich das Zeichen, ihr den nächsten Drink fertig zu machen.

»Aber du irrst dich«, fügte sie hinzu. »*Mein* Kumpel ist Orwell. George Orwell ist mein Freund.«

Vor uns parken schon wieder die Reisebusse, lassen die Türen aufschwingen und spucken eine gelangweilte Schulklasse nach der anderen aus. Mein Gefängnis, zu DDR-Zeiten der Schrecken jedes Unruhestifters und Landesverräters, ist nämlich heute eine Gedenkstätte, die von praktisch jedem Teenager in Deutschland auf Klassenfahrt besucht werden muss. Hier sollen die Pubertierenden alles über Tyrannei, Totalitarismus und den Terror in der zentralen Foltereinrichtung der Stasi lernen. Dabei unterschlagen sämtliche Gästeführer die Tatsache, dass nicht ein einziger Häftling misshandelt und oder gar gefoltert wurde – sie behaupten sogar das Gegenteil. Das hat natürlich damit zu tun – und das ist jetzt kein Witz, auch wenn es sich noch so absurd anhören mag –, dass die Führungen von genau den Kriminellen, die früher hier inhaftiert waren, geleitet werden!

Prinz macht einen Satz in einen der Pflanzkübel am Gefängniseingang. Er rennt im Kreis, erst links, dann rechts herum, was heißt, dass er gleich mal muss. Mein Hundchen ist süß, selbst beim Kacken – nach seinem Kreistänzchen hockt er sich hin, verdreht die schwarzen Murmelaugen nach hinten und zittert am ganzen Körper. Sogar die Pflanzkübel hier sind Teil der Propaganda: Jeder ist dem Andenken eines anderen Insassen gewidmet. Jedes sentimental veranlagte deutsche Enkelkind kann sich für zehntausend Euro einen Gedenkstein kaufen, mit dem ein subversiver Großvater schwuppdiwupp in einen gottgleichen Märtyrer verwandelt wird.

Der Gedenkstein, auf dem Prinz gerade sein Geschäft erledigt, ist der von Klaus Wiheling.

Eine Gruppe Halbwüchsiger trottet vorbei, angeführt vom Leiter der Gedenkstätte persönlich. Er ist noch ziemlich jung, groß und gut aussehend, ein Akademiker, der schon bald eine Glatze haben wird. Obwohl wir uns morgens oft begegnen, haben wir noch nie ein Wort miteinander gewechselt. Der Direktor sieht mich, bleibt abrupt stehen und stoppt sein Grüppchen.

Er erklärt den Schülern: »Vor euch seht ihr eine Gedenktafel für den Dramatiker Klaus Wiheling, der hier zwei Jahre lang in

Untersuchungshaft gesessen hat. Nach seiner Freilassung war er ein gebrochener Mann und hat nie wieder etwas geschrieben.«

Die Teenies gucken Prinz beim Drücken zu. Dann blicken sie erwartungsvoll zu mir auf, ob der Mann in der Lederjacke wohl hinter seinem Hund sauber machen wird. Aber da kennen sie mich schlecht: Hans Bäcker ist ein Mann, der an Ordnung und Stabilität glaubt und besser als jeder andere weiß, dass sich ohne Vorschriften alles in Chaos auflöst.

Wie aufs Stichwort erweist Prinz dem Gedenkstein die Ehre.

Ich ziehe ein Hundekotbeutelchen aus der Tasche. Hundert Prozent biologisch abbaubar.

Beim Einsammeln der Hundekacke spreche ich mit Prinz. »Hast du das gehört?«, frage ich ihn. »Dieser Baum hier erinnert angeblich an den Theaterautor Klaus Wiheling.« Dann tue ich so, als würde Prinz mir antworten. Ich lege die Hand an mein Ohr. »Was fragst du da, mein liebes Hundchen? Wer ist Klaus Wiheling, und was hatte ein guter Schriftsteller im Gefängnis zu suchen?«

Die Teenies sehen mich an, als ob ich nicht ganz bei Trost wäre.

Aber ich rede einfach weiter und beantworte Prinz' Frage. »Er war ein guter Schriftsteller, das steht außer Frage, mein Hundchen. Aber soweit ich mich erinnern kann, war Herr Wiheling alles andere als ein armer, verfolgter Schriftsteller. Er war ein drogenabhängiger Perverser, der Gelder des Deutschen Bühnenbunds unterschlug und damit pornografische Flugblätter druckte. Frauen sollten sich als Generalsekretär Honecker verkleiden, weil er Fotos davon machen wollte, wie er mit unserem Staatsoberhaupt Geschlechtsverkehr hatte, und das alles im Namen der ›Kunst‹!«

Der Direktor lächelt. »Das ist ja eine hoch amüsante Anekdote«, sagt er. »Sex und Kunst waren ja in der DDR hoffentlich nicht verboten, oder? Oder gab es ein besonderes Gefängnis für Leute, die ihren Vergnügungen nachgingen? Und wenn Klaus Wiheling sich einer Unterschlagung schuldig gemacht hat, warum wurde er dann nicht vor Gericht gestellt? Warum brachte ihn die Stasi hierher, in eine geheime Untersuchungshaftanstalt?«

Wenn Prinz sein Geschäft verrichtet hat, wird er immer ziemlich lebhaft. Er scharrt, dass die Erdbrocken fliegen, und bellt laut und auffordernd. Das interessiert die dumpf vor sich hinstarrenden Schüler mehr als unser Gespräch. »Der Direktor hat vergessen zu erwähnen«, sage ich zu ihnen, »dass ich früher in leitender Position in dieser Haftanstalt tätig war. Klaus Wiheling ist für mich insofern mehr als nur ein Gedenkstein. Er war ein echter Mensch, und als er seine Verbrechen gestanden hat, war ich dabei und habe es mit eigenen Ohren gehört. Aber vielleicht ist euch aufgefallen, dass der Direktor nicht abgestritten hat, dass dieser Autor sexuell pervers, drogensüchtig und ein Dieb war. Aber was Klaus Wiheling hier gestanden hat, war noch viel schlimmer. Aber der Direktor will sicher nicht, dass ihr das hört.«

»Ganz im Gegenteil«, versichert er mir. »So eine Gelegenheit bietet sich uns nur selten.«

»Um diese Jahreszeit wollten immer viele ihr Gewissen erleichtern und haben ein Geständnis abgelegt«, erzähle ich. »Das ging mit dem ersten Frost los. Die Kälte breitet sich in den Betonmauern und Stahltüren aus, und alle wissen, dass sie sich nicht so schnell wieder verziehen wird. Viele Delinquenten wurden bei den christlichen Sommerfreizeiten verhaftet, und im Laufe der ersten Monate, in denen sie die wahre Bedeutung des Wortes *Einsamkeit* verstehen, bereuten die Neuinhaftierten bitterlich, dass sie dem Staat geschadet hatten, und sie wollten dann unbedingt gestehen. Doch der Landesverrat, eine Verschwörung gegen das eigene Volk anzuzetteln, das ist ein äußerst schwerwiegendes Verbrechen. Wenn ein Insasse Anstalten machte, dass er gestehen will, dann wurde er in den Keller geschickt, ins sogenannte U-Boot, und zwar richtig schön lange.«

Vor mir steht ein junges Mädchen mit Kopfhörern in den Ohren – ich kann nicht erkennen, ob sie mir oder ihrer Popmusik zuhört. Ich versuche, ihr in die Augen zu sehen, aber sie hält sich ein Handy vors Gesicht und streckt es mir entgegen, als könne sie sich damit vor der Wahrheit schützen, die ich ihr jetzt sagen werde.

»Der Delinquent will also gestehen«, sage ich, direkt zu ihr. »Na und. Den Gefallen tun wir ihm nicht, dass er sich das aussuchen darf. Er muss sich mit jeder Faser seines Körpers danach sehnen. Er darf nur noch einen einzigen Wunsch auf der Welt kennen – alles offenzulegen, wirklich *alles*, und das soll kein erhebender Moment für ihn sein. Nein, der Verbrecher muss sein Geständnis auf einen Blechteller legen, zusammen mit seinen Hoffnungen und Sorgen und kalten Kartoffelpellen, und das muss er durch die Kostklappe in der Zellentür schieben, wie alle anderen auch.«

Hinter dem Telefon weiten sich die Augen des Mädchens.

»Der Dramatiker«, erinnert mich der Direktor.

»Genau, der Dramatiker«, sage ich. »Ich bin selbst hinunter ins U-Boot gegangen. Dort gab Klaus Wiheling zu, dass er die Republikflucht geplant hatte, dass er Abschriften von seinen Manuskripten angefertigt hatte und bei einer Aufführung seines jüngsten Stücks in Österreich fliehen wollte. Ich ganz persönlich glaube, es war falsch, dass die DDR die Reise- und Bewegungsfreiheit ihrer Bürger einschränkte. Es war ein gutes Land, ein freies Land, und wenn jemand es unbedingt verlassen wollte, hätte man ihm das erlauben sollen. Aber die Gesetze waren nun mal anders, und daran hatten wir uns zu halten. Ein Pilot muss die Gesetze der Aerodynamik beachten, ein Arzt die Verfahrensweisen der Medizin.«

Der Hundekotbeutel dampft. Ich knote ihn zu und zeige auf den Direktor.

»Ich kann Ihnen sagen, was der Bühnenautor gestanden hat: Schluchzend hat er den Vernehmern erzählt, er habe nicht für seine alten Eltern vorgesorgt, sie seien arm und schwach und hätten außer ihm niemanden auf der Welt, und wenn er sie im Stich lassen würde, müssten sie einsam und allein zugrunde gehen. Ich habe ihn höchstpersönlich sagen hören, dass er von Glück sagen konnte, dass er denunziert und gefasst worden war. Und das ist die Wahrheit über Ihren ach so geliebten Autor. Wir bewahrten Wiheling vor einem viel größeren Vergehen: seine armen Eltern einem langsamen Tod vor Einsamkeit und Kummer auszuliefern.«

Der Direktor fragt mich: »Legte Herr Wiheling dieses Geständnis in der Wasserzelle ab?«

»Ich war nicht bei der Staatssicherheit und habe keine Vernehmungen durchgeführt. Ich war Leiter einer staatlichen Einrichtung, nichts weiter. Aber Folter gab es hier nicht, wenn es das ist, worauf Sie hinauswollen«, antworte ich ihm. »Es gibt nicht einen Menschen, der von seiner Zeit hier eine einzige Narbe oder Wunde zurückbehalten hat. Nicht ein einziges Foto können Sie mir zeigen, das beweisen würde, dass einem Häftling in meinem Gefängnis körperlicher Schaden zugefügt worden ist.«

»War Klaus Wiheling nackt, als er dieses Geständnis abgelegt hat?«, fragt der Direktor. »Musste er in völliger Dunkelheit in eiskaltem Wasser stehen, wie er später behauptet hat?«

»Das Wasser stammte aus den Regenrinnen«, erläutere ich ihnen und zeige auf das Dach des Untersuchungsgefängnisses. »Es wurde in dem Auffangbehälter dort gesammelt. Im Sommer war das Wasser warm und im Winter kalt. Weiter wurde die Temperatur nicht beeinflusst.«

Die Schüler heben den Blick hinauf zum Dach. In der Novemberluft sieht man ihren Atem.

An dieser Stelle nehme ich mein Hündchen auf den Arm. »Weder Beamte noch Anwälte noch Richter machen die Gesetze«, sage ich. »Befolgt werden müssen sie trotzdem.«

Der Direktor deutet eine Verbeugung an und sagt: »Vielen Dank für diese erhellende Diskussion«, dann dirigiert er die Schulklasse in Richtung Buchladen der Gedenkstätte.

Den Nachmittag verbringen Prinz und ich mit dem Basteln einer Überwachungskamera. Ich durchforste die Garage, bis ich unsere alte Polaroidkamera und eine Rolle Angelschnur für den Stolperdraht gefunden habe. Prinz ist mir ein treuer Helfer. Er sitzt neben mir auf einem Hocker und verfolgt alles, was ich tue, mit großem Interesse, solange er alle paar Minuten ein Goldfischli bekommt.

Aber wie bringt man den *Zug* einer Schnur dazu, einen Auslöser zu *drücken*?

Ich probiere diverse Mechanismen aus – den Schwimmerarm einer Toilettenspülung, den Griff einer Knoblauchpresse und die Hebelvorrichtung eines Lochers. Nichts davon funktioniert. Da bekommt man ganz schön Respekt vor den MfS-Leuten, die in solchen Dingen Meister waren. Die haben aus Kuckucksuhren, Halsbindern und Baumstümpfen Kameras gebaut. Schon möglich, dass die Stasi ein paar Trakte meiner Haftanstalt in ein nächtliches Gruselkabinett verwandelt hat. Aber man muss es denen lassen – genial waren sie schon.

Schließlich nehme ich eine Felgenbremse vom alten Kinderrad meiner Tochter. Die befestige ich mit Schräubchen am Plastikkorpus der Kamera. Habe ich schon erwähnt, dass ich eine Tochter habe? Sie ist wunderbar und bereits erwachsen, sogar schon verheiratet. Ich sehe sie jedes Jahr pünktlich einmal im Sommer und einmal zu Weihnachten. Schließlich richte ich die Kamera auf Prinz und ziehe an der gespannten Angelschnur. Die Bremsarme bewegen sich, die Bremsblöcke greifen – und Blitz!

»So, damit fangen wir uns unseren mysteriösen Paketboten«, sage ich zu Prinz.

Seine Zunge ist schon ganz krümelig, aber trotzdem belohne ich ihn mit einem Extra-Goldfischli.

Das quadratische Polaroid, das die alte Kamera ausspuckt, muss seit vielen Jahren im Mechanismus festgehangen haben. Prinz und ich sehen zu, wie das Foto vor unseren Augen Gestalt annimmt: Nach und nach kommt ein körniges Bild meiner Frau zum Vorschein. Sie liegt entspannt auf einem weißen Laken und hat nichts an. Ihr Blick ist verführerisch, aber nicht weich wie im Suff, und ich weiß augenblicklich, dass *ich* dieses Foto nicht aufgenommen habe.

Als es dunkel ist, schlüpfe ich aus dem Haus und baue das Ganze auf: Ich verstecke die Kamera hinter einer Vogeltränke und verlege den Stolperdraht unter dem herabgefallenen Laub. Prinz steuert seinen Urin zum Gelingen bei. Dann hebe ich das Päckchen vom Rasen auf, gehe wieder hinein und lege es zu den anderen auf den Esstisch.

Als vor einem Monat das erste Päckchen auftauchte, dachte ich, es sei aus Versehen bei der falschen Adresse abgegeben worden. Ich machte es nicht auf, sondern wartete darauf, dass es vom rechtmäßigen Besitzer abgeholt wurde. Doch als das nächste Paket auftauchte, wusste ich, dass es sich nicht um ein Versehen handelte. Umgehend öffnete ich das erste. Darin war der Schlüsselbund, den ich sechzehn Jahre lang am Gürtel getragen hatte. Es waren die Generalschlüssel des Gefängnisses. Seit wann hatten die sich nicht mehr in meinem Besitz befunden? Wer hatte sie mir geschickt und warum? Ich befestigte den Bund an meinem Gürtel, wo er hingehörte.

Das nächste Päckchen machte alles nur noch rätselhafter. Es war ein Aschenbecher darin, gefertigt aus schwerem Präzisionsglas. Gitte hatte ihn mir von einer staatlichen Fotografenkonferenz aus Dresden mitgebracht. Wenn Licht auf den Aschenbecher fiel, glimmerte er unheimlich; das hatte die Häftlinge immer nervös gemacht, wenn sie vor meinem Schreibtisch saßen. Zehn Jahre lang hatte das Ding auf meinem Schreibtisch gestanden, und dann war es eines Tages einfach verschwunden. Wir nahmen das ganze Gefängnis auseinander, durchsuchten jeden Zentimeter, ließen die Gefangenen wochenlang nicht zur Ruhe kommen. Der Aschenbecher hätte eine gefährliche Waffe abgegeben; mit seinen dicken, scharfen Scherben hätte man einem Dutzend Wärter die Kehle durchschneiden können. Wir ließen die Latrinen durchkämmen, die Regenrinnen, die Asche in den Kohleöfen. Wir leerten kesselweise Eintopf aus. Die Häftlinge mussten per Hand dreißigtausend Schaufeln Schnee durchsieben. Gefrorene Leichen im Leichenschauhaus wurden entkleidet, im Haftkrankenhaus wurde allen der Gips aufgeschnitten. Doch der Aschenbecher tauchte nie wieder auf – bis er in Packpapier auf meinem Rasen lag. Fast konnte man die F6 noch riechen, die ich damals immer geraucht habe.

Langsam packe ich das neue Päckchen auf. Die Schnur ist fest verknotet, das Papier akkurat gefaltet. Das Klebeband, mit dem die Ecken festgeklebt sind, ist gelblich verfärbt. Im Papier liegt der silberne Armreif, den ich Gitte zu unserem zwanzigsten Hochzeitstag geschenkt habe. Wegen dem, was mit ihren Eltern passiert ist, und weil wir nie wissen werden, wie lang sie verheiratet geblieben wären, sagten Gitte und ich immer, dass unsere Ehe fünfzig Jahre lang halten würde. Deswegen ließ ich den Spruch eingravieren:

»Hans & Brigitte – bleiben noch dreißig.«

Angeblich war er zu schwer für ihr Handgelenk. Sie trug ihn nur zu offiziellen Anlässen.

Mir kommen ganz unerwartet die Tränen, als ich den Armreif in der Hand halte.

Prinz springt auf den Tisch und leckt mir die Tränen ab.

Am Abend liegen Prinz und ich zusammen auf dem Sofa – von dort kann ich den Blitz der Sofortbildkamera sehen, falls unser mysteriöser Paketbote wiederkommt. Ein Windstoß fährt in die hohle Luftröhre des Schornsteins. Das Laub draußen knistert trocken. Durch die Gardine fällt mattes weißes Licht herein und wirft ein Spitzenmuster auf den Hund, der hinter meinen Knien hervorlugt. In diesem trüben Straßenlampenlicht betrachte ich das Polaroid von meiner Frau. Sie sieht nicht mehr jung aus, trotzdem ist sie schön. Ich vermute, der Fotograf sieht das genauso. Er hat den eleganten Schwung ihrer Haare eingefangen und wie ihre Brüste weich zur Seite fallen. Sie erwartet ihn schon. Ihre Beine sind leicht geöffnet, ihr Blick ist neugierig und kokett. Es tut weh zu wissen, dass sie ihn zu sich locken wird, sobald er den Auslöser betätigt und das Bild geschossen hat. Der Gedanke tut weh, dass er nicht das tote Gewicht ihrer Schenkel auseinanderzudrücken braucht. Sie wird sie selbst für ihn öffnen. Trotzdem – *er* weiß nichts von ihrer geheimen Glut.

Als meine Tochter anruft, ist es schon spät. Eigentlich wollte sie erst Mitte Dezember anrufen, wenn wir Pläne für Weihnachten machen.

»Papa«, sagt sie. »Von dir ist ein Video im Internet.«

»Das kann gar nicht sein«, antworte ich. »Ich gebe keine Interviews. Aber sag mal – wie geht es deiner Mutter? Redet sie manchmal von mir?«

»Das Video ist total schräg«, sagt sie. »Du beleidigst einen berühmten Schriftsteller. Du fuchtelst mit einem Hundekackebeutel herum.«

»Ist sie da?«, frage ich. »Ist sie bei dir zu Hause?«

»Jetzt hör doch mal zu, Papa! Es gibt einen Film von deinem Hund, wie er auf Klaus Wihelings Gedenkstein kackt, und du redest mit dem Hund und tust so, als würde der Hund dir antworten. Der Mann hat den Büchnerpreis gewonnen, Papa! Und du bezeichnest ihn als Drogensüchtigen und Perversen. Du gibst zu, dass er in deinem Gefängnis nackt im eiskalten Wasser stehen musste und so weit getrieben worden ist, dass er in Tränen aufgelöst war, Papa. Wegen seiner Eltern.«

»Ich habe mir nichts zuschulden kommen lassen«, antworte ich. »Ich habe niemandem etwas getan. Würdest du das bitte deiner Mutter ausrichten? Dass ich ihr nie etwas angetan habe, dass ich mich immer an die Regeln gehalten habe, dass ich derjenige war, der weggeschaut hat, wenn in unserer Ehe etwas schiefgelaufen ist?«

Am nächsten Morgen gehen Prinz und ich auf der gegenüberliegenden Straßenseite entlang, und ich ertappe mich dabei, wie ich den Leuten in die Fenster schaue. Ich frage mich, ob ihre Gartendekoration echt ist oder nur Staffage. Seit ich die Päckchen bekomme, traue ich niemandem mehr. Die Stasi observiert vielleicht nicht mehr, aber mir kommt heute jeder wie ein Spion vor. Ein Mann bückt sich, um seinen Schuh zu binden. Eine Frau im Jogginganzug streicht sich über den Bauch. Als ich einen Herrn in meinem Alter erblicke, beobachte ich ihn genau – fasst er sich ans Ohr, oder noch schlimmer: verschränkt er die Hände hinter dem Rücken? Ich kann nicht anders: Jedes parkende Auto, seine Marke und Farbe sind von Bedeutung. Früher waren die Autos der Leute, von denen man observiert wurde, leicht zu erkennen. Man wusste, was es bedeutete, wenn ein blauer Moskwitsch einparkte oder wenn auf beiden Straßenseiten weiße Trabis standen.

Gegenüber der Genslerstraße 66, wo sich das Gefängnistor befindet, bleiben wir stehen. Ein Halbwüchsiger nach dem anderen steigt aus einem Bus, und man sieht sofort, dass es verwöhnte Gören sind. Die Jugendlichen heutzutage verhalten sich, als gehörte ihnen die Welt und Ostberlin sei nur ein neues Spielzeug, das sie ausprobieren können. Der Direktor kommt dazu, spricht in sein Funkgerät und bringt die Gruppe mit ihrer Gedenkstättenführerin zusammen, einer Frau über sechzig. Als er mich bemerkt, kommt er mit federndem Schritt über die Straße auf mich zu. »Guten Tag, Herr Gefängnisdirektor«, sagt er.

»Ich bin jetzt nur noch Hans Bäcker«, erwidere ich.

Er sieht mir ins Gesicht.

»Haben Sie das Video gesehen?«

»Ich habe davon gehört«, antworte ich.

»Sie dürfen es dem Mädchen nicht übelnehmen. Sie ist noch jung. Die das Video gemacht hat. Sehen Sie sich nur die anderen Videos an, die sie gepostet hat. Ein Junge, der vom Fahrrad fällt, gemeinschaftliches Zehennägellackieren, eine Katze, die über einen Obstkorb herfällt.«

Ich nicke.

»Bitte trinken Sie doch einen Kaffee mit mir, Herr Bäcker – ich lade Sie ein. Ich möchte etwas mit Ihnen besprechen.«

Gemeinsam überqueren wir die Straße, aber am Gefängnistor bleibe ich stehen.

»Ist es wegen dem Hund?«, fragt der Direktor. »Sie können ihn gern mitbringen, wirklich. Viele Ehemalige bringen Begleithunde mit, um psychisch besser mit der Situation klarzukommen.«

»Was für einer Situation denn?«

Der Direktor runzelt die Stirn. »Der Rückkehr.«

»Ich versichere Ihnen, dass Prinz kein psychologischer Begleithund ist.«

»Natürlich nicht«, sagt er.

Ich bleibe weiter vor dem Eingang stehen. Der Direktor sieht mich erwartungsvoll an.

»Wann waren Sie zum letzten Mal auf dem Gelände?«, fragt er.

»Am dritten Oktober 1990«, sage ich.

»1990? Dabei wohnen Sie doch direkt um die Ecke«, sagt er. Er wirft einen Blick auf meinen Gürtel. »Und Sie tragen die Schlüssel zur Haftanstalt immer noch bei sich. Kommen Sie, Herr Bäcker, ich versichere Ihnen, dass hier jedermann willkommen ist. Die Gedenkstätte steht allen offen, die sich erinnern wollen.«

Er berührt mich an der Schulter und führt mich auf den Hof. Ich nehme Prinz an die kurze Leine.

Der Hof ist voller Teenager und holländischer Touristen. Dort, wo früher das Kasino für die Stasioffiziere war, befindet sich jetzt eine Buchhandlung. Die Tigerkäfige entlang der Südmauer hat man zu einem Café umgebaut. Dort bestellen wir einen Cappuccino und setzen uns hinter den großen, bodentiefen Glasscheiben auf moderne Stühle. An den Wänden des Cafés hängen gerahmte Fotografien; einige davon hingen früher bei mir im Büro, so zum Beispiel das, auf dem ich den Minister für Staatssicherheit Erich Mielke bei seiner Inspektion unserer Einrichtung begrüße.

»In meinem Büro hatte ich immer ein Foto von meiner Frau und mir hängen«, sage ich zum Direktor. »Wenn möglich, hätte ich das gern zurück. Als das Gefängnis damals geschlossen wurde, dachte ich, ich könnte mir meine persönlichen Dinge später abholen kommen, aber das ging dann nicht mehr.«

»Ich weiß, welches Foto Sie meinen«, sagt der Direktor. »Ihr Büro ist übrigens gerade originalgetreu wiederhergestellt worden. Phantastische Arbeit, was die Archivare da geleistet haben. Sie sollten sehen, wie akribisch jede einzelne Zelle dokumentiert wird. Jeder in die Wände gekratzte Buchstabe wird vermerkt, jeder Fingerabdruck in der Wandfarbe kopiert – nur um festzustellen, wer hier genau in Untersuchungshaft saß und wann. Leider wurden ja sämtliche Unterlagen vernichtet.«

»Ich war nur der Leiter der Haftanstalt«, erwidere ich. »Ich habe die Mitarbeiter auf die Schichten verteilt, die Überstellungen organisiert, das Toilettenpapier bestellt. Ich war für die Sicherheit der Anlage zuständig, mit den Vernehmungen hatte ich nichts zu tun. Was in den Zellen vor sich ging, ist mir nicht bekannt. Der Stasi-Chef hier war Grünwald – der war für die Verhöre zuständig. Und ich würde sagen, die von der Staatssicherheit haben auf uns Verwaltungsbeamte herabgesehen – die hatten ihre eigene Kantine, ihr eigenes Kasino, eine eigene Sauna. Die haben auch die Vernichtung der Akten angeordnet.«

Der Direktor sagt: »Das heißt, Grünwald hat angeordnet, Sie sollen die Gefangenenakten vernichten, und Ihre Leute haben es dann gemacht.«

»Ja, und wir haben fast ein Jahr dazu gebraucht.«

Ein Mädchen bringt uns den Cappuccino. Sie trägt ein bedrucktes weißes T-Shirt: Schulterklappen, eine Parade frei erfundener Orden auf der Brust und ein Namensschildchen, auf dem *Stasigefängnisdirektor* steht, sind darauf gedruckt.

Der Direktor sieht meinen entsetzten Gesichtsausdruck.

»Ja ja, ich weiß«, sagt er. »Ich wünschte auch, wir bräuchten so was nicht. Aber das T-Shirt geht weg wie warme Semmeln, und die Gedenkstätte braucht Geld. Wir verlangen nur sehr niedrige Eintrittspreise, und die Leute, die die Führungen machen, kosten ganz gewaltig. Sie sind durch ihre Haftzeit seelisch beschädigt, und wir sind jetzt ihre einzige Einkommensquelle. Wir haben große Pläne – Ausstellungen, Archive –, aber momentan leben wir noch von der Hand in den Mund, sozusagen.«

Ich probiere den Cappuccino; er schmeckt nach Marzipan.

»Es wundert mich nicht, dass Sie Geldprobleme haben«, entgegne ich. »Das hier ist einfach nur ein leer stehender Knast. Wer bezahlt schon Eintritt, um sich so etwas anzusehen?«

»Na, das unterschätzen Sie aber ganz gewaltig«, sagt der Direktor. »Es ist ja schließlich kein gewöhnliches Gefängnis. In einem Punkt muss ich Ihnen allerdings recht geben: Wie bringt man junge Leute dazu, sich für die Vergangenheit zu interessieren? Das ist die große Frage. Sehen Sie sich die Kids doch mal an«, sagt er und zeigt auf die vielen Schüler, die mit uns zusammen im Café sitzen. »Ständig starren sie auf ihre Handys. Das ist unsere größte Konkurrenz. Die Hälfte von denen aktualisiert während der Führung ihren Facebookstatus, schreibt SMS an Freunde, twittert, was weiß ich. Manche filmen die ganze Tour für YouTube, bekommen aber selbst nichts davon mit. Wenn man sich vorstellt, was sich die Stasi früher für eine Mühe gemacht hat, uns zu bespitzeln. Niemals hätten sie sich träumen lassen, dass die Bürger irgendwann freiwillig Ortungsgeräte mit sich herumtragen, sich selbst filmen und morgens, mittags und abends alles über sich preisgeben.«

»So viele Informationen«, sage ich. »Und trotzdem ist die Welt rätselhafter als je zuvor.«

Der Direktor lehnt sich vor. »Sie finden die Welt rätselhaft?«

Er hat einen hochzufriedenen Ausdruck im Gesicht.

Ich frage: »Und worüber wollten Sie mit mir sprechen?«

»Ja, genau«, antwortet er. »Ich mache Ihnen einen Vorschlag. Ich habe den Eindruck, Sie sind philosophisch veranlagt, Herr Bäcker. Und Sie sind ein Mann mit festen Überzeugungen. Ich biete Ihnen an, dass Sie eine Führung durch Hohenschönhausen leiten, vielleicht für eine Schülergruppe. Wir würden das auf Video aufzeichnen und als wichtiges Dokument archivieren. Sie dürfen natürlich sagen, was Sie wollen – Informationen aus Ihrer Sicht vermitteln, Kritikpunkte widerlegen, Dinge in ein anderes Licht rücken. Am wichtigsten wäre es mir, dass Sie die Geschichten dieses Ortes erzählen. Wenn Sie und ich lange nicht mehr da sind, werden die Geschichten trotzdem weiter zu uns sprechen.«

Ich muss lächeln. »Aber wer würde sich diese Geschichten anhören?«

»Schüler, Wissenschaftler, Historiker. Ohne die Akten bleiben uns nur die Geschichten.«

Prinz fiept und blickt sehnsüchtig hoch zu den Biscotti auf unseren Untertassen.

»Sie irren sich übrigens«, entgegne ich. »Ich bin nicht besonders philosophisch veranlagt. Und Geschichten kenne ich auch keine.«

Während ich das sage, wandern meine Gedanken zu Gitte. Wo mag sie jetzt sein, was macht sie? Ist sie etwa bei dem Fotografen, der das Polaroid von ihr geschossen hat? Erdulden sie gemeinsam das endlose Gelaber bei den Anonymen Alkoholikern und steigen dann in die dunklen Täler nüchternen Beischlafs hinab?

Prinz fiept noch einmal.

»Ich wollte Sie übrigens was zum Thema Hunde fragen«, sagt der Direktor.

Er bricht ein Stück Biscotti ab und hält es hoch. »Darf ich?«

Ich nicke. »Mach Männchen, Prinz!«, sage ich.

Prinz stellt sich auf die Hinterbeine, Vorderpfoten angewinkelt.

Der Direktor lässt das Leckerli fallen.

Prinz beäugt den fallenden Biscotti mit heraushängender Zunge und schnappt ihn sich aus der Luft.

»Prinz, richtig?«, fragt der Direktor. »Ein schöner Name für einen Hund.«

»Hat sich meine Frau ausgedacht. Er war ein Abschiedsgeschenk für mich.«

»Das tut mir leid.«

»Was tut Ihnen leid?«

»Dass Sie beide sich getrennt haben.«

Ich schaue den kleinen Prinz an, der von den Problemen der Welt nichts weiß.

»Es ist nur vorübergehend«, sage ich.

Der Direktor nickt. »Hunde also. Ein ehemaliger Häftling hat mir erzählt, er habe wegen der bellenden Hunde nicht schlafen können. Aber es gibt hier keinen Hundezwinger. Wurden im Gefängnis Hunde eingesetzt, Herr Bäcker?«

»Die Hunde kamen nachts«, erzähle ich. »Ein Hundeführer namens Günter brachte sie bei Sonnenuntergang. Er wohnt immer noch hier in der Gegend. Früher war er Hundeausbilder an der Polizeischule für Diensthundewesen in Pretzsch. Doch eines Tages wurde er von seinem eigenen Rudel Hunde angefallen – deswegen wurde er zum Gefängnisdienst degradiert. Auf der einen Hälfte seines Gesichts hat er fürchterliche Narben von den Reißzähnen, und seit der Verwundung lispelt er. Er hat immer versucht, die Verletzungen hinter einem Bart zu verstecken. Ein paar Finger hatte er dabei wahrscheinlich auch eingebüßt – er hat immer dicke Lederhandschuhe getragen. Bei Sonnenuntergang war er da, wurde von seinem wütenden Rudel auf den Hof gezogen, und dann hob er die Hand mit dem riesigen Handschuh zum Gruß. *Die Hunde sind siemlich angriffslustig heute Abend,* verkündete er dann. Vielleicht wollte er damit bei uns Eindruck schinden. Jedenfalls hatte Günter eines Abends etwas Fleisch in den Tigerkäfigen deponiert. Im Käfig war noch ein Häftling beim Hofgang, als Günter die Hunde losließ, und er schrie – «

»Bitte«, unterbricht mich der Direktor. »Diese Geschichte müssen Sie sich für das Video aufsparen.«

Jemand versucht, den Direktor auf seinem Sprechfunkgerät zu erreichen, aber er stellt es stumm.

»Und ich dürfte überall hingehen?«, frage ich. »Ich dürfte sagen, was ich will?«

»Was immer Sie wollen«, antwortet er. »Das Video würde natürlich in Kontextmaterial eingebettet werden. Darin würden die Zuschauer erfahren, um was für eine Art von Gefängnis es sich hier handelt, was sich hier abgespielt hat, wie viele Menschen zu Tode gekommen sind und so weiter. Das Übliche halt.«

»Die Sterblichkeitsrate in Hohenschönhausen unterschied sich in keiner Weise vom landesweiten Durchschnitt.«

»Da muss ich Ihnen leider widersprechen«, entgegnet der Direktor. »Die Rate lag wesentlich höher. Das wurde alles überprüft. Die Zahlen sind unbestritten.«

Ich stehe auf und ziehe Prinz an der Leine. »Was hier vor sich gegangen ist, war keine Folter. Das müssen Sie sich ein für alle Mal aus dem Kopf schlagen. Hier bei uns geschah vielleicht etwas mit der Psyche der Leute, aber nicht mit dem Körper.«

Ein seltsames Lächeln huscht über das Gesicht des Direktors.

»Bitte«, sagt er. »Wir wollen nicht uneinig auseinandergehen. Lassen Sie uns doch mal nachsehen, ob wir vielleicht Ihr Foto finden.«

Wir nehmen unsere Kaffeetassen mit und überqueren den Hof. Prinz ist froh, dass es endlich weitergeht. Auf dem Weg zum Verwaltungsgebäude müssen wir an dem albernen »Gedenkstein« vorbei, der mitten auf dem Innenhof steht. Die langen Gänge des Gebäudes, das wir jetzt betreten, sind mit endlosen Reihen metallener Aktenschränke gesäumt. Hunderte sind es, jetzt allesamt leer. Tausende von Häftlingsakten, Tausende von Geständnissen, alles geschreddert. Welche Bedeutung hat all das überhaupt noch, jetzt, wo nichts mehr davon übrig ist?

Wir gehen die Treppe hoch, die ich unzählige Male hinaufgestiegen bin, und bin dennoch erstaunt, wo ich herauskomme: im Büro des Anstaltsleiters. Aus meinem Büro ist ein Ausstellungsraum gemacht worden. An der Tür hängt ein Schild, auf dem auf Deutsch, Englisch, Französisch und Chinesisch steht: *Büro von Anstaltsleiter Hans Bäcker, der das Untersuchungsgefängnis fünfzehn Jahre lang mit äußerster Präzision leitete. Nie kam ein Häftling zu einer Stasi-Vernehmung oder einer Foltersitzung zu spät.*

Ich drehe mich zum Direktor um. Ausdruckslos erwidert er meinen Blick.

Ich trete ein, wobei mir ein Gedanke kommt – etwas, was mir nie zuvor aufgefallen ist: Der Raum hat genau dieselbe Größe und Grundriss wie die Zellen der Häftlinge. Es gibt noch andere Schilder, die erklären, wie die Kommunikation mit den Wachtürmen funktionierte und wie die Blinklichter anzeigten, welches Vernehmungszimmer besetzt war. Die Wände sind vom Nikotin gelblich verfärbt, abgesehen von den Stellen, an denen die Restaurateure drei Löcher im Putz freigelegt haben. Um diese Löcher sind rote Kreise gezeichnet, einer neben dem Heizkörper, einer neben meinem Schreibtisch und einer an der Decke. Sie sind mit Mic1, Mic2 und Mic3 beschriftet. Auf einem Schild steht: *Nicht einmal Anstaltsleiter Bäcker selbst war vor der Stasi-Überwachung sicher. Mit diesen drei Wanzen wurde er ununterbrochen abgehört.* Ich gehe zu einem der Mikrofone hin und berühre es mit der Fingerspitze. Ich folge dem Kabel mit dem Blick bis zu der Stelle, an der es in der Wand verschwindet, in die Richtung, aus der Grünwalds Männer mich belauschten. Meine Anrufe bei Nina, wenn sie aus der Schule nach Hause kam. Wenn Gitte mich einsam, schon am frühen Nachmittag beschwipst und von Schuldgefühlen geplagt anrief und mir ihre Seitensprünge gestand, von denen ich nichts wissen wollte. Sie hörten mit.

Ich wende mich ab. Auf meinem Schreibtisch steht der Holzkasten für »Fundsachen«. Auf dem Schildchen steht: *Von Insassen konfiszierte Gegenstände.* Ein paar Schmuckstücke liegen darin, ein Gummiball, ein Transistorradio, eine Mini-Bibel und so weiter. Auch eine zerlesene Taschenbuchausgabe von *1984* ist dabei. Ich blättere darin und lese ein paar Zeilen. Natürlich ist es ein Roman, aber ein paar Dinge hat sich der Autor doch ziemlich treffend ausgedacht – die Überwachung, die Kontrolle, das Gefühl, dass keinerlei Spontaneität möglich ist, dass der kleinste Fehler Konsequenzen für die Zukunft haben wird. Das Buch beschwört etwas herauf, an das ich mich kaum noch erinnere: das Gefühl, dass man vielleicht einen guten Arbeitsplatz und ein Zuhause haben mag, aber trotzdem nie und nirgendwo in Sicherheit ist.

Der Direktor macht die Tür von innen zu, und da ist es, mein Foto: Brigitte und Hans auf der Augustusbrücke in Dresden, wo wir die Schwäne auf der Elbe füttern. Ich hatte es an die Tür gehängt, damit ich es von meinem Platz am Schreibtisch aus sehen konnte. Es ist die Art Bild, die ein Mann aufhängt, damit er nicht vergisst, dass er eine Frau hat, die ihn liebt, die zu Hause auf ihn wartet und die er bald, wenn Günter endlich mit seinen knurrenden Hunden da ist, im Arm halten wird. Ganz egal, was sich in den Zellen rund um ihn abspielt.

Ich strecke die Hand nach dem Bild aus und will es von der Tür nehmen.

Der Direktor hält mich zurück.

»Tut mir leid«, sagt er und faltet die Hände. »Das ist jetzt Eigentum des deutschen Volkes.«

Ich gehe den ganzen Nachmittag mit Prinz spazieren. Er beschnuppert nicht wie sonst nur die Büsche. Er schnüffelt an Hauseingängen und Autoreifen und den Sitzen der Bushaltestellen. Er sucht ganz offensichtlich nach Gitte. Überall schnuppert er, aber nirgendwo das kleinste Zeichen von ihr.

Aus Nordwesten weht ein eisiger Wind. Ich klappe meinen Kragen hoch. Auf der anderen Straßenseite geht ein Mann im Trenchcoat genauso langsam wie wir, und ich habe den Eindruck, dass er absichtlich Schritt mit mir hält. Ich denke an das Gemeindehaus, wo Gitte sich um diese Tageszeit mit den anderen Alkoholikern trifft. Wahrscheinlich arbeitet sie sich an ihrer schwierigen Kindheit ab – wie sie die Bombardierung Magdeburgs überlebt und mit ihrer Familie wie die Mäuse im Schutt gehaust hat, wo sie sich gegen Panzer, Typhus, die Nonnen und die Russen zur Wehr setzen mussten. Vor langer, langer Zeit, damals, als wir uns kennenlernten, da erzählte sie mir, wie ihr Vater nach dem Luftangriff im Januar 45 mit der Schubkarre loszog, auf der Suche nach etwas, das den Feuersturm überstanden hatte – Kleidung oder Feuerholz oder etwas zu essen. Vor dem Morgengrauen kehrte er mit einem nicht explodierten Sprengkörper zurück. Gitte beschwor diese Legende immer wieder herauf: Wie ihr Vater die Familie zusammenrief, damit alle dabei waren, als er die Bombe zum Kampf herausforderte.

Immer wieder bat ich sie, mir genauer zu erklären, was das sollte. Aber es war ein heikles Thema, Gitte hatte nämlich ihre ganze Familie verloren: die Mutter an eine Krankheit, den Vater im Arbeitslager, die Schwestern an ein Waisenhaus. So ist sie aufgewachsen. Von der Nacht, in der ihr Vater gegen die Bombe kämpfte, wusste sie nur zu erzählen, dass es eine schöne Erinnerung war, dass sie sich nicht an Hunger oder Kälte erinnern kann, sondern nur daran, dass die ganze Familie zusammen war und ihr Vater den Kampf gewann.

»Und wie hat er die Bombe bekämpft?«, fragte ich sie einmal.

»Er hat mit einem Backstein draufgekloppt«, antwortete sie.

Für mich war es im Krieg nicht so schlimm wie für Gitte. Als ich beim Luftangriff auf Rostock verletzt wurde, flohen meine Mutter und ich nach Schwerin, wo es sicherer war. Mein Vater war dort in der Nähe stationiert. An die Bombardierung, bei der ich verletzt wurde, erinnere ich mich nur dunkel. Ich war fünf Jahre alt und stand auf der Straße neben einem Pferdefuhrwerk. Das Fell der Pferde dampfte in der Kälte, nachdem sie durch die Innenstadt galoppiert waren. Ein Lichtblitz traf mich. Wind und Dreck und Staub wehten mich an, und weil die Bombe in einer Metallwerkstatt eingeschlagen hatte, flog ein Hagelsturm von Eisenspänen durch die Luft. Das Metall lud sich elektrisch auf – ich spürte die Elektrizität in jedem Eisenspan.

Als Gitte mich zum ersten Mal mit nacktem Oberkörper sah, berührte sie diese Narben mit den Fingern. Sie blickte mich an, als erkenne sie mich, als hätte sie endlich jemanden gefunden, der dasselbe durchgemacht hatte wie sie: jemanden, der sie und die Ereignisse, die sie geprägt hatten, verstehen würde, ganz ohne Worte. Und weil ich schon in sie verliebt war, weil ich schon vergessen hatte, wer ich ohne sie war, ließ ich sie in dem Glauben, auch wenn es nicht stimmte. Doch im Laufe der Jahre wurde immer deutlicher, dass ich ihr nicht helfen konnte, sie nicht so verstehen konnte, wie sie es gebraucht hätte.

Prinz und ich gehen an einer Feierabendkneipe in der Bahnhofstraße vorbei. Paare sitzen darin, teilen sich eine Bulette und erheben ihre Gläser. Prinz bleibt vor dem Lokal stehen. Aber er interessiert sich nicht für das Essen. Er starrt den Mann im Trenchcoat auf der anderen Straßenseite an.

Der Mann im Trenchcoat auf der anderen Straßenseite bleibt ebenfalls stehen.

Als er zu uns herübersieht, fasst er sich an die Nase. Stasi-Handzeichen für »Überwachung unterbrechen«.

Er überquert die Straße, und als er auf uns zukommt, erkenne ich Grünwald. Er lächelt. Er trägt immer noch einen Schnurrbart wie früher viele Stasi-Offiziere, aber die Zähne hat er sich vermutlich bleichen lassen.

»Na, da bist du ja, Hans. Hast du dich vor mir versteckt?«

Ich sehe die Zeitung, die er unter dem Arm klemmen hat, und frage: »Wie läuft's mit der Jobsuche?«

»Da guckt man doch nicht mehr in die Zeitung«, informiert er mich. »Das macht man jetzt alles am Rechner. Das neue System ist eine einzige große Verschwörung, damit wir Älteren nicht in den Arbeitsmarkt reinkommen. Ist dieser neue Staat nicht angeblich so gerecht? Wird nicht immer behauptet, dass jetzt die Leistungen eines Menschen gewürdigt werden? Und trotzdem werden wir ständig diskriminiert. Mielke hat mir persönlich den Orden für besondere Verdienste an die Brust geheftet. Aber stellt mich vielleicht irgendjemand ein? Die Kripo hat dreihundert Verhörspezialisten, aber meinst du, die würden sich meine Bewerbung auch nur ansehen?«

Ich frage: »Und, willst du ein Empfehlungsschreiben von mir, oder was gibt's?«

Grünwald tippt mir mit der Zeitung an die Brust. Zu mehr Zuneigung ist er nicht in der Lage.

»Hans reißt Witze – ein ganz schlechtes Zeichen«, sagt er. »Wie geht's dir so? Hast du von ihr gehört?«

»Sie meldet sich bald, da könnte ich wetten. Sind ja erst vier Monate. Sie muss nur mal klar Schiff machen in ihrem Leben. Ein paar Probleme aufarbeiten. Ich wünschte nur, ich wüsste, wo sie ist, was sie den ganzen Tag über macht.«

»Hast du auf Facebook nach ihr gesucht?«

»Ich weiß nicht, wie das geht.«

»Das ist auch besser so, glaub mir«, sagt er. »Stell dir vor, ich habe fünftausend Freunde da. Mehr darf man nicht haben. Und drei Mal darfst du raten, was gerade das heißeste Thema bei uns ist, über wen am meisten gesprochen wird?«

»Meinst du etwa das Video?«

»Ganz genau! Du bist es, Hans! Unser neuer Held.«

Bevor ich zugeben kann, dass ich das Video im Internet nicht finde, spielt er es auf seinem Handy für mich ab. Es ist kurz, und ja, das Gestikulieren mit dem Hundekotbeutel ist ein bisschen unglücklich. Interessanterweise hat das Mädchen es fertiggebracht, Pfeile und rote Buchstaben in das Video hineinzuzeichnen. Zum Beispiel zeigt ein Pfeil auf meine Stirn, daneben steht »Geschwollene Ader«. Andere Kommentare lauten »Irrer Blick« und »Sabbern«. Und als ich mich im Video richtig in Rage geredet habe, kann man gar nicht anders – man schaut unweigerlich auf die roten Schlangenlinien, die aus meinem Mund kommen. Kommentar: »Altmänneratem.«

Ich blicke hinunter zu Prinz. Er blickt hoch zu mir.

»Lass dich nicht entmutigen, Hans«, sagt Grünwald. »Dieses Video ist eine gute Sache. Du bist der Einzige, der die Wahrheit sagt. Mir wird immer ganz schlecht, wenn ich diese ganzen Ex-häftlinge sehe. Jetzt tun sie auf einmal so, als wären sie Promis, schreiben Bücher, treten ständig im Fernsehen bei irgendwelchen Labersendungen auf, und ich sag's dir: Die wissen genau, was die Fernsehfritzen hören wollen. Schauermärchen von Folter und geheimen Friedhöfen. Einmal hat einer sogar erzählt, wir hätten ihn in eine lebende Marionette verwandelt. Eine Marionette? Ich bitte dich! Wir waren doch nicht Guantanamo oder ein Gulag in Nordkorea!«

Zwei Frauen kommen auf uns zu, die in einen Stadtplan vertieft sind. Grünwald spricht sie sofort an. Wie die meisten Stasi-Ehefrauen hat ihn seine gleich nach der Wende verlassen, und ich gebe zu, dass ich mir lange wie etwas Besseres vorkam, weil meine noch da war.

»Sieht so aus, als hätten wir uns verlaufen«, sagt die eine Frau. Man hört, dass sie aus dem Westen ist.

»Können wir Ihnen helfen?«, fragt Grünwald. Seine Haare sind zwar weiß, aber voll und dramatisch gescheitelt, so dass er, wie auch jetzt, jede Gelegenheit nutzt, um sich die Haare mit seinen langen, schlanken Fingern aus dem Gesicht zu kämmen.

Die andere Frau sagt: »Wir wollen noch schnell zum Foltermuseum, bevor es zumacht.«

Grünwald runzelt die Stirn. »Foltermuseum?« Er sieht mich an. »Hast du davon schon mal gehört?«

Ich schüttele den Kopf.

»Das klingt aber nach einer seltsamen Idee, oder?«, sagt Grünwald. »Wer würde sich denn so was ansehen?«

Die erste Frau lässt sich nicht so schnell entmutigen. »Es befindet sich in einem Gefängnis«, antwortet sie. »Es ist ziemlich berühmt.«

Sie hält den Stadtplan hoch. Darauf sind das Holocaust-Mahnmal, Topographie des Terrors, das KZ Sachsenhausen und unsere Haftanstalt angekreuzt.

»Was soll das denn, Schauer-Tourismus oder was?«, fragt Grünwald.

Die Frau nimmt den Stadtplan wieder an sich.

»Das ist deutsche Geschichte«, sagt sie. »So erweist man seinen Respekt.«

»Wenn man die Vergangenheit nicht kennt, wird sie sich unweigerlich wiederholen«, fügt ihre Freundin hinzu.

»Wir wissen, wo das Gefängnis ist, das Sie suchen«, sage ich.

Grünwald unterbricht mich. »Genau, genau, jetzt weiß ich auch wieder, welches Museum Sie meinen.« Er zeigt in die falsche Richtung. »Fahren Sie einfach mit der M5 dort. Fünf Haltestellen, dann steigen Sie aus. Nein, sechs. An der sechsten Haltestelle aussteigen. Ihr geschichtsträchtiges Gefängnis ist genau sechs Haltestellen entfernt.«

Die Frauen bedenken uns mit misstrauischen Blicken, gehen aber in Richtung Tram davon.

Als sie weg sind, sagt Grünwald: »Es gibt einfach nichts Schlimmeres als diese Wessi-Zicken.« Er fährt sich durch die Haare, als wolle er das gerade Erlebte wegwischen. »Komm doch heute Abend mit in die Kneipe, Hans. Lass dir von deinen alten Genossen einen ausgeben. Wir feiern deinen neuen Ruhm. Und da ist auch die ein oder andere Dame, die einen guten früheren DDR-Bürger zu schätzen weiß, das sag ich dir. Ich kann dich mit ein paar bekannt machen. Die stehen auf Männer, die ihnen Feuer geben und sie auf was zu trinken einladen. Sie sind ganz scharf auf uns, Hans, weil wir Autoritätspersonen sind. Sie stehen auf Männer, die das Kommando übernehmen. Und, was meinst du?

Wenn du unbedingt willst, kannst du deinen Fifi mitbringen. Wir haben einen Blinden, der bringt seinen Hund auch immer mit in die Kneipe.«

Ich kann mir gut vorstellen, wie es ist, mit Grünwald einen Abend lang in seiner Stasi-Stampe zu versacken – endloses Gerede über die DDR, von früher, als das Bier noch besser und der Orgasmus länger und die Münzen aus reinem Silber geprägt waren. Um Mitternacht singen sie alte Parteilieder. Bei der Vorstellung, mich mit anderen Frauen als meiner eigenen zu unterhalten, wird mir ganz schlecht.

»Ja ja, ich sehe schon, das Video macht dir zu schaffen«, sagt Grünwald. »Das blöde Gör macht sich über dich lustig – na und? Vergiss es. Du warst ein allseits respektierter, hervorragender Anstaltsleiter. Das wäre auch allgemein bekannt, wenn diese Knackis mit ihrem Gewäsch nicht die ganzen Medien eingewickelt hätten. Hat einer von denen jemals in einem Interview gesagt: Das Gefängnis war sauber und gut gelüftet, und es gab pünktlich drei Mal am Tag was zu essen? Wird jemals erwähnt, dass es ein ausgezeichnetes Gefängniskrankenhaus mit achtundzwanzig Ärzten und Schwestern gab? Weißt du noch, der Schneesturm anno 84, als ganz Berlin zappenduster war? Du warst der Einzige, bei dem das Licht noch brannte. Nur im Gefängnis Hohenschönhausen gab es noch Strom, und das hatten wir dir zu verdanken, Hans.«

Ich sehe, dass die Wessi-Frauen an der nächsten Straßenecke stehen geblieben sind und wieder auf den Stadtplan schauen.

Sie blicken misstrauisch in unsere Richtung.

»Grünwald«, sage ich. »Du hast mir noch gar nicht erzählt, warum du mich eigentlich beschattest.«

»Ach, richtig. Nur, weil du mit dem Direktor von dieser sogenannten Gedenkstätte geredet hast. Bei dem musst du dich vorsehen, Hans. Der schiebt den ehemaligen Häftlingen das Geld in den Arsch. *Er* verschafft ihnen die ganzen Fernsehauftritte. Du musst mir erzählen, was er von dir wollte, Hans.«

»Er will, dass ich ein Video mache. Er will, dass ich von der UHA erzähle, aus unserer Sicht.«

»Warum denn das?«

»Erst muss ich dich was fragen.«

»Na klar. Schieß los, Hans.«

Ich will ihn nach den Wanzen in meinem Büro fragen, nach den Geheimakten, die sie über mich angelegt haben müssen, den Telefonaten, die sie aufgezeichnet haben, ob er wirklich sämtliche Geheimnisse von Gitte und mir kennt.

Stattdessen frage ich ihn: »Bekommst du eigentlich auch so kleine Päckchen? Sachen von damals aus der Haftanstalt, schön eingewickelt, die nachts jemand vor deine Haustür legt?«

Er findet die Vorstellung faszinierend. »Und was für Päckchen sind das? Geschenke?«

»Na ja … eher Sachen, die mir mal gehört haben. Andenken an früher.«

Prinz wird langsam ungeduldig und fängt an zu bellen. Ich ziehe ein Goldfischli aus der Tüte in meiner Tasche, aber Grünwald hält mich zurück. »Der kleine Kamerad hier will nur ein bisschen Zuneigung«, sagt er und nimmt Prinz auf den Arm. »Indem du sie ihm schenkst oder verweigerst, kannst du seine Reaktion konditionieren.« Er krault den Hund hinter den Ohren. »Der Direktor von dieser Gedenkstätte will also etwas von dir. Und du kriegst Päckchen mit deinen Sachen von damals.«

Grünwald lächelt verschlagen, seine Augen verengen sich nicht ohne eine gewisse Schadenfreude, als er sich ausmalt, was das zu bedeuten haben könnte. Das ist der Blick, mit dem er sich seinen Orden verdient hat. Selbst ich vergesse manchmal, dass Tausende von Häftlingen bei dem Gedanken an ihn zitterten, dass manche sich lieber aufknüpften, als einen Nachmittag in seiner Gegenwart zu verbringen.

Am nächsten Morgen bringt der Direktor mir das Bild vorbei. Ich stehe von der Couch auf, als er an der Tür klopft. Sogar ich kann den muffigen Sofabezug an mir riechen. Er trägt einen Anzug und über den Bilderrahmen in seiner Hand ist ein schwarzes Tuch gehängt, als solle das Bild gleich feierlich enthüllt werden.

»Ich hab's«, sagt er.

Er hebt den schwarzen Stoff kurz an. Da sind sie: Brigitte und Hans, Mann und Frau.

»Die Archivare haben das gute Stück untersucht«, erzählt mir der Direktor. »Sie glauben, dass es eine Arbeit der Fotografin Sibylle Bergemann sein könnte.«

»Meine Frau hat mal für sie Modell gestanden, früher, als sie beide bei den Pentacon-Kamerawerken gearbeitet haben. Nach dem Mauerfall wurden alle entlassen. Mehrere Tausend Mitarbeiter.«

Er streckt mir das Bild hin. »Das Foto ist vermutlich ziemlich wertvoll, und jetzt natürlich öffentliches Eigentum. Können wir uns vielleicht auf eine Dauerleihgabe einigen? Eine Art ausgelagerte Ausstellung?«

Der Direktor hat Stil. Er versucht nicht, einen Blick auf meine Wohnungseinrichtung zu erhaschen, um zu sehen, wie gut ich es hier habe. Er bringt die Sprache auch nicht auf meine Frau, auf das Video, das er von mir will, oder den Stolperdraht, der ganz offensichtlich quer über den Rasen verläuft.

Also ist er wohl nicht derjenige, der mir die Päckchen hinterlässt. Ich frage ihn noch nicht einmal danach.

»Vielen Dank«, sage ich. Ich nehme das Bild entgegen und schüttle ihm zum Abschied die Hand.

Im Wohnzimmer lege ich das verhüllte Bild erst einmal beiseite. Aus irgendeinem Grund mag ich den Schleier nicht lüften.

Prinz und ich teilen uns eine Wurst. Ich lehne an der Küchenspüle und esse sie aus der Hand. Gitte wollte zum Frühstück immer nur eine einzige Scheibe Toast – mehr brachte sie morgens wegen ihres Katers nicht runter. Auf der Anrichte steht ihr alter DDR-Toaster. Ich stecke den Stecker ein und toaste ein Stück Brot, nur des Geruchs wegen. Ich mache das Gefrierfach auf, und da sind ihre eisüberzogenen Wodkagläser, die kopfüber unten am Fach festgefroren sind. Ich beschließe, ein bisschen Körperpflege zu betreiben, mich wenigstens zu rasieren, aber als ich im Bad stehe, kann ich nur das zweite Waschbecken anstarren – ih-

res, unbenutzt und viel zu weiß unter einem Kranz greller Glüh-
birnen.

Heute gehen Prinz und ich nicht an der UHA entlang Gassi.
Wir schlagen die andere Richtung ein, weg von den Reisebussen und dem 256er und der Tram M6. Im Schatten ist der Bürgersteig mit Raureif überzogen, weswegen Prinz einen Zickzack-
kurs durch die Sonne einschlägt und allem Interessanten mit
drei Tröpfchen Urin Tribut zollt. Wir kommen durch Wohnvier-
tel und Geschäftsstraßen, kurz darauf finden wir uns vor dem
Schaufenster einer Wein- und Spirituosenhandlung wieder. Hier
habe ich ihr immer ihre tägliche Ration gekauft. Im Schaufenster
sind Flaschen aller Art aufgereiht und Bierkästen zu ordentlichen
Türmen gestapelt – manche Flaschen sind durchsichtig, andere
karamellbraun oder grün wie unreife Zitronen. Ich kenne ihr Gewicht und ihre Preise gut. In den gleißenden Gesichtern und starken Schultern der Flaschen kann ich meine Frau fast spüren, ihren Körper, ihren Tagesablauf:

Aufwachen. Ein langes, stummes Wannenbad mit geschlossenen Augen. Toast und Tee bei zugezogenen Vorhängen. Dann zog
sie ein paar Rollläden hoch und ging ins Gewächshaus, wo sie
sich fast andächtig mit Knollen, Zwiebeln und Ablegern beschäf-
tigte. Mit den Händen lockerte sie die Erde, als kenne sie keine
Sorgen auf der Welt. Wenn sie sich mittags einigermaßen wiederhergestellt fühlte, bastelte sie an den Kameras herum. Nach-
mittags erwachten die weit entfernten Schauplätze der *Spiegel*-
Artikel zum Leben, aber dann wurde Gitte allmählich unruhig.
Ich sah, wie eine immer größere Abwesenheit in ihren Blick trat,
eine nicht zu stillende Unzufriedenheit. Nur mit dem ersten Gin
Tonic konnte sie diese Grübeleien hinter sich lassen. Eisklunker,
Zitronenschale, der weinrote Samt der Stunden – das waren unsere Abende.

Die Drinks brachten Gitte erst zurück zu mir und dann nach
und nach an einen Ort, zu dem nur sie allein Zutritt hatte. Im
Bett blieb mir nur ihre äußere Hülle. Aber der Körper, den ich
umarmte, hatte eine Verbindung zu ihrer Seele – daran glaubte

ich. Wenn ich mit ihr sprach, wusste ich, dass sie mich von ganz weit weg hören konnte. Und wenn ich ihr die Beine öffnete und in sie eindrang, dann rollte ihr Kopf manchmal auf dem Kissen in meine Richtung. Mit geschlossenen Augen sah ihr Gesicht meines an, und ich wusste, dass dort, wo sie im Traum gerade war, ihre Augen offen waren. Und auch ich war in der ein oder anderen Gestalt an jenem Ort, an dem sie gerade war, und Gitte sah mich zum ersten Mal an diesem Tag an. Das war die große Ironie – dass sie den Alkohol brauchte, um an den Ort versetzt zu werden, an dem wir uns einander rein und unverstellt nähern konnten. An diesem weit entfernten Ort wurde ihr Gesicht von der Glut erleuchtet. Ihre Hitze wärmte uns beide. Doch trotz all meiner Vorstellungskraft, trotz meines Einfühlungsvermögens konnte ich selbst diese Glut nie sehen. Es war, als würde man in Schwerin über den See hinwegblicken und die Lagerfeuer der anrückenden Russen sehen – wen das Feuer wärmte, würde sich erst bei Tagesanbruch herausstellen.

In dieser Nacht erwache ich aus einem dämmrigen Traum und merke, dass Prinz auf meiner Brust steht. Er bellt nicht, ist aber so angespannt, dass sich ihm das Fell sträubt. Ich folge seinem Blick vom Sofa zum Vorhang und sehe, dass sich draußen etwas schemenhaft bewegt. Der Blitz der Polaroid geht los, und ich springe auf.

Auf dem Rasen fasse ich meine in einen dicken Anorak gekleidete Tochter. »Nina?«, frage ich.

Erschreckt wendet sie mir das Gesicht zu. Sie hält etwas in der Hand.

»Nina, was hat das zu bedeuten?«, frage ich.

»Es tut mir leid, Papa«, sagt sie und legt ein kleines Päckchen auf den Rasen. »In meiner Wohnung sind zu viele Sachen von früher. Mama will sie nicht um sich haben.«

»Ach, die ganzen Päckchen kommen also von deiner Mutter?«

Nina antwortet: »Sie sagt, sie wird sich bei dir melden, wenn sie den neunten Schritt erreicht hat.«

»Den neunten Schritt?«, frage ich. »Was soll das denn heißen, ›den neunten Schritt‹? Bei welchem Schritt ist sie jetzt?«

Meine Tochter wirft einen Blick hinüber zur Straße, wo ein Auto mit laufendem Motor wartet. Jemand sitzt darin.

»Ist das Gitte?«, frage ich. »Sitzt deine Mutter da im Auto?«

Meine Tochter weicht zurück. »Ich wünschte auch, es würde anders laufen«, sagt sie. »Sie schreibt dir demnächst, sobald sie so weit ist. Jetzt muss sie sich erst mal erholen.«

Ich mache einen Schritt auf Nina zu. »Erholen wovon?«, frage ich. »Geht es wieder um den Krieg? Oder wie die verdammten Nonnen sie behandelt haben?«

Meine Tochter fängt an zu laufen. »Es tut mir wirklich leid, Papa. Ich muss jetzt los.«

Ich laufe ihr hinterher und verstelle ihr den Weg. »Ist es wegen ihrem Freund, dem Fotografen? Hat der sie gegen mich aufgehetzt?«

Nina schüttelt den Kopf und versucht, an mir vorbeizukommen. Aber ich lasse sie nicht.

»Reden die irgendwelchen nüchternen Quatsch miteinander?«, bedränge ich sie. »Oder hat er sie verlassen und sie muss sich davon erholen?«

Meine Tochter tut, als hörte sie mir nicht zu, aber ich weiß, dass ich nah dran bin.

»Der Fotograf hat sie schlecht behandelt, stimmt's? Er hat sie sitzen lassen, und jetzt hat sie niemanden mehr. Jetzt ist sie mutterseelenallein, stimmt's?«

»Es gibt keinen Fotografen!«, antwortet meine Tochter aufgebracht. »Es geht um dich! Sie muss sich von dir erholen.«

»Von mir?«

»Weißt du das denn nicht mehr?«, fragt sie. »Hast du wirklich alles vergessen?«

»Ich denke ständig an die Vergangenheit – an früher, als wir noch eine Familie waren.«

»Und was ist mit dem Milchwagen?«, will sie wissen. »Denkst du daran noch?«

»Was?«

Nina zeigt auf die Straße, wo meine Frau wartend im Auto sitzt.

»Früher, als ich klein war, fuhr immer der Milchwagen durch unsere Straße«, sagt sie. »Keiner hat mir verraten, dass er gar keine Milch transportiert hat, dass es in Wirklichkeit ein getarnter Gefangenentransporter war, der neue Häftlinge gebracht hat. Bürgerrechtler, Studenten, Jugendliche. Leute, die kurz danach nackt ausgezogen und misshandelt wurden, denen alles weggenommen wurde.«

»Ja, aber das hatte doch nichts mit uns zu tun!«, entgegne ich. »Ich rede von unserer Familie. Du redest von der Arbeit. Es war meine Pflicht, und die hatte ich zu erfüllen.«

»Du hast mir Handschuhe geschenkt!« Den Satz spuckt sie mir fast ins Gesicht. »Ich habe sie ständig getragen, sie überall stolz herumgezeigt, wie weich sie waren und wie toll sie passten! Wie sollte ich denn wissen, woher sie stammen? Warum hat mir nie jemand verraten, dass sie einem jungen Mädchen wie mir weggenommen worden waren, einem Mädchen, das in eure Anstalt verschleppt worden war? Das war kriminell!«

Sie wendet sich ab und läuft davon.

Meine Tochter flüchtet vor mir. Und meine Frau fährt das Fluchtauto.

Ich sitze am Esstisch und starre das Polaroid von meiner Tochter an, die sich hinunterbeugt, um das Päckchen bei mir auf den Rasen zu legen. Sie wirft einen argwöhnischen Blick hinüber zum Haus, in dem ich liege und schlafe. Zu ihrem eigenen Elternhaus, dem Haus, in dem sie aufgewachsen ist!

»Es war nicht kriminell«, sage ich zu Prinz.

Dann nehme ich das Päckchen in die Hand. Mein kleiner Hund ist ganz nervös. Er steht auf seinem Hocker und blickt mit feuchtglänzenden Augen und hechelnder Zunge zwischen mir und dem Päckchen hin und her.

Ein Gefängnis ist kein angenehmer Ort, das weiß jeder. Wahrscheinlich ist es für Frau und Tochter einfacher, wenn man Bauer oder Schlagersänger ist. Aber irgendjemand muss ja wohl so eine Anstalt leiten, irgendjemand muss auch die unangenehmen Aufgaben übernehmen. Mit Eltern, die nicht in der Partei waren, durfte ich nicht auf die Uni, wo ich doch so gern studiert hätte. Und Nina vergisst auch gern, dass sie ihren schönen Studienplatz allein meiner Stellung zu verdanken hatte.

Ich schneide die Strippe durch und reiße das Packpapier auf.

In der kleinen Schachtel befindet sich ein Paar Kalbslederhandschuhe. Es war keine große Sache – ich habe sie einfach in der Kiste mit den Fundsachen liegen sehen und gedacht, sie könnten meiner Tochter passen.

Außerdem liegt noch ein Füller mit in der Schachtel. An den kann ich mich gut erinnern. Der wäre ein gefundenes Fressen für den Museumsleiter. Wir fanden ihn bei einer abweichlerischen Schriftstellerin. Sie können sich vielleicht denken, wer es ist, sie hatte ein Verhältnis mit einem anderen berühmten Dissidenten, einem russischen Schriftsteller, und das war der Füller, den er im Gulag selbst gemacht und ihr nach seiner Freilassung geschenkt hatte. Der Füller ist schwer und aus Kochtopfeisen geschmiedet. Russische Gefangene durften Schreibwerkzeuge benutzen, die sie aber meist zur Selbstverteidigung einsetzten. Die Ironie war natürlich, dass mit *diesem* Stift tatsächlich ein Roman geschrieben wurde.

Ich nahm den Füller mit nach Hause, und Nina war sofort Feuer und Flamme für das Ding, deswegen habe ich ihn ihr geschenkt. Sie hat all ihre Aufsätze in der Schule damit geschrieben. Sagen Sie selbst – wenn mit dem Füller etwas nicht in Ordnung war, wie kann es dann sein, dass Nina immer so gute Noten hatte? Wenn ich so ein schrecklicher Vater war, wie kommt es, dass Nina im Singen und Tanzen und überhaupt in der Schule so gut war und dass sie in drei Schultheateraufführungen nacheinander die Hauptrolle spielen durfte?

»So mies war ich als Vater nun wirklich nicht«, sage ich zu Prinz. »Ich war kein schlechter Mensch.«

Ich lege die Handschuhe und den Füller und den Aschenbecher und den Armreif beiseite. Den Schlüsselbund wiege ich in der Hand. Prinz schnüffelt einmal daran. »Ich bin kein Verbrecher«, sage ich. Ich sehe mir einen Schlüssel nach dem anderen genau an und versuche mich bei jedem an die Tür zu erinnern, die man damit öffnen kann.

Ich beschließe, mich auf das Video einzulassen, aber auf meine Art. Die Vorbereitungen dauern einen ganzen Tag. Damit man mich nicht erkennt, kaufe ich mir eine Weste und ein neues Hemd, beides sehr modisch. Als Nächstes lege ich mir ein Toupet zu und bin erstaunt, wie natürlich es aussieht. Als i-Tüpfelchen erstehe ich noch eine Sportkappe. In einem Elektronikmarkt lasse ich mir eine Brille mit einer am Gestell befestigten Miniaturkamera zeigen. Damit kann man mehrere Stunden lang filmen – sie zeichnet alles in meinem Blickfeld auf und ist praktisch unsichtbar.

Am nächsten Morgen sehen Prinz und ich auf dem Bürgersteig gegenüber der Genslerstraße 66 zu, wie die Reisebusse mit den Schulklassen darin vorfahren. Schließlich hält ein Kleinbus, und die Schüler, die aussteigen, tragen alle die gleichen Jacken eines Musikvereins.

Prinz und ich gehen auf den Bus zu. Der Fahrer sitzt auf einem der Pflanzkübel mit Gedenkstein und raucht.

»Und, wo kommen Sie her?«, frage ich.

»Zwickau«, antwortet der Fahrer.

»Wie lang dauert so eine Führung?«, frage ich.

»Anderthalb Stunden«, antwortet er.

Er wirkt abgehärmt und vom Leben enttäuscht, ist aber ordentlich rasiert und trägt einen Ehering.

»Ich bräuchte jemanden, der anderthalb Stunden lang auf meinen Hund aufpasst«, sage ich und halte ihm einen Zwanzig-Euro-Schein hin. »Sie müssen ja sowieso hier warten, oder?«

Er sieht den Hund an und nickt. Er nimmt das Geld.

»Sie müssen nur eins für mich tun«, sage ich und ziehe ein

Beutelchen Goldfischli aus der Tasche. »Der Hund muss alle drei Minuten ein Fischli als Belohnung bekommen.«

Der Fahrer nimmt die salzigen Leckerli kopfschüttelnd entgegen. »Berliner«, sagt er nur.

Ich knie mich vor Prinz hin. »Das hier muss ich alleine machen«, versuche ich ihm zu erklären.

Sein Blick wandert zwischen meinen Augen hin und her. Ich weiß, was er mir sagen will.

Ich kaufe mir eine Eintrittskarte und warte zusammen mit den Teenagern aus Zwickau im Arbeitshof. Wahrscheinlich alles Kinder von Fabrikarbeitern im Autowerk. Auf ihre identischen dunkelbraunen Jacken sind goldene Noten aufgestickt. Ein Gedenkstättenführer kommt auf uns zu, ein Mann um die vierzig. Er muss seine Haare irgendwie gestylt haben, weil sie seltsam vom Kopf abstehen, und er wirkt ein wenig verkatert. Was für ein Leben – ein fettes Monatsgehalt nur dafür, dass man ab und an mal eine Führung für eine Schulgruppe macht. Ich wette, er vertrödelt seine Zeit damit, Haschisch zu rauchen und Amimusik zu hören. Aber er geht auf eine Klasse mit Teenagern zu, denen man schon von weitem ansieht, dass sie aus irgendeinem Speckgürtel stammen, dem Taunus oder so – vorlaute, selbstzufriedene Bankerbabys mit glänzendem Notendurchschnitt, die schon auf dem Absprung in ein College in Kalifornien sind.

Eine Frau kommt auf unser Grüppchen zu. »Ich heiße Berta«, sagt sie. Sie ist eine unauffällig aussehende Frau um die sechzig mit slawischem Einschlag, kurzen Haaren und stoisch-mattem Blick. Berta lässt ihn über die Schüler gleiten, dann betrachtet sie ausdruckslos mich. Ich war immer der Ansicht gewesen, dass Frauen ihre eigene Haftanstalt haben sollten. Probleme gab es in der Hinsicht natürlich nicht. Vielleicht bin ich einfach altmodisch. Grünwald hatte mich wiederholt daran erinnert, dass alle Häftlinge derartig von den anderen abgeschirmt waren, dass im Grunde jeder in seinem eigenen Gefängnis saß. Wahrscheinlich hat es ihm einfach Spaß gemacht, Frauen zu verhören.

Berta kommt sofort zur Sache. Sie geht vor uns auf den Zellentrakt zu, wir folgen ihr. »Ich kam in einem als Lieferwagen getarnten Fahrzeug hier in der Untersuchungshaftanstalt Hohenschönhausen an. Dort fuhr er vor«, sagt sie und zeigt auf ein Stück Asphalt vor der früheren Lieferanteneinfahrt. »Früher stand an dieser Stelle ein Gebäude. Man konnte also vom Gefängnis nichts sehen, wenn man aus dem Lieferwagen stieg. Ich war stundenlang im Kreis herumgefahren worden, vermutete also, dass ich weit außerhalb Berlins war. Wichtigste Regel in Hohenschönhausen war es, dass die Häftlinge keinerlei Kontakt miteinander haben durften. In den nächsten zwei Jahren bekam ich keinen einzigen Menschen außer den Gefängniswärtern und den Vernehmern zu Gesicht. Es gab ein System von Warnleuchten, die dafür sorgten, dass auf den Gängen nie ein Häftling zufällig einem anderen begegnete. Als ich aus dem Lieferwagen stieg, leuchtete eine rote Lampe auf, was hieß, dass gerade ein anderer Gefangener durch den Zellentrakt geführt wurde. Ich wurde in die Knie gezwungen und musste in dieser schmerzhaften Position hocken bleiben.«

Ich muss lachen, weil ich an den armen Farbenblinden denke. Alle drehen sich nach mir um.

Wir treten durch die Stahltür in den muffigen Korridor. Den Geruch erkenne ich sofort wieder – den typischen Hohenschönhausen-UHA-Geruch, eine Mischung aus Putzmittel, Schifflack, Schallschutzplatten und den Rauch von Tausenden von Zigaretten. Es kommt mir einfach durch und durch falsch vor, dass ich von einem Häftling hier durchgeführt werde. Ich muss an eine Gefangene denken, die sich irgendwie eingebildet hatte, dass Hohenschönhausen keine Haftanstalt, sondern eine Filmkulisse war. Wenn es ihr nicht passte, was man zu ihr sagte, schrie sie einfach: »Und Schnitt!« Und wenn sie das Gefühl hatte, dass sich ein Verhör in die falsche Richtung bewegte, wiederholte sie einfach ständig: »Und jetzt nochmal von vorn!«

Wir steigen durch das vergitterte Treppenhaus nach oben, aber bevor wir hinaus auf den Gang im ersten Stock treten können, signalisiert Berta, dass wir stehen bleiben sollen. Die Jugendlichen blicken im Treppenhaus zu ihr hoch.

»An dieser Stelle lege ich immer eine kurze Gedenkpause ein«, sagt Berta. »Um der Toten zu gedenken.«

Die Schüler stammen aus ordentlichen Arbeiterfamilien. Sie neigen gehorsam die Köpfe.

Ich halte den Blick weiter eingehend auf Berta gerichtet, damit meine Videoaufnahme nicht verwackelt.

»Und welcher Toten gedenken Sie hier?«, will ich wissen. »Ganz allgemein?«

»Ich gedenke an dieser Stelle derer, die nicht lebend aus dem Gefängnis herausgekommen sind. Sie können nicht mehr für sich selbst sprechen.«

»Die Mortalitätsrate war hier nicht höher als in der restlichen DDR«, sage ich.

»Das stimmt nicht«, entgegnet sie. »Bei jungen Menschen war es fünf Mal so wahrscheinlich, dass sie hier drin zu Tode kamen als draußen.«

»Wenn Sie Gefangene mit der Durchschnittsbevölkerung vergleichen, dann schon«, entgegne ich. »Aber in dieser Anstalt waren Klassenfeinde, Feindagenten, Kriminelle und Selbstmordkandidaten untergebracht. In dieser Bevölkerungsgruppe war die Mortalitätsrate innerhalb und außerhalb des Gefängnisses dieselbe.«

Berta taxiert mich stoisch.

»Haben Sie denn jemals miterlebt, wie hier ein Häftling zugrunde gegangen ist?«, frage ich. »Oder haben Sie hier jemals jemanden leiden sehen?«

»Ich habe hier *überhaupt* keine anderen Häftlinge gesehen«, antwortet sie. »Ich erzähle hier einzig und allein von meiner eigenen Erfahrung.«

»Na, das stimmt aber nicht so ganz. Als Führerin machen Sie sich doch zur Stimme der gesamten Haftanstalt.«

»Eine der traurigen Gesetzmäßigkeiten von Gräueltaten ist doch«, sagt sie, »dass diejenigen, die sie wirklich am eigenen Leib erfahren haben, nicht mehr da sind, um darüber zu sprechen. Wir versuchen nicht, das Wort für sie zu ergreifen, sondern gedenken schweigend ihres Leidens.«

Es juckt mir in den Fingern, etwas zum Wort »Gräueltaten« zu sagen, aber die Schüler beäugen mich bereits unruhig, und ich will nicht die ganze Gruppe gegen mich aufbringen. Wir legen unsere Schweigeminute ein.

Während wir danach langsam weiter durch den Trakt gehen, lässt Berta sich endlos darüber aus, wie schlecht sie in der Haft behandelt worden sei – dass das Licht immer brannte, das Gefühl völliger Isolation, der Schlafentzug. Sie hält die blauen Pantoffeln und die unförmige blaue Uniform hoch, die die Häftlinge tragen mussten. Auf dem Gang müssen wir dann so laufen wie früher die Insassen: mit gespreizten Beinen, Hände auf dem Rücken und gesenktem Kopf. Sie zeigt auf den Signaldraht an der Wand, an dem das Wachpersonal ziehen und das Ruhigstellungskommando zu Hilfe rufen konnte.

Als wir durch den Osttrakt gehen, bleibt einer der Jugendlichen vor einer Tür stehen, die noch stärker verriegelt ist als die anderen. Auf seine Jacke ist der Name *Matthias* aufgestickt.

Mit überraschend männlich tiefer Stimme fragt Matthias, auf die Tür deutend: »Und was ist dahinter?«

»Das ist eine der Gummizellen«, sagt Berta.

»Das?«, erwidere ich. »Das ist eine Besenkammer.«

Matthias blickt fragend zwischen Berta und mir hin und her.

»Die Kammer ist völlig unwichtig«, erkläre ich ihm. »Darin wurden Schrubber und Scheuerlappen aufbewahrt, mit denen nach Vorfällen sauber gemacht wurde.«

Der Junge zeigt auf die vielen Riegel an der Tür: »Warum dann der Sicherheitsaufwand?«, will er wissen.

»Hier drin kann selbst der harmloseste Gegenstand als Waffe oder Fluchtwerkzeug benutzt werden«, erläutere ich.

Berta versucht, die Autorität wieder an sich zu reißen. »Alle Zellen hier dienten der Bestrafung«, sagt sie.

Ich gehe die Schlüssel an meinem dicken Schlüsselbund durch, bis ich den richtigen gefunden habe. Vor aller Augen schließe ich die Tür auf. Ich kann Ihnen nicht sagen, wie befriedigend das ist, so ein Schloss aufschnappen zu hören, das Knirschen, als ich die

Türriegel zurückziehe. Einen Augenblick lang lausche ich dem Echo, das durch den Trakt hallt. Dann mache ich die Tür auf. Dahinter befinden sich ein Ausguss, ein Eimer und auf einem Regal eine einsame Flasche Putzmittel.

Ich frage Berta: »Sind Sie wirklich zur Leitung dieser Führungen qualifiziert?«

»Und was hat Sie zur Leitung dieses Gefängnisses qualifiziert?«, fragt sie zurück. »Haben Sie Kriminalistik studiert? Haben Sie ein Buch über Gefängnisverwaltung geschrieben?«

Die Schüler drehen sich zu mir um.

Die Frage lässt sich leicht aus meinem Video herausschneiden, deswegen antworte ich gar nicht erst.

»Wir waren immer gut mit Reinigungsmitteln ausgestattet«, erzähle ich den Schülern. »Wegen der Intellektuellen. Wie Sie sich inzwischen vermutlich denken können, habe ich früher hier gearbeitet. Die Intellektuellen hatten es am schwersten. Immerzu wurden sie von Fragen nach dem Wie und Warum geplagt. Sie haben endlos mit ihrem Schicksal gehadert und die Zellenwände mit Protestsprüchen gegen die angebliche Absurdität und Ungerechtigkeit vollgeschmiert. Natürlich gab es nur eine Antwort auf ihre großen philosophischen Fragen: Sie hatten sich gegen unseren Staat verschworen und jetzt mussten sie dafür büßen.«

»Als ich hier einsaß, bekam ich zwei Jahre lang keinen Stift und kein Papier und kein Buch in die Hand«, kontert Berta.

Hat die nie aufgehört sich aufzulehnen, frage ich mich. Hat die sich nie einfach in die Routine gefügt und sich damit das ein oder andere Sonderrecht verdient?

Berta führt uns weiter. Jetzt geht es in Grünwalds Reich – den Trakt mit den Verhörzimmern.

Wir gehen an völlig gleich aussehenden Räumen vorbei, bis wir vor der Nummer 124 stehen bleiben.

»Das war mein Verhörzimmer«, erzählt Berta. »Ich bekam eine Kapuze übergestülpt und wurde regelmäßig hierhergebracht und endlos nach meinen Ansichten, Bekanntschaften, Komplizen und angeblichen Verbrechen ausgequetscht.«

Ich frage Berta: »Was hatten Sie sich denn zuschulden kommen lassen?«

Sie bleibt stehen und sieht mich an, direkt in die Kamera.

»Neunzehnhundertfünfundsiebzig rannten mein Mann und ich mit einer Fensterputzerleiter zur Mauer. Es war kurz vor Morgengrauen, gleich beim Potsdamer Platz. Heute steht dort ein Einkaufszentrum. Wir waren natürlich nicht so naiv zu glauben, dass es ein Kinderspiel sein würde, aber als wir dann oben von der Mauer auf den siebzig Meter breiten Todesstreifen mit elektrischem Zaun schauten, das war dann doch etwas anderes. In den Hundelaufanlagen patrouillierten bissige Dobermänner. Und dann kam natürlich erst die eigentliche Mauer. Aber wir wollten unbedingt weg und versuchten, über den Todesstreifen zu kommen. Es fielen Schüsse, mein Mann wurde getroffen. Mich brachten die Hunde zu Fall.«

Ein Mädchen fasst an das Kreuz, das an ihrem Hals hängt. Auf ihrer Jacke ist der Name *Katja* eingestickt.

»Aber warum wollten Sie denn unbedingt fliehen?«, fragt Katja.

Berta und ich sehen einander an. Die jungen Leute von heute wissen so wenig über die damalige Zeit. Statt einer Antwort lüftet Berta nur die Abdeckung des Türspions, damit die Schüler einer nach dem anderen in den Stasi-Verhörraum spähen können.

»Darf ich?«, frage ich. Ich öffne die Tür mit einem Generalschlüssel.

Vor uns stehen ein Stuhl mit hoher Lehne, ein großer Schreibtisch und ein Hocker.

Als ein Junge eintreten will, hält Berta ihn zurück.

»Diesen Raum betreten wir bei der Führung nicht«, sagt sie.

»Für mich sieht das so aus, als ob man sich hier drin ganz normal unterhalten hätte«, sage ich. »Mir sieht das nicht nach Folter aus.«

Berta sieht den Hocker nervös an. »Und damit sind wir dann mit diesem Teil der Führung am Ende«, sagt sie.

Ich versuche die Schüler auf meine Seite zu ziehen: »Wie kann Reden denn Folter sein?«

Berta starrt geistesabwesend in den Raum. »Wenn man tagelang nicht geschlafen hat«, sagt sie mit leiser Stimme. »Wenn man stundenlang verhört wird, in Schichten, wenn man gesagt bekommt, dass man seine Familie nie mehr wiedersehen wird, dass der Vater rausgeschmissen worden ist und die Schwester den Studienplatz verloren hat. Wenn sie dir sagen, dass dein Mann seinen Schusswunden erlegen ist, dabei lebt er noch, ist zwei Jahre lang im selben Gefängnis wie du, und du erfährst nichts davon. Wenn einem die eigene Sterbeurkunde gezeigt wird, in der schon alles ausgefüllt ist außer dem Datum, und als besonderes Entgegenkommen fragen sie, an welchem Tag man gerne sterben würde. Und wenn man dann endlich sagt, dass man alles gesteht, was sie hören wollen, dann wird man runter ins U-Boot geschickt.«

Berta wischt sich die Tränen ab und geht allein weiter durch den Flur.

Die Schüler sehen einander verunsichert an.

Wir folgen Berta. Ich finde auch, niemandem sollte die eigene Sterbeurkunde gezeigt werden. Und eine Frau sollte nicht von ihrem Mann getrennt werden. Sicher, die Frau war straffällig geworden, aber das heißt noch lange nicht, dass ich kein Mitleid mit dem habe, was sie danach durchgemacht hat. Aber als wir zu ihr aufgeholt haben, ist die Traurigkeit aus ihren Augen verschwunden. Dramatisch zitiert Berta, rückwärts gehend, verschiedene Studien über Folterer und ihre Opfer. Dann schaltet sie auf Talkshowformat um, sülzt von Gnade und Mitgefühl und wirft ein paar Gemeinplätze zum Thema Menschlichkeit mit ein. Beim Vorbeigehen an den Schalträumen redet sie die Verbrechen unserer Insassen schön und tut so, als wären diese eingesperrt worden, weil sie verbotene Gedichte gelesen, Protestkonzerte besucht oder heimlich Westfernsehen geguckt hätten.

Im Zellentrakt führt Berta uns zu Zelle Nummer 124, die offen steht.

»Ich war die 124«, sagt sie. »Zwei Jahre lang hatte ich keinen anderen Namen. Und dieses Loch hier war mein Zuhause.« Sie tritt nicht ein, und auch wir bleiben vor der Zelle stehen. Aus gebührender Entfernung zeigt sie auf die stahlverstärkte Tür, das Guckloch, die Kostklappe, die fleckige Decke, die Holzpritsche. »Man musste die ganze Nacht auf dem Rücken schlafen, Kopf und Hände über der Decke«, erzählt sie den Schülern. »Die Wärter schauten die ganze Nacht über immer wieder durch das Guckloch herein, und wenn man sich im Schlaf umgedreht hatte, wurde man bestraft.«

»Mit was für einer Strafe?«, fragt Katja.

»Je nachdem, das änderte sich im Laufe der Zeit«, antwortet Berta ihr. »Das konnte einfach bedeuten, dass das Licht nie ausgestellt wurde. Zu Beginn meiner Haftzeit waren es gynäkologische Untersuchungen.«

»Ich bitte Sie!«, unterbreche ich. »So etwas gab es bei uns nicht! Bei uns wurden die Vorschriften streng eingehalten. Jeder unserer Kollegen wäre für eine solche Ordnungswidrigkeit gerügt worden.«

Berta schenkt mir keinerlei Beachtung, sondern spricht weiter mit der Schülerin.

»Eine endlose Abfolge frauenärztlicher Untersuchungen«, sagt sie. »Bei mir in den ersten drei Wochen täglich. Einundzwanzig Mal das Spekulum.«

Katja fasst erneut an das Kreuz an ihrem Halskettchen.

»Das sind doch Hirngespinste«, sage ich. »So etwas hätte Doktor Werner nie zugelassen.«

Zu der Gruppe gewandt sagt Berta: »Wenn wir runtergehen ins U-Boot, werden Sie sehen, dass es noch schlimmere Strafen gab.«

»Das U-Boot wurde nicht als Bestrafung eingesetzt«, kontere ich. »Es war Teil des Verhörvorgangs.«

Berta ignoriert mich einfach. »Als Nächstes kommen wir in den Krankenhaustrakt. Da können Sie sich selbst ein Bild davon machen, wie es hier um die medizinische Versorgung bestellt war.«

Ich strecke ihr den Aufkleber an meinem Revers entgegen.

»Ich habe den vollen Eintrittspreis bezahlt!«, sage ich. »Ich gehöre auch zur Gruppe!«

»So ist es«, erwidert Berta. »Und die Führung geht jetzt weiter.«

»Aber wir sind hier noch nicht fertig«, sage ich und betrete die Zelle Nummer 124. »Ist doch gar nicht so schlecht hier drin«, verkünde ich. »Es gibt wesentlich kleinere Räume auf der Welt. Hier kann man sich strecken und sogar ein paar gymnastische Übungen machen.«

»Das finden Sie geräumig?«, fragt Berta.

»Na, das Kempinski ist es nicht«, sage ich. »Aber ein Loch kann man das ja nun wirklich nicht nennen!«

»Und wie finden Sie den Raum jetzt?«, fragt Berta und macht die Tür hinter mir zu.

Ich höre, wie das Schloss einschnappt. Als ich aufmachen will, sehe ich, dass die Tür innen keine Klinke oder irgendetwas zum Greifen hat.

»Was soll das?«, frage ich.

»Kommt Ihnen die Zelle immer noch geräumig vor?« Bertas Stimme wird durch die dicke Stahltür gedämpft.

Es ist seltsam, wenn man eine Tür aufmachen will und sie nicht zu fassen bekommt. Ich fahre mit den Händen über das Türblatt, finde aber nicht den geringsten Halt, so dass ich nicht einmal daran rütteln kann.

Ich spreche in die Tür. »Von mir aus, ich hab's kapiert.«

»Wirklich?«, kommt es gedämpft zurück. »Wirkt die Zelle jetzt nicht irgendwie anders?«

Ich werfe einen Blick über die Schulter auf die Holzpritsche, die stockfleckigen Wände, die Toilette ohne Sitz oder Deckel.

»Die Zelle ist noch dieselbe wie vorher«, antworte ich. »Und jetzt machen Sie auf.«

Sie antwortet nicht.

Ich sage: »Würden Sie jetzt bitte die Tür wieder aufmachen?«

Sie gibt keine Antwort. Ich lege mein Ohr an das Metall, höre aber nichts.

»Hallo«, rufe ich. »Sind Sie noch da?«

»Ich weiß, wer Sie sind«, sagt Berta. »Ich erinnere mich an Sie.«

Jetzt gebe ich keine Antwort mehr.

»Erkennen Sie mich?«, fragt sie.

»Das hier ist nicht Teil der Führung!«, rufe ich aufgebracht. »Ich erwarte, dass diese Tür umgehend geöffnet wird!«

»Ich kann die Tür nicht aufmachen«, sagt sie. »Ich habe keinen Schlüssel.«

Mühsam gehe ich auf die Knie und schaue durch die Kostklappe hinaus. Ich kann die Turnschuhe der Schüler und Bertas Waden unterhalb des Rocksaums sehen. Sie hat eine kleine Tätowierung in Form eines Schmetterlings. Ich fasse durch die Klappe und strecke ihr meinen Generalschlüssel hin. Lange halte ich den Schlüsselbund so, aber er wird mir nicht abgenommen.

»Zuerst will ich wissen, an was Sie sich erinnern«, sagt Berta.

»Ich brauche mich nicht an die Vergangenheit zu erinnern«, erwidere ich. »Ich weiß noch genau, wie es war.«

»Wenn das Gefängnis so harmlos war, warum hat sich Erich Mielke dann über die Haftbedingungen beschwert, als er als Letzter hier eingesperrt wurde?«, will Berta wissen.

Ich versuche, durch die Kostklappe nach draußen zu spähen.

»Warum kommen Sie immer wieder her, wenn diese Anstalt so schrecklich war?«, frage ich zurück.

»Ein Teil von mir wurde mir hier entrissen«, sagt sie. »Und den versuche ich wiederzubekommen.«

Darauf fällt mir eine schlagfertige Antwort ein, aber die hebe ich mir für den Kommentar in dicken roten Buchstaben in meinem Video auf.

»Was Sie gerade tun, ist illegal«, sage ich mit fester Stimme. »Ich bin kein Verbrecher. Und Sie können mich nicht wie einer behandeln.«

Der Schlüsselbund wird mir aus der Hand genommen. Eine Besonderheit an diesen Zellen ist, dass die Lichtschalter alle draußen auf dem Gang sind. Das fällt mir in dem Augenblick wieder ein, in dem es dunkel in der Zelle wird. Und dann höre ich die Schritte der sich entfernenden Gruppe. Ich schreie nicht und trommele nicht gegen die Tür. Den Gefallen werde ich Berta nicht tun. Ich stehe auf und taste mich mit ausgestrecktem Arm durchs Dunkel. Ich kenne diese Zellen zwar in- und auswendig, aber trotzdem stolpere ich über irgendetwas und wäre um ein Haar gestürzt. Endlich finde ich das schmale Holzbett. Auf meinem Video wird nichts zu sehen sein, nur eine schwarze Passage, aber ich weiß nicht, wie man die Brille ausstellt. Wie konnte es nur so weit kommen, frage ich mich. Welche Demütigungen muss ich noch über mich ergehen lassen, wenn ich jetzt schon in meiner eigenen Haftanstalt eingesperrt bin?

Und dann denke ich an Gittes Vater, der gespürt hatte, dass seine Familie bald auseinandergerissen würde und in einem ihrer letzten schönen gemeinsamen Momente beschloss, zur Tat zu schreiten und die Bombe zu ergreifen. Was mag unser Augenblick gewesen sein? Ich lasse sämtliche Feiertage und wichtige Stationen in der Schule auf der Suche nach einem solchen Ereignis vor meinem inneren Auge Revue passieren.

Ein Familienausflug fällt mir ein. Wir waren mit unserem himmelblauen Trabi in den Feldern und Wäldern bei Cottbus unterwegs. Gitte hatte eine alte Praktica dabei, die sie ausprobieren wollte. Vom Auto aus wies ich immer wieder auf schöne Picknickplätze hin. Keiner davon gefiel ihr. Schließlich wollte Gitte an einer Stelle mit Müll und alten Reifen anhalten. Doch als wir parkten und ausstiegen, sah ich, wie schön das Licht zwischen den Bäumen hindurchfiel, und einen schönen Hintergrund aus glitzerndem Granit, wenn man nur in die richtige Richtung schaute. Gitte schraubte die Kamera aufs Stativ und stellte den Selbstauslöser ein. Dann rannten wir drei los und setzten uns auf einem gefällten Baumstamm in Positur. Ich bürstete die Schulterklappen meiner Uniform ab, Gitte toupierte ihre Haare. Nina saß bei uns auf den Knien. Der Selbstauslöser tickte. Wir lächelten unser schönstes Fotolächeln und warteten; der Selbstauslöser tickte. Wir sahen einander mit unserem aufgesetzten Lächeln an und verdrehten die Augen, und der Selbstauslöser tickte immer noch.

Nina fing an zu prusten, weil wir so albern aussahen, und dann lachten wir alle aus vollem Hals. Die Kamera löste einfach nicht aus, was die Situation nur noch lustiger machte, und das Foto wurde nie geschossen. Aber genau das war der Augenblick. Nina, die auf unseren Knien wippte. Gitte, die den Kopf vor Lachen in den Nacken geworfen hatte. Ich mit meiner Familie. Das war der Augenblick, in dem man den Backstein anheben, Schwung holen und die Bombe hätte hochjagen sollen.

Nach kurzer Zeit höre ich Schritte und einen Schlüssel im Schloss.

Als die Tür aufgeht, blickt Berta mich an.

»Ich dachte, Sie hätten mich vergessen«, sage ich.

Selbst gegen das grelle Licht auf dem Flur sehe ich ihrem Gesicht an, dass es ihr niemals möglich sein wird, mich zu vergessen.

»Das war nicht richtig von mir«, sagt sie. »So bin ich nicht, und an so etwas glaube ich auch nicht.«

»Ich will ganz aufrichtig mit Ihnen sein«, entgegne ich. »Ich war im Laufe der Jahre für sehr viele Häftlinge verantwortlich. Es tut mir leid, aber ich erinnere mich nicht an Sie.«

»Verständlich«, sagt sie und streckt mir den Schlüsselbund hin. »Da, den will ich nicht haben.«

»Ich wünschte wirklich, ich könnte mich an Sie erinnern«, versichere ich ihr. »Aber vielleicht ist es besser, dieses Kapitel hinter uns zu lassen.«

Sie nickt. »Wenn Sie das glauben, warum lassen Sie es dann nicht auf sich beruhen? Ich habe Sie beim Gassigehen mit Ihrem kleinen Hund gesehen. Warum gehen Sie nicht einfach nach Hause und vergessen das alles hier?«

Ich nehme den Schlüsselbund entgegen. Sie kehrt zu ihrer Gruppe zurück. Ich beschließe, ihren Rat zu befolgen.

Als ich hinaus auf den Hof trete, höre ich die Jugendgruppe singen. Sie stehen im Kreis um den Gedenkstein in seiner Mitte herum und singen »Ins Wasser fällt ein Stein«.

Das ist das Video, das sie von ihrem Ausflug posten werden.

Ja, denke ich, *Prinz hat lange genug auf mich gewartet.*

Doch als ich auf den Ausgang zugehe, höre ich, dass Berta mit der Jugendgruppe als Nächstes ins Haftkrankenhaus will. »Und jetzt geht's ins Gruselkabinett!«, ruft sie mit ungeduldiger, fast zorniger Stimme. Ich bleibe stehen, sehe den Schülern hinterher, die einer nach dem anderen eintreten, und höre selbst draußen auf dem Hof noch, wie sie auf die Metallringe an den Wänden hinweist, an denen die Kranken angeblich mit Handschellen gefesselt wurden, die Wartebuchten, in denen die Rollstühle festgekettet waren. Als Nächstes wird sie wieder mit den ihrer kranken Phantasie entstammenden Untersuchungen anfangen. Sie wird das Gewäsch über Dr. Werner zum Besten geben, der die Patienten angeblich nur so weit wiederhergestellt hat, dass sie weitere Vernehmungen durchstehen konnten.

Das kann ich nicht unwidersprochen lassen. Ich gehe durch den Korridor in ein blau gekacheltes Behandlungszimmer, in dem die Jugendlichen um einen einsamen Untersuchungstisch herumstehen und mit aufgerissenen Augen die Sicherungsbügel mit den speckigen Lederschnallen betrachten. Berta wirkt überrascht, als sie mich sieht, aber sie macht mit noch mehr Elan weiter.

»Und so arbeitete Dr. Werner den Vernehmungsbeamten direkt zu«, sagt sie, »indem er ihnen mitteilte, wie viel an Misshandlung der Insasse noch aushalten konnte.«

Ich verschränke die Arme vor der Brust. Sehr ruhig sage ich: »Und jetzt wird es Zeit, dass hier endlich mal Vernunft und gesunder Menschenverstand einziehen. Schluss mit diesen Lügen.«

Berta schenkt mir keine Beachtung, sondern führt die Gruppe einfach weiter in den Operationssaal. Die Teenager erschrecken, als sie sehen, in was für einem Zustand er sich befindet. Dramatisch berichtet Berta von ihren Erfahrungen auf der Krankenstation. Sie krempelt die Ärmel hoch, um die weißen Wülste zu zeigen, die sie von den Hundebissen davongetragen hat. Die Art, wie sie redet, wirft auf alles ein düsteres Licht – die an einem Haken hängende Bleiweste, die gelb angelaufenen Schläuche eines Inhalationsgeräts, der angerostete Schwenkarm einer großen Deckenleuchte.

Ich frage Berta: »Aber sind Sie denn nicht aus freien Stücken über die Mauer geklettert und dort von Wachhunden angefallen worden?«

Sie gibt mir einfach keine Antwort, sondern scheucht die Schüler weiter in einen leeren, rosa gekachelten Raum, als flüchte sie vor einem Ungeheuer.

»An dieser Stelle befand sich die Teuflischste aller Stasi-Erfindungen«, sagt Berta. »Es gibt sie nicht mehr, weil die Stasi Angst hatte, sie könnte entdeckt werden, deshalb sind nur noch diese vier Löcher im Boden übrig.«

Die Schüler scharen sich um die Schraubenlöcher.

»An dieser Stelle befand sich ein Gerät, mit dem die Gefangenen verstrahlt wurden.«

»Das ist jetzt nicht Ihr Ernst«, unterbreche ich. »Dieser Raum war die Krankenhausapotheke. Setzen Sie den armen Kindern doch nicht solche absurden Ideen in den Kopf.«

»Aber es stimmt doch? Oder wollen Sie etwa leugnen, dass Untersuchungshäftlinge von der Stasi mit radioaktiven Substanzen verseucht wurden? Wollen Sie leugnen, dass es die Wasserfolterzelle gab?«, fragt Berta. »Wie kann sich jemand eine völlig lichtlose Isolationszelle ausdenken, in der man tage- und stundenlang stehen muss?«

»Diese Zellen waren ein notwendiger Bestandteil des üblichen Verhörvorgangs, nichts weiter«, sage ich. »Außerdem war keiner von denen unschuldig, die da rein mussten.«

»Niemand war unschuldig?« Sie sieht mich herausfordernd an. »Warum haben Sie dann ein Jahr mit dem Schreddern von vielen tausend Häftlingsakten verbracht, wenn darin nur normale Fragen und Geständnisse von Schuldigen zu finden waren?«

»Die Antwort kennen Sie doch«, antworte ich. »Hier und da werden auch unschuldige Personen namentlich erwähnt – Vernehmungsbeamte, Informanten, inoffizielle Mitarbeiter.«

»Und wo ist das Bestrahlungsgerät dann?«, fragt sie. »Warum ist es nicht mehr da?«

»Weil es nie existiert hat.«

»Und warum sind dann Rudolf Bahro, Jürgen Fuchs, Klaus Wiheling und Gerulf Pannach alle an einem seltenen Blutkrebs gestorben, nachdem sie hier in Untersuchungshaft gesessen haben?«

»Als meine kleine Tochter vom Fahrrad gefallen ist, habe ich sie hier behandeln lassen«, erzähle ich der Gruppe. »Dr. Werner hat ihr den gebrochenen Knochen gerichtet. Er hat ihr Kinderärmchen in einen Gipsverband gepackt. Er war geduldig und liebevoll. Er hat sogar auf ihrem Gips unterschrieben – alle anderen Stasi-Leute auch. Es gab hier keine Bestrahlungsmaschine. Was Sie da andeuten, ist der Diskussion nicht wert. Es ist einfach nur absurd.«

»Einige Häftlinge haben davon berichtet, dass sie in diesen Raum gebracht wurden. Sie beschreiben, wie ein Gerät auf ihre Brust gerichtet wurde.« Berta gibt sich einfach nicht geschlagen.

Ich hebe die Arme. »Das reicht«, verkünde ich. »Diese Führung ist jetzt beendet.«

Berta widerspricht: »Von wegen. Jetzt kommt das U-Boot.«

Ich habe keinerlei Verlangen, ins U-Boot hinabzusteigen. Prinz wartet bestimmt schon auf sein Würstchen, das ich mir um diese Uhrzeit normalerweise mit ihm teile. Und danach kommt er sonst immer mit der Leine im Maul zu mir gelaufen. Aber ich starre weiter auf die vier Löcher im Boden. Viel lieber würde ich das Video damit beenden und zu meinem normalen Tagesablauf zurückkehren, aber es ist es nun mal so, dass die Pflicht uns manchmal Dinge abverlangt, die wir lieber nicht tun würden.

Ich folge der Gruppe über den Hof und steige mit ihnen die Kellerstufen hinunter.

Unter der Erde ist es düster und riecht nach Metall.

Im Licht der Neonröhren sehen wir unseren Atem.

Als wir an lichtlosen Verliesen und schwarz gepolsterten Gummizellen vorbeigehen, ist das einzige Geräusch das Echo unserer Schritte. Berta schweigt, als sie uns einen nach dem anderen in eine fast komplett dunkle Verrenkungszelle führt. Der schwere

Holzblock des Verrenkungssitzes ist kaum zu erkennen. Ich fahre mit den Händen über das Holz, das von Menschenkörpern glatt poliert worden ist.

Als wir auf die Wasserzellen zugehen, beginnt Berta wieder zu sprechen.

»Ich habe keine Ahnung, wie lange ich hier unten war«, sagt sie. »Die Wasserzellen sind die reinsten Zeitmaschinen. Man steht nackt im Dunkeln, bis zu den Knöcheln im kalten Wasser, wie lange – wie viele Tage, eine Woche, zwei? Ein Augenblick nach dem anderen tickt dahin. Und weil man den Augenblick nicht ertragen kann, keinen einzigen, begibt man sich im Kopf an Orte, ganz weit entfernt.«

Als Berta am Ende des Zellentrakts angekommen ist, reißt sie eine Tür weit auf, zu einem völlig schwarzen Raum. Übler Geruch schlägt uns entgegen.

»Das war die Zelle, in die sie mich gesteckt haben«, sagt Berta.

Eins der Mädchen ist vom Anblick der Wasserzelle so bestürzt, dass sie laut anfängt zu schluchzen.

Ich drehe mich zu ihr um: »Na na, mein Kind, so schlimm ist es ja nun auch wieder nicht!«

Berta sieht mir ins Gesicht.

»Und was wäre eine angemessene Reaktion?«, fragt sie. »Wie reagiert man auf Folter?«

Ich knöpfe mir die Manschetten auf. »Sie behaupten also, Sie wären in genau dieser Zelle gewesen?«

Bei meinem bestimmten Tonfall verändert sich Bertas Gesichtsausdruck.

Ich werfe einen Blick nach oben und versuche, mir die Position des Wassersammelbehälters vier Stockwerke über mir vorzustellen. Mit dem Blick folge ich den alten Rohren, die unter der Decke in die Zellen führen. Ich suche an meinem Schlüsselbund, bis ich den Schlüssel ausfindig mache, mit dem das Absperrventil geöffnet wird.

»Was machen Sie da?«, will Berta wissen.

Es ist nicht ganz einfach, aber es gelingt mir, den Schlüssel in das alte Schloss zu zwängen. Mit beiden Händen umfasse ich den Griff am Ventil und schaffe es mit ganzer Kraft, das Ventil ein Stückchen zu öffnen. Sofort sprüht eine Fontäne rostiges Wasser in die Zelle. Ich schließe es und knöpfe meine Weste auf.

»Unerfreulich, zugegeben«, sage ich. »Aber ich werde Ihnen zeigen, dass so was hier keine Folter ist.«

»Ich weiß nicht, was Sie vorhaben«, sagt Berta. »Aber es ist auf jeden Fall unangebracht. Diese Örtlichkeit ist heute eine Gedenkstätte. Sie kann niemandem mehr Schaden zufügen.«

»Ich habe eine Frage an Sie«, sage ich zu Berta, während ich den letzten Knopf an meinem Hemd löse.

Den Jugendlichen ist anzusehen, dass sie die Narben auf meiner Brust bemerkt haben.

»Ich weiß nicht, was Sie vorhaben, aber bitte hören Sie damit auf«, sagt Berta.

»Verraten Sie mir nur eins«, sage ich. »Gab es hier denn gar nichts Positives? Gab es nicht auch irgendetwas Gutes, das aus Ihrer Haftzeit in Hohenschönhausen entstanden ist?«

Berta betrachtet mich nachdenklich, als ich meine Schuhe und Socken ausziehe und an die Wand stelle.

»Doch, eine Sache gibt es«, antwortet sie. »Wenn ich Ihnen verrate, was es ist, hören Sie dann auf?«

Ich mache eine Pause, um ihr zuzuhören.

»Das Gefängnis hat etwas in mir verändert«, sagt sie. »Es hat etwas in mir zum Leben erweckt. Mein Mann und ich waren jung, aber wir konnten vorher keine Kinder bekommen. Jahrelang hatten wir es probiert. Doch einen Monat nach meiner Freilassung war ich schwanger. Und jetzt haben wir drei Kinder.«

Diese Kinder stelle ich mir vor, als ich meine Kappe, mein Toupet und meine Kamerabrille abnehme.

»Ich weiß Ihre Aufrichtigkeit zu schätzen. Und jetzt will ich aufrichtig zu Ihnen sein«, sage ich zu Berta. »Sie haben Ihr ganzes Leben in eine hübsche kleine Geschichte verpackt, die Sie Fremden erzählen. Und ich werde Ihnen jetzt beweisen, dass sie nicht wahr ist.«

»Meine Geschichte? Meinen Sie damit mein Leben, das Leben, das ich geführt habe, bevor ich von der Stasi festgenommen wurde? Oder die Geschichte, die die Vernehmer von mir hören wollten? Oder die Geschichte, die ich jetzt lebe, wo mir ständig erzählt wird, ich soll die Vergangenheit vergessen und weitermachen, obwohl alles immer wieder zurück an diesen Ort führt?«

»Sie sind wütend, ich verstehe das«, erwidere ich. »Aber was Sie da erzählen von Röntgenstrahlen und Folter und Toten – das sind gefährliche Geschichten, mit denen man Menschen weh tun kann. Und deswegen werde ich Ihnen jetzt beweisen, wie es wirklich war.«

»Und wie wollen Sie das tun?«

Ich ziehe die Hose aus und lege sie ordentlich zusammen.

Nur noch mit meiner Unterhose bekleidet trete ich in die Zelle.

»Ich werde jetzt die Tür zuziehen, und Sie werden sie verriegeln«, ordne ich an. »Und dann öffnen Sie das Ventil.«

»Erinnern Sie sich denn wirklich nicht an mich?«, fragt sie. »Wissen Sie denn nicht mehr, was für einen Spitznamen Sie mir gegeben hatten? Oder was Sie getan haben, als Sie herausfanden, wie viel Angst ich vor den Hunden hatte? Die Frage, die ich Ihnen unzählige Male gestellt habe? Ich habe Sie so deutlich im Gedächtnis. Ich weiß noch, dass ich an einem Nachmittag in Ihrem Büro saß. Ich musste warten, während Sie mit Ihrem Kind telefoniert haben. Ich dachte, wie schrecklich gemein es war, dass Sie eins haben konnten und ich nicht.«

Fassungslos starren wir einander in die Augen.

»Wenn Sie jetzt so gut wären«, sage ich.

Als ich die Tür hinter mir zuziehe, umfängt mich eine neue Art von Dunkelheit.

»Jetzt öffnen Sie das Ventil und lassen es geöffnet«, rufe ich nach draußen zu Berta. »Ich sage Bescheid, wenn das Wasser so hoch steht, dass man von Folter sprechen kann.«

In der winzigen Zelle kann ich meinen Herzschlag und die Wärme meines Atems spüren.

Der Fußboden ist nass und erfrischend kalt.

Durch die Tür hindurch ist gedämpft eine Diskussion zu hören. Aber ich bin nicht besorgt – ich weiß, was passieren wird. Wenn man eine Haftanstalt leitet, lernt man das ein oder andere über die Natur des Menschen, und nichts erfüllt einen mit so viel Genugtuung, als wenn man jemanden richtig eingeschätzt hat.

»Bitte hören Sie damit auf«, sagt Berta durch die Tür. »Bitte.« Sie will mir einfach nicht gehorchen.

Es ist komisch, aber durch das Gummi und Metall hindurch klingt ihre Stimme verändert. Verwundbar. Und mehr brauche ich nicht – eine ängstliche, bettelnde Stimme hinter dickem Gummi, und schon fällt es mir wieder ein. Ich erinnere mich an sie. Wir führten einmal ein Gespräch genau durch diese Tür hier.

»Ein Ring«, rufe ich. »Darum haben Sie mich damals immer gebeten. Sie haben ständig nach einem Ring gefragt.«

Hinter der Tür ist es still.

»Genau, ein Ring«, brülle ich weiter. »Ich sage Ihnen, was aus dem Ring geworden ist. Ich habe ihn der Tochter eines Kollegen geschenkt, bei einer Feier. Sie hatte lauter Einsen in ihrem Zeugnis, und ich hatte zufällig gerade Ihren Ring in der Tasche. Er war mit einem Schmetterling verziert, oder? Das muss am Tag Ihrer Festnahme gewesen sein. Der Ring wurde Ihnen wahrscheinlich gleich am ersten Tag abgenommen.«

Schweigen hinter der Tür.

»Erzählen Sie doch mal«, rufe ich. »Warum war Ihnen der Ring so wichtig?«

Einen Augenblick später höre ich das Kreischen des festgerosteten Ventils, das geöffnet wird.

Ich bin nicht überrascht, als mich der erste eisige Strahl Rostwasser trifft. Die Eisenspäne in meiner Brust singen vor Kälte. Meine Haut wird hart, meine Zähne verbeißen sich ineinander. Doch alles ist sonderbar vertraut. Ich schmecke das Zinn der Regenrinnen, atme den Geruch der Herbstblätter. Wie gefrorene Backsteine und kalter Mörtel, so fühlt sich das Wasser an, und doch ist es nicht unbedingt unangenehm. Es ist irgendwie unentbehrlich, vertraut, wie das Gefängnis selbst.

Und ich glaube, in einer Sache hat Berta recht. Um so etwas hier zu überstehen, begibt man sich in Gedanken an einen Ort sehr weit weg. Ich denke an Gittes Reise in ein fernes Land, in dem sie nur ein wenig Glut in der Hand zu halten braucht, und nie wird ihr kalt. Ich habe auf einmal das Gefühl, dass auch ich dahin reisen kann, wohin sie sich geflüchtet hat. Vielleicht können wir diesen fernen Ort jetzt endlich gemeinsam bewohnen. Mein Körper wird gefühllos, und die Kälte wird etwas anderes als kalt. Wenn ich überhaupt nichts mehr empfinden kann, werde ich mich auf die Reise begeben. Auf diesen Augenblick warte ich, während ich den Regen schmecke, der vor langer Zeit auf ein Land fiel, das DDR hieß.

DARK MEADOW

SONST GÄRTNERE ICH, wenn es dunkel wird und der Drang sich meldet. Aber ich habe die ganze Nacht an einem Artikel geschrieben: »Pornos im Internet – Sie werden gesehen!« Den Beitrag habe ich gerade – unter Pseudonym natürlich – auf einer ziemlich einflussreichen Website zur IT-Sicherheit gepostet, und das wird nicht unbemerkt bleiben. In dem Artikel lege ich offen, dass irgendjemand ein Zählpixel in Kinderpornografie-Dateien im Netz eingeschmuggelt hat – jedes Mal, wenn ein Bild heruntergeladen wird, wird das Zählpixel mit heruntergeladen und – *Ping!* – sendet ein Signal. Auch bei mir hat es *Ping!* gemacht.

Ich trete vor die Tür meines Bungalows, hinaus in die Dunkelheit vor dem ersten Morgengrauen. Vom Ventura Freeway ist kein Laut zu hören, und bis zum Start der ersten 737 auf dem Burbank Airport dauert es noch eine Weile. Ich gehe zu meinen Rosen am Zaun, der meinen Garten brusthoch umgibt.

Das Geheimnis beim nächtlichen Gärtnern ist die Stirnlampe. Man sollte keine Xenon-, Halogen- oder LED-Lampe kaufen. Der ideale Lichtstrahl ist weich und blass – am besten, man kann die wahre Beschaffenheit der Dinge nicht sofort erkennen. Das perfekte Licht wirft keine Schatten.

Unsere Wohngegend ist durchmischt, ältere Ukrainer, junge Latinos, verlebte Pornodarsteller und neu zugezogene Hipster. Ich stelle die Stirnlampe an und begutachte meine samtigrot knospende Othello. Dann sehe ich nach den Applejacks, den Chorales, den Blueskies und den Bourbons – in der *National Geographic* ist ein faszinierender Artikel über die Kreuzungen, bei denen die Bourbon-Rose entstand. Ich sehe eine Marlowe, die sich mir auf dem Gipfel ihrer Vollkommenheit darbietet. Gerade, als ich sie betasten will, taucht jemand aus der Dunkelheit auf. Im schwachen Schein der Lampe an meiner Stirn erkenne ich Rhonza, die in unserer Straße wohnt – sie ist zu allen möglichen und unmöglichen Uhrzeiten unterwegs.

Als sie mit großen Schritten vorbeigeht, sagt sie: »Ich hab dich im Auge, du abgefuckter Zyklop.«

Die äußeren Blütenblätter einer Marlowe sind kräftig rosa, aber die vollständig geöffnete Mitte ist blassgelb. Ich schneide die Blüte samt Stiel ab, kürze ihn und stelle ihn in einen weißen Eimer, den ich am Zaun befestigt habe. Die Leute aus der Nachbarschaft dürfen sich bedienen. Ich bin nicht sonderlich scharf auf Schnittrosen – alle Sträucher sind von der alten Dame gepflanzt worden, die früher hier gewohnt hat. »Missus Roses« wurde sie immer genannt. Ohne *National Geographic* wüsste ich nicht mal, welche Rosensorte welche ist. Doch die Gartenarbeit tut mir gut. Und es gehört sich einfach nicht, die Rosen einer alten Dame eingehen zu lassen.

Ich mache kurz Pause, um eine Milch zu trinken, einen Viertelliter-Trinkpack, wie ihn die Kinder in der Schule vorgesetzt bekommen. Ich weiß, die meisten Frühaufsteher sind Kaffeetrinker, aber es ist besser, die äußere Stimulation gering zu halten. Ich stelle noch ein paar blühende Stiele in den Eimer, da sehe ich die Mom von nebenan über die Straße auf mich zutorkeln. Sie wohnt in dem Apartmentkomplex neben meinem Bungalow und hat zwei Töchter, einen Musikblog und eine treue Beziehung zur Flasche. Sie ist jede Nacht in der Musikszene L.A.s unterwegs, ihr Blog hat einen ziemlich guten Ruf, und sie hat bekanntermaßen ein paar Indie-Bands entdeckt.

Die Mom der Mädchen bleibt direkt vor mir stehen, den trunkenen Blick auf den Eimer mit Rosen gerichtet. Es fällt ihr offenbar schwer, sich zu entscheiden, sie gestikuliert wie ein Zauberer und scheint mich nicht zu sehen, obwohl ich keinen Meter von ihr entfernt stehe. Schließlich nimmt sie zwei Rosen, eine für jede Tochter, vermute ich.

Der erste Jet des Tages hebt in Burbank ab. Es ist fünf Uhr dreißig.

»Sie sehen aus, als könnten Sie eine Milch vertragen«, sage ich zu ihr.

»Mister Roses«, sagt sie. »Mein Gott, jetzt schleichen Sie sich doch nicht so an.«

Sie nimmt ihre Rosen und schwankt auf den Eingang der Apartments zu – Grottenputz, dekoriert mit Zwergpalmen, gestrichen in Hotel-California-Pink.

Die ältere Tochter ist der Tiger, in der sechsten Klasse und mit zwölf Jahren schon so selbstständig, dass sie sich um ihre kleine Schwester kümmern kann. Man sieht den Tiger immer auf dem Fahrrad zur Schule fahren. Sie ist das Maskottchen ihrer Schule – besagter Tiger eben. Manchmal radelt sie morgens im Tigerkostüm vorbei, den übergroßen Tigerkopf auf dem Gepäckträger geklemmt. Der Tiger stimuliert nicht. Das Bärchen ist die jüngere Schwester, zehn Jahre alt. Sie läuft manchmal allein zur Schule. Das Bärchen bleibt oft stehen, um die Rosen in meinem Eimer zu betrachten, aber sie nimmt sich nie eine.

Ich habe kein Kellerverlies und trage keine Fußfessel. Ich stelle keinem Eiswagen nach. Ich habe noch nicht mal Internet, Gottes Geschenk an die sexuelle Ausbeutung von Kindern. Sie müssen mir glauben, dass ich noch nie im Leben jemandem etwas angetan habe und dass ich derjenige bin, der in dieser Geschichte zu leiden hat.

Aber ich gebe es lieber gleich zu, weil diese Geschichte hier nun einmal so ist: Das Bärchen stimuliert.

Am selben Morgen fahre ich durch den Laurel Canyon Richtung Norden in die Studio City, wo ich eine defekte Festplatte in einem RAID-Array neu partitioniere – natürlich alles Porno-Server. Als Nächstes hacke ich in Encino den Laptop eines Armeniers, der behauptet, seine Tochter hätte das Ding mit einem Passwort geschützt und das dann prompt vergessen. Mittags halte ich beim Salvadoreaner am Lankershim Boulevard an. Ich esse draußen unter dem schneesturmweißen Himmel von Los Angeles. Die Pupusas sind nicht schlecht, aber ich liebe den Laden vor allem deshalb, weil hier, vom Wasserstaub der Autowaschanlage nebenan, immer ein Regenbogen in der Luft steht.

Früher habe ich direkt neben meinem Transporter gegessen, um sicherzugehen, dass er nicht aufgebrochen wird. Als ich vor zehn Jahren ins PC-Reparatur-Business eingestiegen bin, war mein Bus ein Notfallwagen voller Ersatzteile und Diagnostikausrüstung, aber mittlerweile mache ich fast nur noch Sicherheit, und eine Brieftasche voller USB-Sticks ist mein ganzer Werkzeugkasten. Porno birgt ein enormes Sicherheitsrisiko, besonders Kinderpornografie. Wenn ein einziger Angestellter so etwas herunterlädt, kann ein ganzes Firmennetzwerk zusammenbrechen. Sich so was anzusehen, kann einen hinter Gitter befördern, deswegen wird dieses Zeug, das randvoll mit Malware und bösartigem Code ist, von niemandem durchleuchtet. Von niemandem außer mir, wie es scheint. Anscheinend hat kein Mensch auf der ganzen Welt außer mir je das *Ping!* gehört.

Am Nachmittag mache ich die Runde durchs Valley, knacke ein paar Firewalls, lasse ein paarmal einen Debugger laufen, dann kommt eine SMS rein – ein klassischer Reparaturjob, was soll's, warum nicht. Zwanzig Minuten später klopfe ich an einer Tür in Van Nuys.

Der Typ macht auf, bleibt aber in der Tür stehen und starrt mich an.

Ich sage: »Ich habe eine SMS bekommen. Hier soll es Probleme mit einer Festplatte geben?«

»Ein Bekannter hat mir erzählt, Sie wären cool«, sagt er.

Für das ungeübte Auge sieht er wie ein normaler Typ aus, mit dem man zusammen in Northridge studiert hat, einer, der nur wegen seines Übergewichts, seinem Hipster-Bart und seiner dauerironischen Art in dieser miesen Einzimmerwohnung hier gelandet ist. Aber ich erkenne diese Typen sofort. Es gibt welche, die so geboren werden, andere, die dazu gemacht werden, und dann gibt es solche wie den hier: die es sich aussuchen.

Weiter hinten im Raum kann ich den Computer sehen, obere Preisklasse, Mehrkernprozessor mit Wasserkühlung und zwei Breitwand-Displays. Klassische Standardausstattung für einen Filmcutter.

»Das Ding hat einfach den Geist aufgegeben«, sagt er. »Er fährt nicht mehr hoch. Ich habe alles probiert.«

»Hat der Bildschirm aufgeblitzt, ist er blau geworden?«, frage ich. »Haben Sie einen Cursor blinken sehen oder ein Ticken gehört?«

»Weiß ich nicht mehr«, antwortet er, überlegt kurz und lässt mich dann rein.

Ich werfe einen Blick aufs Gehäuse. Ein Aufkleber mit einem Strichcode ist drauf, wahrscheinlich gehört er einer Produktionsfirma oder einem Filmstudio. »Wenn das ein Dienst-PC ist, dann geben Sie ihn doch einfach in Ihrer Firma ab«, sage ich. »Ihr Chef lässt das Ding reparieren.«

»Der Bekannte von mir, der hat gesagt, Sie hätten seinen Rechner für dreihundert Dollar in Ordnung gebracht, keine Fragen.«

Er hält drei Hundertdollarscheine hoch.

Ich streife lila Latexhandschuhe über und ziehe das Stromkabel des WLAN-Routers.

Ich öffne die seitliche Abdeckung des Gehäuses, entferne die Ventilatoren, verbinde meinen Laptop mit dem Debuggingport und reboote. Kurz darauf tauchen die Fehlercodes und Kernel-Logs auf, und während das System seine Prüfroutinen durchläuft, stecke ich meinen USB-Stick, auf den ich ein paar Dutzend Bilder geladen habe, in den Port. Ich tippe den Befehl in die Kommandozeile, nach in diesen Bildern enthaltenen Datenstrings zu suchen. Einem Uneingeweihten würde nichts Besonderes an diesen Fotos auffallen – eine Schulter, ein Tisch, ein Bettüberwurf, ein Fuß. In Wirklichkeit sind es aber unverfängliche Ausschnitte von Bildern, die Sex zwischen Erwachsenen und Minderjährigen zeigen. Das Suchergebnis lässt nicht lange auf sich warten: Eins nach dem anderen poppen Bilder aus seiner Kinderpornokollektion auf dem Bildschirm auf.

»Das ganze Zeug war schon auf dem PC, als ich ihn gekriegt habe«, sagt er. »Das wollte ich schon lange löschen.«

»Klar.«

Ungefragt fügt er noch hinzu: »Jungs sind keine dabei.«

»Na wunderbar«, sage ich.

Ich mache eine schnelle Bestandsaufnahme – er hat das Standardrepertoire. Er hat die Teensy-Serie, die Fawn-Trilogie, Pale Ribbons und so weiter. Eine Suche dieser Art ist einfach, weil der Großteil der Kinderpornos, zu denen Otto Normalverbraucher Zugang hat, aus weniger als hundert Bilderserien besteht, die über Zombieserver getauscht oder verkauft werden.

Ich klicke auf ein Bild. »Sehen Sie das Mädchen da?«

Er sagt nichts.

»Wie heißen Sie?«, frage ich ihn.

Er zögert. »John.«

»Sehen Sie das Mädchen da, John?«

Er nickt.

»Sie heißt in Wirklichkeit nicht Sissy. Und der Mann da, in Socken. Das ist der Onkel des Mädchens. Der sitzt gerade seine fünfunddreißig Jahre für wiederholten sexuellen Missbrauch einer Minderjährigen ab.«

»Hören Sie …«, sagt er. Er hält mir die Scheine hin, aber ich nehme sie noch nicht.

»Wollen Sie ihren richtigen Namen wissen?«

Er schüttelt den Kopf.

»Gut«, sage ich. »Sie ist nämlich mittlerweile erwachsen und kann per Gerichtsbeschluss gegen jeden verfügen, der des Besitzes dieser Bilder überführt wird. So erfährt man ihren richtigen Namen – man wird eingebuchtet und dann kriegt man einen Schrieb, in dem steht, dass man ihr hundertvierzigtausend Dollar zu zahlen hat.«

Ich checke die anderen Verzeichnisse, aber auch da ist alles nur 08/15-Zeug.

Ich frage ihn: »Wissen Sie, was keiner von diesen Filmtypen draufhat?«

Er sieht mich misstrauisch an.

»Die Beleuchtung«, sage ich.

Ich nutze die gute Gelegenheit und überprüfe die These meines Artikels. Ich tausche den Stick gegen einen anderen aus und durchsuche die Metadaten auf dem Computer nach dem Beacon, der ein einfacher ASCII-Code ist, 256 Zeichen lang. Sofort macht es überall in Johns Pornoverzeichnissen *Ping!* Ich sortiere die Bilder nach Datum und sehe, dass er die erste Bilderserie vor über einem Jahr gekauft hat, ein legendäres Set eingescannter Polaroids, gemeinhin unter der Bezeichnung *Summer Poppies* bekannt. Wer auch immer diese Bilder nachverfolgt, tut das also schon seit geraumer Zeit.

John und ich verstummen und betrachten Poppie mit ihrer Schminke und den künstlichen Wimpern und diesem Gesichtsausdruck, der sie berühmt gemacht hat. Ich finde gerade diese Serie besonders verstörend. Mir ist natürlich klar, dass die Menschheit pervers ist und wir alle im Laufe unseres Lebens herausfinden, wie zutiefst verdorben unsere Spezies ist. Aber in *Summer Poppies* sind die übelsten Perversitäten mit falscher Unschuld überzuckert, mit Hasenpantoffeln und Lollis und Snoopy-Bettwäsche. Hier glitzert jeder Spermatropfen wie eine Perle im Licht.

»Dieses Bild sendet ein Signal aus«, erkläre ich John. »Es funktioniert wie ein Trojaner. Wenn Sie das Bild herunterladen, laden Sie das Zählpixel mit herunter. Und sobald der Download abgeschlossen ist, macht das Zählpixel *Ping*.«

»Was erzählen Sie da?«, fragt er.

»Und das Raffinierteste: Das Zählpixel ist nicht Teil des Bildes, sondern der Metadaten der Datei«, erläutere ich. »Sie können das Bild also bearbeiten, beschneiden, wie Sie wollen, aber das Zählpixel kriegen Sie nicht weg. Sie können mit dem Bild machen, was Sie wollen, das Pixel gibt denen Bescheid.«

»Bescheid über was?«

»Dass die Bilder hier sind, John. Auf Ihrer Festplatte.«

Ein Bild fällt mir auf, das kein Signal aussendet. Darauf ist ein Mädchen, das ich noch nie gesehen habe. Es ist ein kleines Mädchen – kein Teenie, keine Vorpubertäre, sondern ein Kind. Das Mädchen ist allein, von der Taille aufwärts zu sehen und trägt ein kindliches gelbes T-Shirt. Das Bild hat nichts Sexualisiertes an sich, sie hat nicht mal einen Pferdeschwanz und befindet sich auch nicht auf einem Set – keine Hello-Kitty-Vorhänge, keine Stative oder Filmleuchten. Nein, das ist ein Mädchen in einer Küche und das ist kein Shooting, sondern ein normaler Tag in ihrem echten Leben, in dem sie neben einer Fliegentür steht und das diffus einfallende Licht ein blasses Gittermuster auf ihre Haut wirft. Ihr Gesicht ist voller Angst; in ihren aufgerissenen Augen steht die Furcht vor dem, was als Nächstes passieren wird, vermischt mit einem leisen Anflug von Hoffnung, dass ihr das Unbekannte, Schlimme, das jetzt kommt, doch noch irgendwie erspart bleiben wird. Ihr Arm ist unscharf, sie erhebt ihn gerade – um etwas von sich wegzuhalten oder um Schutz bei einem Erwachsenen zu suchen. Oder vielleicht reißt sie den Arm auch im Reflex hoch, wie um etwas Schreckliches abzuwehren.

»Wo haben Sie dieses Bild her?«, frage ich.

»Weiß ich nicht«, sagt er. »Getauscht. Keine Ahnung.«

»Kennen Sie dieses Mädchen?«

»Natürlich nicht«, antwortet er. »Was soll das? Ich will nur, dass mein Rechner wieder läuft.«

Mir ist klar, dass es keinen Unterschied macht, ob ein Kind nun unter den grellen Lichtern eines Filmsets oder auf dem abgetretenen Linoleum bei Bekannten seiner Eltern missbraucht wird – die Verletzung ist dieselbe. Aber hier kommt es einem so vor, dass es jetzt gerade passiert, oder erst vor Kurzem, und wenn man nur eingegriffen hätte, wenn nur irgendjemand eingegriffen hätte, und sei es jemand wie ich, dann hätte es gestoppt werden können.

Ich kopiere das Bild des Mädchens und ziehe meinen Stick heraus.

»An Ihrem Speichermodul ist ein Pin beschädigt«, sage ich zu John. »Der Arbeitsspeicher macht nur schlapp, wenn er voll belastet wird. Das ist zwar einfach auszutauschen, aber das können wir uns sparen. Sie müssen die Festplatten aus den Steckplätzen ziehen und dann im Hof mit dem Hammer ordentlich draufhauen. Die Scheiben müssen zerbrechen. Sie müssen so geschrottet sein, dass garantiert keine Daten mehr wiederhergestellt werden können. Sagen Sie Ihrem Chef, dass der Computer geklaut worden ist, und dann zerstören Sie die Laufwerke. Verstanden?«

Er nickt, aber ich merke schon, dass er es nicht begriffen hat.

»Und versuchen Sie nicht, die Bilder zu retten. Die wissen, dass sie hier sind.«

»Ja, aber wer soll das sein?«, fragt er.

Ich nehme ihm das Geld aus der Hand.

»Was glauben Sie denn?«

Zu Hause schaue ich nicht nach meinen Rosenbüschen, sondern gehe gleich rein, mache überall das Licht an und laufe in den kleinen Zimmern auf und ab. Das Bild von dem Mädchen hat mich total aus der Bahn geworfen. Sie ist überall, wohin ich auch blicke. Die Bewegungsunschärfe ihres Arms quält mich fürchterlich. Sie erhebt ihn, aber es gibt nichts, was sie gegen das, was ihr bevorsteht, tun kann. Ihr Ausdruck ist voller Unschuld, aber sie weiß auch, was kommen wird. Und der Arm hebt sich. Vergangenheit, Gegenwart und Zukunft existieren im selben Augenblick. Und das Abgefuckteste und Beschissenste ist, dass es mich stimuliert. Es macht mich fertig und zugleich so an, dass ich mir am Waschbecken einen runterhole – wenn ich die Augen zumache, sehe ich sie; wenn ich sie aufmache, sehe ich mich selbst im Spiegel – ich muss, sonst hört es nicht auf.

Während ich wichse, fange ich an zu weinen, ich flenne regelrecht, weil sie weiß, was passieren wird, sie weiß, dass sie nichts dagegen tun kann, und auch wenn man weiß, was auf einen zukommt, ist es doch jedes Mal wieder eine Überraschung, wenn nach einem Segeltörn, nachdem der Skipper allen in deiner Seepfadfindergruppe ein Abzeichen für gute Leistungen überreicht hat, nachdem man so viel Spaß miteinander hatte und von einem Gefühl des Staunens und des Stolzes erfüllt ist, wenn man die

Spitze von Catalina Island umrundet hat, und es einen trotz der Male, die es vorher schon passiert ist, immer wieder überrascht, wenn der Skipper einen im Dunkeln holen kommt und man mitmuss in die Bugkoje, in der es muffig nach Segeltuch und dem geteerten Regenzeug riecht. Mit dem Gesicht nach unten wird man auf einen Berg Schmutzwäsche der anderen Jungs gezwungen. Die straffe Ankerkette reibt am Bootsrumpf, und es gibt kein Licht außer dem bleichen Schein des Lämpchens an der Bilgepumpe, kein Geräusch abgesehen vom Kratzen seiner Bartstoppeln in meinem Nacken und seinen Händen, die sich in den Gurten deiner Schwimmweste verkrallt haben.

In den folgenden Nächten kümmere ich mich nicht um meinen Garten, sondern fahre abends den PC hoch. Darauf befindet sich meine gesamte Kollektion. Die Bilder stimulieren, stark wie ein Muskel, der einen in die Knie zwingen kann. Sie haben nichts Erotisches an sich. Sie sind im Gegenteil sogar ziemlich verstörend. Aber sie stimulieren. Ich sehe mir Davor- und Danach-Bilder an, Hunderte nacheinander, direkt davor und direkt danach. Die Bilder zu bearbeiten hilft – aus einem großen mehrere kleine Bilder zu machen – eine Kinderhand, im Protest zur Faust geballt, ins Laken gekrallt, oder eine offene, kraftlose Hand, die sich völlig ergeben hat. Ein einziger Blick kann eine ganze Geschichte erzählen, deswegen schneide ich oft bis auf die Augen alles von einem Bild weg – niedergeschlagene Augen, ins Weite schauende Augen, geschlossene Augen, das Windrädchen einer Iris, das etwas ganz anderes sieht als das, was vor ihm ist, ein einziger, aufsässiger Blick nach oben.

Mit dem Unvermeidlichen lässt sich am besten umgehen, indem man sich eine Bilderserie rückwärts anschaut: Etwas Schreckliches geschieht mit einem Kind, dann wird es weniger schlimm, noch weniger, dann trennen sich Kind und Erwachsener und nach ein paar Worten gehen sie zu unterschiedlichen Türen hinaus.

Ich onaniere nicht am Computer, weil das eine Sitzung zu schnell beenden würde. Ich kann es nur so beschreiben, dass die

Bilder mich bis an meine Grenzen treiben und mir dadurch helfen, meine Mitte wiederzufinden. Ich fühle mich irgendwie gereinigt. Ein paar Tage lang bin ich wie alle anderen.

Ich habe ein paar Bücher zu dem Thema gelesen. Eine Ärztin hat geschrieben, ein als Kind missbrauchter Mensch würde sich beim Betrachten einer solchen Szene unmittelbar mit dem Opfer identifizieren. Ein anderer Psychoarzt meint, die emotionale Entwicklung würde am Zeitpunkt des Missbrauchs stehenbleiben und man könne deswegen keine Beziehungen führen, die über den Reifegrad eines Jugendlichen hinausgehen. Ich weiß nur eins: Diese angeblichen Experten sind nie missbraucht worden – noch nicht einmal gesehen haben sie so etwas. Sie könnten nicht ein einziges Bild verkraften. Nicht eine Minute, keine schlappen sechzig Sekunden lang könnten sie ihren Blick auf ein Video richten, in dem einem unschuldigen Kind brutale Gewalt angetan wird.

Ich werde von einem Klopfen an der Tür wach. Es ist Mittag. Ich schlafe immer vollständig bekleidet und öffne daher sofort. Wenn man in seinen Kleidern schläft, braucht man nicht unter das Laken oder die Decke zu kriechen. Man bringt das perfekt gemachte Bett nicht durcheinander und muss am Morgen kein Schlafsofa zusammenzuklappen.

Als ich die Tür aufmache, steht ein Polizist vor mir.

»Blüht ja ganz mächtig bei Ihnen«, sagt der Polizist und nickt in Richtung Rosen.

»Die hat die alte Dame gepflanzt, die früher hier gewohnt hat«, antworte ich.

»Officer Hernandez«, sagt er. »Jaime Hernandez. Mein Kollege Sergeant Rengsdorff hat mir gesagt, ich soll mal bei Ihnen vorbeischauen. Weil Sie uns vor einiger Zeit bei einem Kiddie-Fall geholfen haben, ein paar Laptops für uns geknackt und so.«

Ich nicke. »Ja, stimmt. Denis. Wie geht es ihm?«

»Sergeant Rengsdorff ist letztes Jahr pensioniert worden. Ich habe seine Stelle in der Soko Gewalt gegen Minderjährige übernommen.«

Sein Handy vibriert ständig, weil er eine SMS nach der anderen bekommt, aber er beachtet es nicht. Ich schätze mal, er ist der coole Cop, der besonders gefährdeten Kids seine Nummer gibt, damit sie das Gefühl haben, er sei für sie da.

In dem Augenblick geht Rhonza am Zaun vorbei. »Nehmen Sie diesen Freak endlich fest?«, ruft sie Hernandez zu. »Hier in der Gegend treibt sich ein Spanner herum, und ich weiß ganz genau, dass es dieser Typ ist! Schauen Sie sich doch bloß mal seine Augen an, der Typ ist doch pervers!«

Der Polizist hebt eine Hand nachlässig zum Gruß an die Mütze: *Alles klar, schönen Dank auch.*

Aber Rhonza ist noch nicht fertig. »Gucken Sie ihn sich doch an!«, keift sie. »Rikki-Tikki-Tavi-Augen.«

Als sie weg ist, sieht Officer Hernandez mich mit einem vielsagenden Lächeln an.

»So eine gibt's in jeder Nachbarschaft«, sagt er. Dabei blickt er mir forschend in die Augen.

»Bitte«, sage ich. »Kommen Sie doch rein.«

Er tritt ein. »Gerade eingezogen?«, fragt er, und ich erzähle ihm beinah, dass ich seit sieben Jahren hier wohne. Aber ich halte den Mund und sehe zu, wie er den Blick über die leeren weißen Wände und das ordentlich gemachte Sofabett schweifen lässt.

»Man kommt nie irgendwo richtig an«, sage ich.

»Und wenn man sich endlich eingelebt hat, muss man schon wieder umziehen«, erwidert er und starrt das Bücherregal mit meiner *National Geographic*-Sammlung an, die vielen Reihen gelber Zeitschriftenrücken.

Wir stehen am Tresen in der Küche.

»Kann ich Ihnen ein Glas Wasser anbieten? Milch?«, frage ich.

»Das sind aber viele Zeitschriften«, sagt er. »Ich wusste nicht, dass es *National Geographic* überhaupt noch gibt.«

»Ich habe ein Dauer-Abo.«

»Und was kostet so was?«, fragt er ausdruckslos, weil er in Wirklichkeit damit beschäftigt ist, sich den Inhalt meines Kühlschranks genauer anzusehen, als ich die Tür aufmache.

»Das Abo habe ich als Preis bekommen, als ich ein Junge war, bei den Seepfadfindern. Ich war der Pfadfinder des Jahres in unserer Gruppe, auch wenn ich gar nichts Besonderes gemacht habe, um mir den Preis zu verdienen. Es war eher so eine Art Trostpreis.«

Officer Hernandez sieht mir ins Gesicht. »Seepfadfinder?«

»Wie die Pfadfinder, nur auf dem Wasser. Man lernt Navigation, Segeln und so weiter. Die Gruppe, in der ich war, existiert nicht mehr. Sie hat sich aufgelöst, nachdem sich unser Gruppenführer das Leben genommen hat. Er ist den Topanga Canyon raufgewandert und hat sich da erhängt.«

Er sieht mir zu, wie ich die Tülle des kleinen Milchkartons entfalte.

»Das tut mir leid. Aber in der Erinnerung lebt er ja weiter.«

Ich trinke einen Schluck Milch. »Na ja … Die Zeitschrift kommt jeden Monat.«

»Richtig«, sagt Officer Hernandez. »Ich bin hier wegen einem Artikel, im Internet. Darin steht, dass ein Code an explizites pornografisches Fotomaterial angeheftet und dann irgendwie nachverfolgt werden kann. Ich würde lügen, wenn ich jetzt behaupte, ich würde das verstehen. Denis, Sergeant Rengsdorff, meinte, Sie hätten bei so was den Durchblick.«

»Ich weiß, welchen Artikel Sie meinen«, antworte ich und erkläre ihm die Sache mit den Zählpixeln und den *Pings*, und dass die Kinderpornografen nicht zu ahnen scheinen, dass etwas in ihre Dateien eingeschmuggelt worden ist. Das deutet darauf hin, dass eine staatliche Institution die Quelldateien der Pornografen gegen manipulierte ausgetauscht hat. Das FBI, wie ich vermute; es hat den Kinderpornoring also nicht hochgehen lassen, sondern baut lieber eine Datenbank mit den Daten aller User auf.

Nachdem ich Hernandez das alles erklärt habe, sieht er mich einen Augenblick lang durchdringend an. Dann beginnt er, mir Fragen zu stellen, die richtigen, über Erkennung und Verbreitung und woher ich mich so gut damit auskenne. Dann will er wissen: »Der Typ, der den Artikel geschrieben hat, hat sich ›Dark Meadow‹ genannt. Hat das irgendeine Bedeutung in Hackerkreisen?«

»Nicht, dass ich wüsste.«

»Was ich immer noch nicht verstehe«, sagt Officer Hernandez. »Wenn dieses Signal, dieser 256-stellige Code, der Schlüssel ist, warum hat dieser Dark Meadow ihn dann nicht zusammen mit dem Artikel veröffentlicht?«

»Keine Ahnung«, sage ich. »Vielleicht würde das eine groß angelegte FBI-Operation gefährden.«

»Aber hat nicht allein dieser Artikel das auch schon getan?«, fragt er. »Ich meine: Haben wir's hier mit einem Guten oder einem Bösen zu tun?«

»Ich verstehe die Frage nicht.«

»Die Frage ist ganz einfach. Will dieser Typ Kinder schützen, indem er den Gesetzesvollzug auf eine Methode hinweist, wie man Kinderschänder dingfest machen kann? Oder will er den Pädophilen helfen, indem er sie vor einer Schwachstelle warnt?«

Ich kapiere immer noch nicht ganz, was er meint. »Informationen sind Informationen«, sage ich.

Hernandez fragt mich: »Kennen Sie diesen Dark Meadow?«

Ich sage nichts.

»Vielleicht trinke ich doch eine Milch«, sagt er.

Als ich den Kühlschrank aufmache, späht er wieder hinein. Aber darin gibt es nichts zu sehen, abgesehen von mehreren Fächern mit ordentlich aufgereihten Trinkpacks mit Milch.

»Wenn ich Sie recht verstanden habe«, sagt er, »dann könnte man mit diesem Code alle Kinderporno-User in ganz L.A. ausfindig machen.«

»Wenn Sie den Code hätten, könnten Sie eine schöne Google-Map mit ihren Adressen anlegen.«

Ich reiche ihm eine Milchtüte. Er schüttelt sie, damit die Milch schäumt.

»Aber wen würden Sie damit schon fangen?«, frage ich. »Ich durchforste ein halbes Dutzend Computer am Tag, und auf praktisch allen ist Porno. Da gibt es alle Sorten. Ich bekomme solches Zeug also öfter mal zu sehen. Und Sie können mir glauben – es macht keinen Spaß, sich so etwas anschauen zu müssen. Es ist qualvoll. Aber sehen Sie, die meisten dieser Bilder sind zehn oder zwanzig Jahre alt. Die Opfer sind erwachsen, die Täter sind alt und hängen wahrscheinlich irgendwo an der Sauerstoffflasche.«

»Ach?«

»Man kann die Uhr nicht zurückdrehen«, sage ich. »Das, was bereits geschehen ist, kann man nicht mehr verhindern. Man kann nur noch irgendwie damit umgehen.«

Hernandez trinkt aus der Tülle seiner Milchtüte. »Gibt's übrigens auch im Vier-Liter-Kanister.«

»Ich nehme Dinge gern in kleinen Dosen zu mir«, erwidere ich.

»Ich habe Kinder«, sagt er. »Ich bin aus persönlichen Gründen bei der Soko. Für mich gibt es keinen Unterschied zwischen jemandem, der Kinder vergewaltigt, und jemandem, der sich Bilder anguckt, auf denen Kinder vergewaltigt werden. Die meisten meiner Kollegen finden, man sollte diese Typen einfangen und wie räudige Hunde auf der Straße erschießen. Über diesen Aspekt habe ich noch nicht weiter nachgedacht. Für mich geht es um die Kinder. Um die mache ich mir Sorgen. Und wie lange das her ist, dass sie missbraucht worden sind, das ist mir scheißegal.«

Fast traurig mustert er mich.

»Eigentlich glaube ich nicht, dass Sie einer von den Bösen sind«, sagt er. »Ob Sie nun selbst glauben, dass Sie ein Guter sind oder nicht – Sie sollten sich auf jeden Fall mal mit der Frage beschäftigen. Und es gibt eine hervorragende Methode, wie Sie sich selbst beweisen können, dass Sie kein Böser sind. Sie können uns eine Menge Arbeit ersparen und uns den Code geben.«

Er lässt mir seine Karte da.

Ich folge dem Officer nach draußen und blicke ihm von der Veranda aus hinterher, als er wegfährt. Vor dem Nachbarhaus haben der Tiger und das Bärchen einen Limonadestand aufgebaut. Sie haben einen Tisch und zwei Klappstühle auf den Parkplatz geschleppt, sitzen da und warten auf Kundschaft. Auf dem Tisch stehen Zitronen, eine Zuckerdose und eine Kanne Eiswasser. Die

Beine des Bärchens schwingen unter der Wachstuchdecke hin und her. Niemand kommt an ihren Limonadestand, und ich gehe auch nicht hin.

Als es dunkel wird, fahre ich meinen Computer hoch und bearbeite eine Weile Fotos. Der kontrollierte und systematische Arbeitsablauf beruhigt mich. Ich öffne die Bilder, die ich von den Festplatten anderer Leute kopiert habe, und dann schneide ich sämtliche Erektionen und Penetrationen und verzerrten Gesichter heraus. Ich brauche Ihnen nicht zu sagen, wie sehr ich Videos hasse. Ein Video kann man nicht beschneiden. Und wenn die Bilder erst einmal in Bewegung sind, ist es unmöglich, sie unter Kontrolle zu halten.

Ich öffne das Bild des Mädchens in der Küche. Ich speichere eine Kopie und zoome so weit hinein, bis nur noch ihre Augen zu sehen sind. Sichern. Dann schneide ich in einer neuen Kopie das Schattenspiel aus, das auf ihre Haut fällt. Sichern. Ich reduziere das Bild, bis einfach nur noch Gelb zu sehen ist – ein mit ihrem gelben T-Shirt-Stoff gefülltes Rechteck, sonst nichts; sichern. Und dann die Hand. Ich beschneide und beschneide, mache den Ausschnitt immer kleiner und zoome hinein, bis er aus reiner Bewegungsunschärfe besteht. Man hätte nicht einmal sagen können, dass es eine Hand ist. Dann lösche ich das Original. Auf diese Weise verkrüpple ich das Bild und nehme ihm die Macht wehzutun – es ist keine Kinderpornografie mehr, es ist keine Pornografie mehr, da ist nicht mal mehr ein Kind. Ich beseitige all das, was einen quält, wenn man auf dem untersten Schiffsboden liegen bleibt und es nicht schafft, wieder aufzustehen.

Draußen schneide ich ein paar Blumen, merke aber bald, dass ich im blassen, gleichförmigen Licht der Stirnlampe auf meine eigene Hand starre. Es ist ein seltsames Licht, wie bei einer Sonnenfinsternis, wenn der Mond sich vor die Sonne schiebt. An einem Wochenende segelte der Skipper mit uns hinaus zu Santa Cruz Island, damit wir uns dort die Sonnenfinsternis ansehen konnten. Auf der Hinfahrt zeigte er uns Tittenheftchen und erzählte Witze über Segler und Haie und Schwuchteln und Priester. Wir ankerten im Potato Harbor und ruderten dann in Grüppchen zum Strand. Als es losging, wurde das Licht ganz allmählich fahl. Die meisten Jungen starrten mit ihren blöden SoFi-Brillen hoch in die Sonne. Nur ich nahm das fahle Licht wahr, in das wir gebadet waren. Plötzlich lag die Hand des Skippers auf meiner Schulter.

Normalerweise blitzte sein Ring von der Handelsmarine aquamarin, aber jetzt leuchtete er königsblau.

Wie war er mir so nahe gekommen, ohne dass ich es bemerkt hatte?

»Die meisten Menschen glauben, bei Licht gibt es nur *an* oder *aus*«, sagte der Skipper zu mir. »Doch der aufmerksame Pfadfinder erkennt, dass es hundert verschiedene Arten von Licht gibt. Genau, wie es hundert Arten von Wasser gibt. Und jede hat ihre eigenen Gesetze.«

Er zog zwei Sixpacks heraus – ein Bier für jeden Pfadfinder in der Gruppe.

Wir stießen auf den Mond und die Sonne und ihre vorübergehende Vereinigung an. Es war mein erster Schluck.

»Und keiner verpetzt uns«, verkündete unser Skipper und wir johlten.

Wie er das sagte – es klang lustig und drohend zugleich, so ähnlich, wie wenn er einen Schwulenwitz erzählte. Und wir wussten alle, wie er über Schwule dachte.

Am nächsten Tag veranstalten der Tiger und das Bärchen einen Flohmarkt auf dem Parkplatz. Sie sitzen an einem Tisch, der mit allem möglichen Haushaltskram vollgestellt ist. Ich schaue vorbei. Der Tiger trägt eine kurze Sporthose und eine Jeansjacke. Das Bärchen hat einen alten roten Kapuzenpulli an.

Als ich zum Tisch komme, frage ich sie: »Und warum seid ihr nicht in der Schule?«

Das Bärchen antwortet: »Es ist Samstag, Mister Roses.«

So nah war ich dem Bärchen noch nie. Sie stimuliert nicht wegen einer bestimmten Eigenschaft – es sind nicht die braunen Ringellöckchen oder der Babyspeck im Gesicht oder die übertriebenen Grimassen. Es ist einfach dieser Wendepunkt, an dem sie sich gerade befindet. Der Blick ihrer großen Augen ist voller Vertrauen und Offenheit auf eine Welt gerichtet, deren dunkle Gnadenlosigkeit sich ihr noch nicht offenbart hat. Ein Teil von mir will den Menschen umbringen, der ihr diesen Blick stehlen wird. Und ein hassenswerter, unergründlicher Teil denkt, es wäre nur natürlich, der Dieb zu sein.

Als ich meinen Blick auf einen Power Juicer richte, sagt der Tiger: »Der ist so gut wie neu. Wir haben ihn noch nie benutzt.« Und als ich ein Waffeleisen begutachte, zieht das Bärchen hoffnungslos die Augenbrauen hoch und sagt nur: »Waffeln.«

»Spart ihr zwei auf irgendwas Bestimmtes?«, frage ich.

»Nein, aber wir müssen irgendwie klarkommen«, antwortet der Tiger.

Sie essen gefrorene Arme Ritter direkt aus der Tiefkühlpackung.

Ich blicke hinüber zu ihrer Wohnung, wo die Tür offen steht. »Schläft eure Mom?«, frage ich.

Das Bärchen sagt: »Sie ist auf Tour mit einer Band.«

»Und wie heißt die Band?«, will ich wissen.

»Haben wir vergessen«, sagt der Tiger. »Und auf Moms Blog können wir auch nicht nachgucken. Das Internet geht nicht.«

»Kabelfernsehen auch nicht«, fügt das Bärchen hinzu.

»Geht Ihr Internet?«, fragt der Tiger.

»Ich habe kein Internet«, antworte ich.

Der Tiger nickt mitfühlend.

»Na jedenfalls wird die Band mal so berühmt wie Nirvana«, sagt sie.

»Wisst ihr, wann eure Mutter zurückkommt?«, frage ich. »Seid ihr in Kontakt mit ihr?«

»Ja«, antwortet der Tiger. »Wir haben ihr eine SMS geschickt, und sie hat zurückgeschrieben. Sie hat geschrieben, es geht ihr gut und wir sollen uns keine Sorgen um sie machen.«

Das Bärchen hält einen Radiowecker hoch. »Fünf Dollar«, sagt sie. »Man kann die Uhrzeit an der Decke ablesen.«

»Nein, danke«, sage ich.

»Das Deprimierende ist«, sagt der Tiger, »dass unsere Wohnung voll mit wertvollen Erinnerungsstücken von Rockmusikern ist.«

»Die sind unbezahlbar«, sagt das Bärchen.

»Aber wir dürfen sie nicht verkaufen«, sagt der Tiger.

»Weil sie unbezahlbar sind«, sagt das Bärchen. »Mein Dad ist ein Rockstar.«

»Meiner auch«, ergänzt der Tiger. »Aber ihr Dad ist echt berühmt. So berühmt, dass er ausverkaufte Konzerte im Stadion hat. Er schickt uns jeden Monat einen Scheck, deswegen brauchen wir nicht arbeiten zu gehen.«

Ich schaue mir ein paar von ihren Sachen an – eine Personenwaage, eine zusammenfaltbare Polaroidkamera, eine Tischlampe. Ich versuche mich zu erinnern, wann ich ihre Mutter zum letzten Mal gesehen habe.

»Habt ihr denn irgendwelche Verwandten, die sich um euch kümmern?«, will ich wissen. »Irgendjemanden, den ihr anrufen könnt?«

Beide schütteln den Kopf, und ich nicke.

»Ich muss bei jedem Flohmarkt was kaufen«, behaupte ich. »Eine richtige Sucht.«

»Wie wär's mit einem Bild?«, fragt das Bärchen. Sie hebt ein Gemälde hoch, das hinter dem Tisch steht: ein Segelboot auf einer mondbeschienenen, samtigen See in einem dunkel gebeizten, handgeschnitzten Rahmen. An den Ampeln auf dem Sepulveda Boulevard stehen öfter Mexikaner, die solche Gemälde verticken.

Der Tiger sagt: »Ich glaube, das ist ein Klipper-Schiff.«

»Nein, das ist eine Slup«, berichtige ich sie. »Eine Slup mit Bermuda-Takelung für das Einhandsegeln.«

»Sind Sie Segler?«, fragt das Bärchen.

»Früher habe ich mal gesegelt«, antworte ich. »Ich war schon lange nicht mehr draußen. Aber Schiffe auseinanderzuhalten ist ganz einfach – man braucht sich bloß die Segel und Masten anzusehen. Die Bootstypen heißen Slup, Kutter, Ketsch, Schoner, Klipper.«

Der Tiger sagt: »Jetzt müssen Sie's auch kaufen.«

»Es ist ein schönes Gemälde.« Ich kratze mich am Kinn. »Wahrscheinlich mehr wert, als ich mir leisten kann.«

Die Mädchen sehen einander an. »Machen Sie uns ein Angebot«, sagt der Tiger.

Ich öffne meine Brieftasche und sehe hinein. Ich ziehe die drei Hundertdollarscheine heraus.

»Mehr habe ich leider nicht«, sage ich.

Als es Abend wird, setze ich mich auf meine kleine Veranda und lese die neue *National Geographic*. Ich will nicht in einem Raum mit meinem Computer sein und nach Gärtnern ist mir heute nicht. Ein Artikel handelt von US-Soldaten, die in weit entfernten Ländern Bomben entschärfen. Zuerst müssen sie sich der Bombe langsam nähern – das ist nervenaufreibend, weil alles, was sie untersuchen, potenziell explosives Material darstellt. Haben sie sich einmal mit dem Mechanismus vertraut gemacht, versuchen sie, ihn in seine Einzelteile zu zerlegen. Sie trennen die Energiequelle vom Zünder und den Zünder vom Sprengstoff. *Wenn ein Sprengkörper detoniert, das ist ganz anders als im Kino*, wird ein Soldat zitiert. *Man wacht später auf und weiß nicht mehr, was echt war und was nur das Echo im eigenen Kopf.* Er sagt, eine reale Bombe könne man entschärfen, aber die Bombe im eigenen Kopf, die bleibt einem für immer.

Ohne dass ich es bemerkt habe, stehen auf einmal der Tiger und das Bärchen vor mir auf der Veranda. Als ich die Zeitschrift sinken lasse, sind sie auf einmal da, der Tiger in seinem gestreiften Tigermaskottchenkostüm und das Bärchen in einem mit Regenbogen und Einhörnern bedruckten Schlafanzug.

Der Tiger sagt: »Ein Typ hat bei uns ins Fenster geguckt.«

»Es war gruselig«, sagt das Bärchen.

»Wir haben ein Geräusch gehört«, sagt der Tiger. »Wir haben hochgeguckt, und da haben wir ihn gesehen.«

»Ich will nicht zurück nach Hause«, sagt das Bärchen.

»Jetzt ist alles wieder gut«, beruhige ich sie. »Na kommt, wir sehen uns die Sache mal an.«

Wir gehen durch meinen Garten, überqueren den Parkplatz und gehen durch den kleinen Hof in ihre Zweizimmerwohnung. An den Wänden hängen überall Gitarren, Plattenhüllen und Crash Cymbals mit Autogrammen in schwarzem Edding darauf. Die Mom der beiden hat das Schlafzimmer, die Mädchen schlafen vor dem Fernseher auf dem Boden. Im Wohnzimmer liegen Berge schmutziger Wäsche, Pappkartons und umgekippte Fahrräder. Klebeband, das die Tanzschritte des Maskottchens markiert, ist mit dem Teppichboden verschmolzen.

»Wo habt ihr ihn gesehen?«, frage ich.

Sie zeigen auf das Fenster über dem kleinen Frühstückstisch.

»Ich habe gehört, in der Gegend soll ein Spanner unterwegs sein.«

»Was ist ein Spanner?«, fragt das Bärchen.

»Das ist ein Mann«, sage ich. »Ein Mann, der gern – «

»Der guckt bei anderen Leuten ins Fenster«, klärt der Tiger sie auf.

»Oh«, sagt das Bärchen. »Aber warum?«

Der Tiger sieht mich fragend an, ob sie es erklären soll, aber ich schüttele den Kopf.

»Wartet hier«, sage ich zu ihnen. Ich gehe hinaus und um das Gebäude herum, drücke mich zwischen den Mülltonnen und Entlüftungsschächten hindurch und gehe hinten am Apartment vorbei. Ich wölbe die Hände um die Augen und spähe so hinein, wie ein Spanner das tun würde. Als das Bärchen in meine Richtung blickt, schreit sie los, dann schreit der Tiger, und dann merken sie, dass nur ich es bin.

Ich inspiziere das Schlafzimmerfenster. Das Gras unter dem Fensterrahmen ist zertrampelt und irgendjemand hat viele Male auf den rosa Putz ejakuliert. Ich gehe dichter an die Scheibe und luge ins Schlafzimmer. Da liegt die Matratze, auf der die Mom der Mädchen in den zusammengeknüllten Laken ihren Rausch ausschläft, wo sie völlig weggeschossen im weit aufklaffenden Morgenmantel den Tag verdämmert.

Ich sage den Mädchen, dass der Typ wahrscheinlich einfach nur ins falsche Fenster geguckt hat. Trotzdem hängen wir Handtücher über beide Fensterflügel. Die Mädchen finden es toll, dass sie Besuch haben. Der Tiger führt mir den Tigertanz vor. Sie kneift die Augen zu finsteren Schlitzen zusammen und ist so sehr bei der Sache, als stehe sie im vierten Viertel auf dem heimischen Basketballcourt und sei persönlich dafür verantwortlich, dass das Spiel noch gewonnen wird.

Das Bärchen will auch meine Aufmerksamkeit. Sie fängt an, wie ein Delfin durch die Wohnung zu schwimmen. Ihre angewinkelten Arme sind die Flossen. Sie bläst die Backen auf und hält die Luft an. Wenn sie den Kopf hebt, durchstößt sie die Wasseroberfläche, und wenn sie den Nacken wieder beugt, taucht sie tief hinab und stürmt nicht durch schmutzige Klamotten, sondern durchschwimmt den offenen Ozean. In diesem weit entfernten Meer gibt es keinen Alkohol und keine abgeranzten North-Hollywood-Apartments. Dort ficken Männer keine Groupies und onanieren nicht, während ihre Mutter träumt. Ich sehe dem Bärchen zu, wie sie ihre Bahnen um mich zieht, den lautlosen Kreisen dieses geschmeidigen jungen Körpers.

Als sie mir um Beifall heischend in die Augen blickt, sage ich, dass jetzt Schluss ist mit der Tanzerei und Schwimmerei. Ich gehe zu ihrem Kühlschrank, der mit Flyern von Clubevents vollhängt. Er ist völlig leer, noch nicht mal Milch steht darin.

»Haben Sie Hunger, Mister Roses?«, fragt das Bärchen.

Auch das Gefrierfach ist leer. »Was habt ihr mit dem Geld gemacht, das ich euch für das Bild gegeben habe?«

Der Tiger antwortet: »Wir mussten eine Rechnung bezahlen.«

»Was für eine Rechnung denn?«

Der Tiger sagt: »Ein Mann war hier. Er kennt unsere Mom, sie hat anscheinend vergessen, eine Rechnung zu bezahlen.«

»Wartet hier«, sage ich und gehe zum 7-Eleven an der Ecke, wo ich Müsli, Bananen, eine Gallone Milch und ein paar fragwürdig aussehende Taquitos kaufe, aber wenigstens sind sie warm.

Hinter dem Ladentisch hängen Tittenheftchen. Ich wende den Blick ab. Ich fühle mich wie ein guter Mensch, wie ein normaler Mensch, der normalen Umgang mit anderen hat. Das Bärchen übt eine enorme Kraft aus. Sie stimuliert. Aber ich fühle mich stark und gut. Ich liefere die Lebensmittel bei den Mädchen ab, und als ich mich von ihnen verabschiede, bleibe ich draußen auf der Treppe stehen und weise sie an, die Tür zuzumachen und abzuschließen.

»Ich will hören, wie das Schloss zuschnappt«, sage ich.

Die beiden machen die Tür zwar zu, aber statt abzuschließen, fragen sie: »Und was sollen wir jetzt machen?«

»Lest ein Buch«, sage ich durch die Tür. »Oder, noch besser: geht einfach schlafen. Und jetzt schließt ab.«

Einen Augenblick lang höre ich nichts. Dann wird das Bolzenschloss verriegelt.

In meiner Wohnung hänge ich das Segelbootbild so auf, dass ich es vom Bett aus sehen kann. Ich liege auf dem Bettzeug und denke an den Mann, der allein segelt. Ich habe alle Lampen ausgeschaltet, aber durchs Fenster dringt so viel Licht herein, dass ich das Gewicht und die Größe der Ozeanwogen sehen kann, und wie der Wind an der Takelage zerrt. Der Segler blickt ins Weite, dem dunklen Horizont entgegen, so dass der Betrachter sein Gesicht nicht sehen kann, aber seine Geschichte ist die altvertraute: Ein Seemann hat etwas weit draußen auf dem Meer verloren. Und jetzt holt er es sich zurück.

Es ist ein billiges Gemälde, aber ich frage mich stundenlang, ob der Seemann es wohl zurückbekommt, ob er die Stelle wiederfindet, an der er es verloren hat. Dazu muss er in der Zeit zurücksegeln, zu dem, was vorher war. Die Reise ist unmöglich, aber er hat die Segel richtig gesetzt und die Schot in der Hand. Der Wind weht ihm ins Gesicht und der Bug durchschneidet die Wellen. Aber das Wichtigste ist: Der Seemann hat sich entschieden. Er ist in See gestochen.

Ich beschließe, Officer Hernandez eine SMS zu schicken. Es ist mitten in der Nacht. Mithilfe einer Software mache ich die Nutzerdaten meiner SIM-Card unkenntlich und schicke ihm diese Nachricht:

5c2758ba7d4f4dd90c5525b5aa6a09cb4305452c121e5a5961c1f4fc
451223fee2982285274b6e2ca36d2587f848b72517236ca950bf8934
a6afada07976aaac098aeaf54e83b70c4a00442bf548d7e307c5e1f93
abfc0ef1d4777b69d9d9eaaa685947050483d8907f9516eb7f6870ed
bf52d7e7153e737a80a60f2b5366eaf.

Am Morgen bekomme ich per SMS eine Reparaturanfrage in Sun Valley. Sun Valley ist noch beschissener als Pacoima, Chatsworth, Reseda und mein eigener Stadtteil North Hollywood. Ich nehme die Tujunga nach Norden zur La Tuna Canyon Road. Ich halte vor einer geschlossenen Hundepension, die zwischen einer Zementfabrik und einem Bauhof eingeklemmt ist. Der Parkplatz ist mit einer Kette abgesperrt, also stelle ich den Wagen an der Straße ab.

Ich überprüfe noch einmal die Adresse und schicke eine SMS – *Hundepension?*

Ich erhalte umgehend Antwort – *Ja, DM14 097. Einfach klopfen, wir sind da.*

Noch nie hat jemand mein wahres Ich mit DM14 097 in Verbindung gebracht. Das bin ich nicht mehr. Ich benutze keine Usernamen mehr. Ich treibe mich in keinen Foren, Chatrooms oder P2P-Netzwerken mehr herum. Ich benutze Tor, eDonkey und Fetch nicht mehr. Ich tausche nicht, handle nicht, gebe keine Gebote ab und brenne keine CDs mehr. Ich habe dem Internet komplett abgeschworen. Ich habe nichts als meine kleine Sammlung, und die höhle ich systematisch aus.

Ich sehe noch mal nach, aber der Absender weiß ebenfalls, wie man seine SIM-Daten unterdrückt.

In dem Augenblick textet er zurück – *Hier ist übrigens Dodger6636.*

In der Welt, in der ich nicht mehr unterwegs bin, in der Menschen nur online existieren, sind die Grenzen zwischen Phantasie und Tat aufgehoben. Doch es gab einen Mann, der war für seine Taten bekannt. Das war Dodger6636, eine Legende in seinen Kreisen. Er muss alle anderen überlebt haben.

Ich betrachte die geschlossene Hundepension, bemerke die improvisierten Satellitenschüsseln auf dem Dach und die mit Alufolie verklebten Schaufenster vorn. Ein Gefühl durchschießt mich, ein Stromstoß von innen, wie früher, wenn eine Lieferung von Dodger in meiner Fetch-Dropbox ankam: ein Zeichentrickdackel wies mich darauf hin, indem er erst über den Bildschirm tanzte und dann den Knochen in seinem Maul unten am Bildschirm ablegte. Wenn man etwas von Dodger bekam, wusste man, dass der Knochen etwas Besonderes war, ein Leckerbissen, nach dem man lange gesucht, den man noch nie gesehen hatte.

Ich steige über die Kette in die Einfahrt. Glasscherben und Schotter knirschen unter meinen Füßen.

Dodger macht die Tür auf, bevor ich klopfen kann.

»Dark Meadow«, sagt er und mustert mich. »Da bist du ja.«

»Und du offensichtlich auch«, gebe ich zurück.

Er ist älter als ich, mit Bauchansatz. Auf der Stirn und Kopfhaut hat er Flecken, vielleicht Überbleibsel von längst entferntem Hautkrebs. Wir haben uns noch nie gesehen – ich habe noch nie jemanden aus dieser Welt persönlich kennengelernt –, aber er sagt: »Ich erinnere mich gut an dich. Ich hatte mir dich anders vorgestellt, aber der Geschmack ändert sich ja nicht. Nur Fotos, wenn ich mich nicht irre. Und du stehst auf Vintage, richtig, du magst die Klassiker?«

Ein Blick in Dodgers Augen und man sieht sofort, von welcher Sorte er ist: von der Sorte, die dazu geboren wird.

»Ich habe ein neues Leben angefangen«, antworte ich.

»Na klar«, sagt er. »Verstehe.« Er zieht einen USB-Stick aus der Tasche. »Dann brauchst du das hier ja nicht. Aber ich schenk's dir trotzdem, nur der guten alten Zeiten zuliebe. Alles extra für dich zusammengestellt.«

Er hält mir den Stick hin, und ich nehme ihn entgegen, warm aus seiner Hosentasche.

»Hast du eine Ahnung, wie schwer es ist, neues Vintagematerial zu finden?«, fragt er mich. »Wie sagte Wordsworth doch so schön: *Was man im Frühjahr verlor, gewinnt man im Herbst?* Denk dran: Ich habe mich angestrengt, habe mich richtig ins Zeug gelegt für dich. Es ist verschlüsselt, aber der Code ist *Dark Meadow*.«

Als ich die Finger um den Stick schließe, winkt Dodger mich hinein.

»Du warst nicht gerade leicht aufzuspüren«, erzählt er. »Aber wir brauchen dich.«

Ich folge Dodger durch das leere Wartezimmer und einen mit blinkenden Serverstapeln vollgestellten Flur – mehrere tragbare Ventilatoren propellern Fullspeed, um sie zu kühlen. Wir betreten einen großen Raum, in dem früher vermutlich die Hunde gebadet und gekämmt wurden – überall Edelstahlarbeitsflächen und -tische und -spülen. Die Spülbecken sind tief. Eines ist mit schmutzigen Kaffeetassen gefüllt, auf der anderen Spüle stehen Schminkutensilien. An einem Stahltisch schneidet ein Mann ein Video. Vor ihm stehen zwei Cinema Displays, Tastatur und Maus.

Dodger sagt zu ihm: »Bert, das ist Dark Meadow. Er steht nicht auf Video. Er will nur Bilder.«

Ohne sich zu mir umzudrehen, sagt Bert: »Alte Schule.«

»Dark Meadow hat den Artikel gepostet«, sagt Dodger. »Er guckt mal auf unseren Servern nach dem Rechten. Schaut nach, ob sie sauber sind.«

Die Tische sind hoch, um sie herum stehen Regiestühle. Als wir uns setzen, sagt Dodger: »Du ahnst ja nicht, wie sehr ich mich freue, dich zu sehen, alter Kumpel. Dein Artikel hat eine ganze Reihe schwerwiegender Probleme angesprochen, mit denen wir uns momentan herumschlagen. Du kannst uns doch bestimmt mit deinem Fachwissen weiterhelfen.«

»Du hast ja eine richtige Serverfarm hier«, sage ich. »Hast du eine T1-Leitung?«

Dodger zuckt die Achseln.

»Darum kommt man in unserem Geschäft nicht herum«, sagt er und fängt an, mir seine gesamte Hardwarekonfiguration zu beschreiben.

Man spürt, dass hinter einem kurzen Gang noch andere Räume kommen, vielleicht veterinärmedizinische Untersuchungsräume oder Räume voller Tierkäfige. Mein Blick fällt auf Berts Monitore und ich sehe Aufnahmen von einem Mädchen. Sie ist nackt abgesehen von den Strümpfen. Sie kommt mit dem Rücken zum Betrachter ins Bild und geht auf einen Tisch zu. Bert springt im Videomaterial zurück, so dass sie wieder hereinkommt, wieder auf den Tisch zugeht, sich ein wenig vorbeugt und sich mit den Handflächen nach unten darauf stützt.

»Das kriege ich schon in den Griff«, versichere ich Dodger, obwohl ich ihm nicht richtig zugehört habe. Das ist die Macht, die Videos ausüben. »Ich hole nur gerade meine Diagnostiklaufwerke aus dem Van.«

Ich werfe noch einen Blick auf den Bildschirm.

Dodger bemerkt meinen Blick und lächelt. »Und er hat behauptet, er steht nicht auf Videos«, sagt er zu Bert.

»Hab's mitbekommen«, sagt Bert.

»Wer sollte es dir verdenken?«, sagt Dodger. »Sie ist frisch, was ganz Besonderes. Sieh dir das an, die wackeligen X-Beinchen! Sie weiß nicht mal, wo sie hingucken soll. Ich sag den Kleinen, dass sie die Strümpfe anlassen sollen. Für das gewisse Extra.«

Auf dem Bildschirm kommt ein nackter Mann mit bleicher Haut dazu. Er nähert sich dem Mädchen von hinten.

»Sie braucht einen Namen«, sagt Dodger. »Die Guten sind schon alle belegt – Dazzle, Sparkle, Crush, Taffy, Daphne, Tumble, Twist.«

»Wie wär's mit Trampel?«, fragt Bert.

»Mach du weiter mit deinem Schnitt«, meint Dodger nur. Zu mir sagt er: »Bert hat kein Gefühl für Schönheit, er weiß das einfach nicht zu schätzen.«

Auf dem Bildschirm kommt der Mann dem Mädchen immer

näher. Er fasst um sie herum und legt seine Hände über ihre und pinnt sie fest. Sie verschwindet hinter seinem massigen Körper, das kleine Mädchen ist plötzlich nicht mehr zu sehen, und ich bin stimuliert. Es geht so schnell, dass ein Schauder durch meinen Körper rast und ich zusammenzucke. Der Männerkörper bewegt sich ruckweise und von dem Mädchen ist nichts mehr übrig.

»Wow«, sagt Dodger, als er meinen Gesichtsausdruck sieht. »Sieht so aus, als hätten wir einen neuen Fan. Bert, brenn eine Extrakopie für unsern Dark Meadow hier, der steht drauf.«

Bert dreht sich zu mir um und wirft mir einen säuerlichen Blick zu. Er sieht so aus, als hätte er seit Langem nicht mehr geschlafen.

»Man sieht das Mädchen noch nicht mal«, sagt er. »Das hier ist der Teil, den ich rausschneide.«

»Was zieht, zieht«, sagt Dodger. »Auf Videos stehst du nicht, aber das macht dich dann doch an, ja? Hilf uns, und du kannst sie haben. Mach unsere Server schön sauber, und sie gehört dir.«

Mit einem Mal sehe ich, dass der Tisch in dem Video aus Edelstahl ist. Und gerade, als ich bemerke, dass ich ebenfalls an einem Edelstahltisch sitze, kommt ein Mädchen ins Zimmer und geht ganz dicht an mir vorbei. Sie trägt eine Schale mit Frühstücksflocken in beiden Händen. Es ist die Sorte mit knallbunten Marshmallows darin, die Schale ist randvoll, bei jedem Schritt droht Milch überzuschwappen, deswegen bewegt sie sich ganz langsam, den Blick konzentriert auf den Rand der Müslischale gerichtet. Ich sehe, dass ihre Haare nass sind, dass sie einen Bademantel anhat, und das ist sie, das ist das Mädchen aus dem Video, und mir ist schlagartig klar, dass Dodger nicht das Video gemeint hat, als er sie mir anbot.

Ich reiße die Arme wie zur Abwehr hoch und springe so schnell auf, dass der Regiestuhl umkippt. Das Mädchen dreht sich zu mir um, die Milch schwappt über ihre Hände. Wir sehen uns in die Augen, einen Moment nur, dann renne ich. Ich lasse den USB-Stick fallen und renne. Ich stolpere gegen Berts Tisch, seine Monitore drohen umzukippen, und ich mähe beinahe einen Serverturm um, als ich zu meinem Van stürze.

Zu Hause schleppe ich meinen Rechner nach draußen, nach vorn in die betonierte Einfahrt, und schwinge den Hammer. Mit der spitzen Seite spalte ich das Aluminiumgehäuse und reiße die Grafikkarte, das CD-Laufwerk und den Arbeitsspeicher heraus. Ich kratze sämtliche Schaltkreise von der Platine. Ich ziehe die Festplatte aus dem Käfig und denke: *Ich bin schlecht. Ich bin krank.* Ich schlage mit dem Hammer auf die Laufwerke ein, dass der Schreib-Lese-Kopf davonfliegt und die Spindeln zerbrechen. »Ich bin schlecht«, murmele ich vor mich hin. »Ich bin krank.« Immer und immer wieder lasse ich den Hammer heruntersausen, bis außer zersplittertem Plastik und zermalmtem Aluminium nichts mehr übrig ist. Ich zertrümmere die Datenscheiben in den Festplatten mit dem Hammerkopf in Einzelteile. Rhonza geht vorbei. Sie sieht zu mir herüber und schnell wieder weg, und falls sie eine Meinung dazu hat, dann behält sie die für sich.

Mit dem Hammer in der Hand erhebe ich mich und drehe mich zu meinem Haus um. Was für ein Mensch lebt da, frage ich mich. Ich weiß, dass es diejenigen gibt, die dazu geboren sind. Aber was ist mit denen, die gemacht werden? Haben sie die Wahl? Dürfen sie selbst entscheiden?

Ziellos fahre ich den ganzen Tag mit dem Auto herum. Ich fahre zum Yachthafen und halte auf dem grell sonnigen Parkplatz. Ich laufe an den Schwimmdocks vorbei, und alles wirkt vertraut – Eis wird in Kühlboxen geschaufelt, ein Charterkapitän reinigt Angelruten vom Salzwasser. Aber als ich an den Liegeplatz komme, an dem ein Segelboot namens Ketchfire für immer in meinem Kopf festgemacht hat, ist da nichts. Nur ein Regenbogenschillern von ausgelaufenem Diesel auf dem Wasser. Gab es auch andere Jungen, frage ich mich. War ich der Einzige? Mein Kopf lässt keine Erinnerung an den Skipper zu, nur kleine Ausschnitte: Segelschuhe mit weißen Sohlen, braungebrannte Unterarme, graue Stoppeln.

Am La Cienega Boulevard gab es eine Pizzeria, in die der Skipper gern mit uns ging, ich fahre hin, und sie hat immer noch geöffnet. Sie ist sogar genau wie früher voller Jungen – Fußball-mannschaften, Little League, eine Brigade Jungs in denselben schwarzen Karateanzügen. Ich trinke ein zuckerfreies Rootbeer aus einem roten Plastikbecher und starre den Jungs in die Gesichter. Ich betrachte sie, wie sie die Pizzastücke in der Hand halten und mit ihren Noppenschuhen herumstaksen, und es ist mir egal, ob ich angeglotzt werde. Dies ist der Ort, wo Skipper mit uns Pizza essen ging, als unsere Gruppe sich zusammengefunden hatte und wir zum ersten Mal mit der Ketchfire gesegelt waren. Hier gab er uns unsere Spitznamen. Die anderen Jungs nannte er Nav und Crusher und Sparks und Cutter. Dann sah er mich an. Er muss etwas in mir gesehen haben. Ich muss etwas Besonderes an mir gehabt haben. Er sagte: *Und du bist Dark Meadow.*

Ich fahre die Old Topanga Canyon Road hoch, vorbei an der Ranch von Charles Manson und der Stelle, wo Jim Morrison den »Roadhouse Blues« schrieb. Ich sollte wohl noch erwähnen, dass es unten im Bauch des Boots noch ein weiteres Geräusch gab. Der Skipper hatte eine Kamera, so eine Einwegkamera, wie sie früher viele Leute hatten. Es war noch echter Film darin, und um den Film zur nächsten Aufnahme vorzuspulen, musste man drei Mal an einem Plastikrad drehen – *skritsch, skritsch, skritsch.* Wenn der Blitz sich auflud, gab er ein Sirren von sich. Der Skipper wählte den Bildausschnitt sorgfältig, ließ sich Zeit, und man wusste nie, wann einen das grelle Licht blenden würde.

Ich parke am Wanderparkplatz San Ynez und gehe bergauf, durch das Hundefreilaufgelände mit den Mülltonnen voller Hundekot in biologisch abbaubaren Plastikbeuteln über die Fußwege, wo bunte Kondomverpackungen in den Dornenbüschen flattern. Gelbes Gras wächst um eine riesige Eiche. Dem Zeitungsartikel zufolge ist es an dieser Stelle passiert. Hier oben herrscht immer eine steife Brise. Blick nach Westen: Meerespanorama. Ich betrachte die immergrüne Eiche, deren dickem Stamm man die Last der Jahre ansieht, und frage mich, über welchen der knorrigen Äste Skipper Stevenson wohl sein Seil geworfen haben mag.

Als ich zurück nach Hause komme, ist es schon dunkel. Der Tiger und das Bärchen sitzen auf meiner Veranda.

Als ich auf sie zugehe, sagt der Tiger: »Da war wieder jemand an unserem Fenster.«

»Wir haben ihn gehört«, bestätigt das Bärchen.

»Echt jetzt«, sagt der Tiger. »Es war super gruselig.«

»War da wirklich jemand?«, frage ich.

Die beiden werden still.

»Ich will nicht nach Hause«, sagt das Bärchen, und der Tiger nickt.

»Na kommt«, sage ich und schließe die Tür auf.

Ich schalte überall das Licht an und hole drei Milchpacks aus dem Kühlschrank.

Die Mädchen rennen durch die Wohnung und sehen sich alles an.

Als sie in mein Schlafzimmer flitzen, finden sie nur Pappkartons mit Computerbauteilen.

Enttäuscht kommen sie zurück.

»Wo ist Ihr Bett?«, fragen sie. »Wo schlafen Sie?«

Ich drücke ihnen die Milchpacks in die Hände und zeige auf das ausgeklappte Sofa direkt vor ihnen.

Das Bärchen meint teilnahmsvoll: »Sie schlafen auch im Wohnzimmer.«

Der Tiger fragt: »Und wo ist der Esstisch?«

»Ich esse meine Brote an der Anrichte in der Küche.«

»Aber haben Sie denn gar keine Stühle?«, will das Bärchen wissen.

»Doch, einen«, antworte ich. »Auf der Veranda. Du hast gerade darauf gesessen.«

»Wo ist der Fernseher?«, fragt das Bärchen.

»Ihr zwei trinkt jetzt einfach eure Milch und dann geht ihr ins Bett.«

Sie sind aufgekratzt und zu zappelig zum Schlafen, gehorchen aber trotzdem; sie kriechen unter die Bettdecke und versuchen still zu liegen.

Der Tiger betrachtet die Bermuda-Slup.

Sie sagt: »Als das Bild noch bei uns an der Wand gehangen hat, habe ich es mir eigentlich nie angeguckt.«

Ich werfe einen Blick auf den Seemann, der die Schoten in der Hand hält. Er hat abgelegt und sich auf die allentscheidende Reise begeben. Er hat eine Richtung eingeschlagen. Er brauchte nichts weiter zu tun, als sich für den richtigen Kurs zu entscheiden.

»Jetzt versucht mal einzuschlafen, ihr zwei.«

Ich setze mich auf die Veranda und schlage einen Artikel über den Mars-Rover auf, kann mich aber nicht konzentrieren. Officer Hernandez schickt mir eine SMS nach der anderen, Dodger auch. Ich denke nicht oft zurück an damals bei den Seepfadfindern, aber der Junge, der ich damals war, ist heute Abend überall, sein vertrauensseliges Gesicht, so still und hoffnungsvoll. Auch das Mädchen mit den Händen auf dem Edelstahltisch will mir nicht aus dem Kopf. Und Dodgers Stick – ich höre immer wieder das befriedigende Klicken, das er machen würde, wenn ich ihn in den USB-Port meines Rechners stecken würde. Mein Kopf füllt den verlorengegangenen Stick mit tausend Bildern. Ich vermisse meinen PC schon, die Ruhe und Ordnung, die er mir beschert hat; die Bilder würden aufhören, sich fortwährend in meinem Kopf zu drehen, wenn ich ihn nur hochfahren könnte. Die Brösel seines Skeletts glitzern in der Einfahrt, wenn ein Auto vorbeifährt.

Als ich glaube, dass die Mädchen eingeschlafen sein müssen, gehe ich hinein.

Sie sind hellwach.

»Mach das Licht aus«, sagt das Bärchen. »Ich kann nicht schlafen, wenn das Licht an ist.«

»Wir versuchen es noch ein bisschen länger mit Licht an«, sage ich.

Ich setze mich auf die Bettkante, ziehe die Schuhe aus und knöpfe meinen Kragen auf.

Dann lege ich mich neben sie – ich auf der Decke, die beiden darunter.

Wir starren zu dritt an die Decke.

Das Bärchen fragt:»Sind Sie der Sohn von Missus Roses?«

»Nein, ich habe das Haus nur von ihr gekauft.«

»Ich will auch einen Spitznamen«, sagt das Bärchen.

»Nein, das willst du nicht«, antworte ich.»Glaub's mir.«

Der Tiger liegt zwischen uns, aber die Energie vom Bärchen strahlt stark zu mir herüber. Ich kann die Kleine spüren. Ihren völlig offenen Blick. Wie sie neugierig die Augenbrauen hochzieht. Die dunkle Höhle am Ärmelaufschlag ihres Schlafanzugs.

»Habt ihr schon mal was Schlimmes gemacht?«, frage ich die Mädchen.

Das Bärchen starrt ins Leere. Sie sagt ganz langsam »Jaah«, als sehe sie den Friedhof schlechter Entscheidungen vor sich, die sie mit ihren zehn Jahren schon getroffen hat, die Wüste der Konsequenzen.

»Jeder macht mal was Schlimmes«, sagt der Tiger.»Und Sie?«

»Ich habe auch schon schlimme Sachen gemacht«, antworte ich.»Aber ich habe nie jemandem weh getan. Jedenfalls nicht direkt, nicht ich selbst.«

»Hat Ihnen mal jemand was Schlimmes getan?«, fragt sie.

»Haben Sie deswegen gefragt?«

»Ja, vor ganz langer Zeit mal. Da ist etwas Schlimmes mit mir passiert.«

Der Tiger wendet mir das Gesicht zu. Unsere Köpfe sind sich ziemlich nah.

»Was denn?«, fragt sie.

»Wahrscheinlich gibt es irgendwo Fotos davon«, sage ich.

»Fotos?«, fragt sie.»Wie sehen die denn aus?«

Ich schüttele den Kopf.»Irgendwo schwirren sie herum«, sage ich zum Tiger.»Aber ich habe sie nicht gesehen. Weil ich mir keine Bilder von Jungen anschaue.«

Sie verengt die Augen und versucht, das zu verstehen.

Sie ist die Ältere, deswegen sage ich ihr die Wahrheit.

»Ich sehe mir Bilder von Mädchen an.«

Der Tiger denkt darüber nach. Sie sagt:»Ein paar von den

Mädchen in unserem Cheerleader-Team, die haben Bilder von Jungs auf ihrem Handy. Die schicken sie sich gegenseitig. Sie interessieren sich für nichts anderes.«

Und sie erzählt mir alles darüber – von ihren Freundinnen, in wen sie verknallt sind, und wie leichtsinnig es ist, ein Foto weiterzuschicken.

»Kann bitte mal jemand das Licht ausmachen?«, fleht das Bärchen.

Der Tiger singt dem Bärchen etwas vor. Es ist ein Lied über ein Mädchen, das alleine in den Wald geht.

»My girl, my girl«, singt der Tiger. »Don't lie to me.«

Das Bärchen singt: »Tell me, where did you sleep last night?«

Zusammen singen sie: »In the pines, in the pines, where the sun don't ever shine –«

Ich unterbreche sie: »Das ist ein ziemlich ungewöhnliches Schlaflied.«

Sie ignorieren mich und singen zusammen den Refrain zu Ende: »I would shiver the whole night through.«

Der Tiger wirft mir einen Blick zu: »Erzähl das Kurt Cobain«, sagt sie.

Wegen meiner Erektion stehe ich etwas unbeholfen auf und gehe zum Lichtschalter. Ich betrachte die Mädchen noch einen Augenblick, ihre Umrisse unter der Decke, die kleinen Münder, wie der Tiger das Bärchen durch die letzten Zeilen führt, in denen es um kalte Winde geht. Vielleicht war ich etwas zu voreilig. Vielleicht habe ich mein Urteil über den Tiger zu früh gefällt. Sie hat etwas Süßes, Unschuldiges an sich. Auf ihre eigene Art stimuliert auch sie.

Dann knipse ich das Licht aus.

Draußen gehe ich durch den Garten und trete zwischen meine Rosenbüsche. Ich befeuchte meine Hand mit der Zunge. Ich lecke von unten nach oben über Handfläche und Finger. Ich stelle mich hinter die Blueskies und die Bourbons, damit man mich von der Straße aus weniger gut sieht, und fange an zu onanieren. Es bereitet mir keine Lust. Es geht um Sicherheit und Kontrolle und

Selbstbeherrschung. Ich tue es für die Mädchen. Sie brauchen meinen Schutz, das ist mir jetzt klar. Ich kann eine Macht des Guten in ihrem Leben sein. Ich habe das *Ping!* gehört. Ich kenne den Code. Wenn erst einmal etwas Schlimmes passiert ist, dann passiert es in jeder Minute des Lebens und kann nicht mehr rückgängig gemacht werden, das versteht Officer Hernandez nicht. Nicht durch eine Rettungsmannschaft oder eine Razzia oder ein Seil oder hundertvierzigtausend Dollar. Nicht nachher – vorher muss man handeln. Jetzt. Und an einem Tropfen Sperma, der im Mondlicht auf eine Rose fällt, ist nichts Schönes. Es ist eine Pflicht. Es ist einfach etwas, das getan werden muss, wenn die Unschuldigen schlafen.

DA LACHT DAS GLÜCK

JEDEN FREITAG traf sich DJ mit Sun-Ho zum Mittagessen. Sun-Ho war in Nordkorea seine rechte Hand gewesen, und DJ stand zutiefst in seiner Schuld. Da Fast Food das Einzige zu sein schien, was Sun-Ho an Seoul gefiel, gingen sie eben ständig zusammen Mittag essen, als Dank gewissermaßen. Oder vielleicht war es auch eher eine Art Wiedergutmachung. DJ konnte gar nicht so recht sagen, was genau er bei Sun-Ho eigentlich wiedergutmachen wollte. Doch über ein Super-Size-Doppel-Whopper-Menü ging es auf jeden Fall hinaus. In den vier Monaten seit ihrer Flucht waren sie bereits bei Bonchon Chicken und Kyochon Chicken und Gimbap Cheonguk und einem halben Dutzend anderer Läden gewesen. Heute wollten sie sich im Stadtteil Insadong im Lotteria treffen, einem Selbstbedienungsrestaurant, wo es Bulgogi-Burger gab.

DJ brach an seinem Männerwohnheim im Bezirk Gwanak auf. Das Wohnheim war alles andere als nobel, aber es erinnerte ihn in vielerlei Hinsicht an zu Hause – Türen, die man nicht abschließen konnte, polierte Betonböden, nächtliche Ausgangssperre und das Gefühl, zugleich allein und in Gesellschaft zu sein. Außerdem war er dort nicht der Einzige, bei dem es nicht so glattlief. In den anderen Stockbetten lagen Alkoholiker, Männer, die während der Wirtschaftskrise alles verloren hatten, und sogar ein paar arme Teufel, die im Irak Seite an Seite mit den Amerikanern gekämpft hatten. Amerikaner galten in Südkorea als Freunde, das hatte DJ bereits begriffen. Er hatte auch nie wirklich geglaubt, dass sie der Feind waren. Immerhin hatten sie Rubbellose, Crystal Meth, Hundertdollarscheine und insbesondere Katalysatoren erfunden.

Es war ein kalter Februartag. Eingemummt in einen dicken Parka und Schal nahm DJ die blaue Linie 4 bis ins Zentrum Seouls und stieg dann um in die Linie 3 nach Norden bis zur Station Anguk. Als er aus dem Zug stieg, hörte er den unverkennbaren Klang eines Akkordeons, das »Ohne Dich kein Vaterland« spielte. Die Leute hasteten kreuz und quer durch die Gänge, typisch für den Süden. Niemand schien zu bemerken, dass ein nordkoreanisches Lied gespielt wurde, und dann auch noch der große musikalische Tribut an Kim Jong Il.

DJ wusste erstaunlicherweise auf Anhieb, wer da spielte. Als Sun-Ho und er es endlich nach Südkorea geschafft hatten, verbrachten sie mehrere Monate in einem Auffanglager der Regierung, Hanawon hieß es. Und dort hatte er eine Frau kennengelernt, die dafür berühmt war, dass sie mit ihrem Akkordeon geflüchtet war. Angeblich wäre sie fast damit ertrunken, während sie den schnell fließenden Fluss Tumen im Herbst durchquerte. Sie hieß Mina, und sie wollte gar nicht flüchten, sagte sie, aber ihr Mann war verschwunden, und sie hatte sich auf die Suche nach ihm gemacht.

DJ folgte den melancholischen Klängen. Die Akkorde waren so schwermütig wie triumphierend, Klänge, wie er sie nicht mehr gehört hatte, seit er in den Süden übergelaufen war. Doch als er schon halb am Ausgang Samil-daero war, merkte er, dass die Musik leiser wurde – er musste in die falsche Richtung gegangen sein. Das Lied war zu Ende, er hatte sie verloren. Aber Minas Melodie ließ ihn nicht mehr los. Als er wieder im Freien war, lief er ziellos durch die Gegend, plötzlich überwältigt von Heimweh nach dem Norden. Die schroffen, schneeüberpuderten Berge rund um Seoul erinnerten ihn an die eisigen Anhöhen bei Ch'ŏngjin. Die schiefen Ziegeldächer und verbogenen Fernsehantennen im Hanok-Dorf Bukchon wirkten vertraut. Als DJ an einer Kirche vorbeiging, hörte er die versammelte Gemeinde *Yesu-nim* lobpreisen, dann wurde sie still zum Gebet. DJ konnte die Gläubigen zwar vom Bürgersteig aus nicht sehen, aber das fast lautlose Wispern, das er hörte, war ihm aus seiner Heimat zutiefst vertraut: tausend Köpfe, die sich im selben Augenblick neigten.

DJs Sehnsucht nach dem Norden wurde schnell von Seoul in seiner ganzen Wucht verdrängt, es gab einfach zu viel zu sehen. Frauen mit Gesichtsverbänden, frisch vom Schönheitschirurgen. Schoßhündchen in Kleidern. Als er an einem Fitnesscenter vorbeiging, starrte er die lange Reihe von Männern an, die auf Laufbändern joggten. Was trieb sie an? Wovor rannten sie weg? Daneben gab es ein Katzencafé und einen Club, in dem Teeniemädchen mit Maschinen tanzten. In einem leeren Einkaufszentrum sah er der Rolltreppe bei ihrem endlosen Kreisen zu, den Stufen, die auftauchten, hochfuhren, wieder verschwanden und niemanden nirgendwohin beförderten.

Noch ganz in Gedanken betrat DJ das Lotteria. Er suchte sich einen Platz in einer gelben Sitzecke. Durch die Fensterscheibe betrachtete er das bunte Treiben auf der Straße – eine junge Frau mit Tätowierungen am Hals, ein Student mit Eyeliner, ein ausgewachsener Mann im besten Militärdienst-Alter, der untätig auf dem Bordstein saß. Das einzig Vertraute, was er sah, war Sun-Ho, der langsam humpelnd die Straße herunterkam. Er hatte ein steifes Bein, das er nachzog. Im Norden hatte er die Größe eines Dreizehnjährigen gehabt. Hier war er nicht größer als ein Kind, auch wenn es dank der Intensität seiner großen, weit auseinander stehenden Augen unmöglich war, ihn mit einem zu verwechseln.

Als Sun-Ho das Restaurant betrat, nickte er DJ kurz zu und ging dann direkt zur Theke, um für sie beide Essen zu holen, obwohl er nicht mehr DJs Untergebener war. Er stellte sich ganz nach vorn in die Schlange, dann drehte er sich um und sah die anderen Kunden an, vor die er sich gedrängelt hatte. Sie hielten den Blick auf ihre Handys gerichtet und taten so, als sei nichts. Sun-Ho musterte sie kopfschüttelnd. Er verstand die Südkoreaner mit ihrer nicht enden wollenden Liebe zu Ordnung und Gehorsam einfach nicht. Die Vorschriften eines verbrecherischen Diktators zu befolgen war das eine, aber welchen unsichtbaren Mächten gehorchten diese Südländer?

»Bereit zur Aufnahme Ihrer Bestellung«, sagte der Lotteria-Angestellte.

Sun-Ho holte seine Zigaretten heraus und steckte sich eine in den Mund.

»Das Rauchen ist in unseren Räumen nicht gestattet«, sagte der Angestellte. »Firmenpolitik.«

Sun-Ho zeigte auf das Schild, auf dem die Speisen abgebildet waren. Er zeigte auf eine Bulgogi-Burger-Kombo und hielt zwei Finger hoch.

»Möchten Sie die Burger schanghaischarf gewürzt?«, fragte der Angestellte.

Sun-Ho nickte und zog die Essensmarken heraus, die sie von der Regierung hatten.

Der Angestellte schüttelte den Kopf. »Die nehmen wir leider nicht«, sagte er.

Sun-Ho klopfte seine Taschen auf der Suche nach den Streichhölzern ab.

»Glauben Sie an den göttlichen Funken?«, fragte er.

In dem Augenblick bemerkte der Angestellte Sun-Hos schroffen nordkoreanischen Akzent. Die Leute hinter ihm in der Schlange horchten ebenfalls auf – ein Mann im Golfpulli, Jugendliche in Schuluniformen.

»Ich verstehe nicht …«, sagte der Angestellte.

Sun-Ho starrte dem Mann in die Augen.

»Glauben Sie an die alles verzehrende Flamme des Herrn Jesus?«, fragte er. »Glauben Sie, dass nur Feuer Sie von Ihren Sünden reinigen kann?«

Sun-Ho war vielleicht körperlich nicht groß, aber zu spaßen war mit ihm nicht: Er hatte sieben Jahre lang an Bord eines U-Boots mit zehnköpfiger Besatzung gedient, er hatte sich mit der Bowibu angelegt und einen Winter im Lager 25 überlebt. Dieser Mann hatte die schlimmste Hungersnot überstanden und den Beschwerlichen Marsch in der Provinz Nord-Hamgyŏng mitgemacht. Selbst nach Ch'ŏngjins politischer Säuberung war Sun-Ho noch da gewesen.

Der Restaurantmitarbeiter nahm die Essensmarken entgegen und händigte ihm die Burger in Papiertüten zum Mitnehmen aus.

Sun-Ho gesellte sich in die Sitzecke zu DJ, nahm sein Gebiss heraus und wickelte den Hamburger aus dem Papier.

»Was war denn das für ein irres Zeug, was du zu dem gesagt hast?«, fragte DJ. »Damit hast du sogar mich nervös gemacht.«

»Das probiere ich jetzt öfter«, antwortete Sun-Ho. »Diese Südländer kriegen den Schreck ihres Lebens, wenn man etwas Christliches zu ihnen sagt, sich dabei aber nicht wie ein Christ verhält.«

»Ich glaube, du warst bei zu vielen dieser Zusammenkünfte.«

»Bei viel zu vielen Zusammenkünften«, bestätigte Sun-Ho und biss zu.

Als sie am Incheon Airport eintrafen und sich den Grenzbeamten auslieferten, wurden sie danach nicht wie angenommen in die Freiheit entlassen. Stattdessen mussten sie acht Wochen in Hanawon verbringen, wo sie verhört und ausgefragt und ihre Fingerabdrücke erfasst wurden und sie eine Vielzahl körperlicher und geistiger Untersuchungen über sich ergehen lassen mussten. Alle Flüchtlinge aus dem Norden kamen nach Hanawon. Man unterrichtete sie in allem, was sie über das Leben in Südkorea wissen mussten – wie man mit Geld umging, Körperpflege, Benimmregeln, rechtliche Belange. DJ und Sun-Ho hatten es in Nordkorea ziemlich gut gehabt, sie waren insofern also über das meiste davon nicht ganz so erstaunt wie andere Flüchtlinge. Aber eins überraschte sie dann doch: »Dongjoo« und »Sun-Ho« waren im Süden wohl nicht gerade beliebte Vornamen. Sie waren altmodisch, und das könne ihnen die Eingewöhnung erschweren, sagte man ihnen. Man schlug Dongjoo vor, sich einen hippen Spitznamen zuzulegen, und er wurde zu »DJ«. Sun-Ho ging einfach aus dem Zimmer.

Und auch als sie Hanawon verlassen durften, waren sie immer noch nicht frei. Zu viele Flüchtlinge waren alkoholabhängig oder obdachlos geworden, hatten gar versucht, sich das Leben zu nehmen oder waren – noch schlimmer – zurück auf die andere Seite geflüchtet. Deswegen gab es fixe Termine – mit dem Sachbearbeiter, Unterstützungstreffen mit der Gruppe, Treffen mit christlichen Missionaren, allwöchentliche Zusammenkünfte, bei denen man sich »alles von der Seele reden« konnte. Samstagmorgens gaben ihnen ältere Schüler Englischunterricht. Die Flüchtlinge erhielten Bankkonten, Mietzuschüsse und einen Stapel Essensmarken, die kein anständiges Restaurant haben wollte. Zum Glück war Fast Food das Essen, das ihnen am besten schmeckte. Es war lecker, warm und immer verfügbar, egal, wann man darauf Appetit hatte.

Sie nickten sich zufrieden zu und genossen jeden Bissen.

»Und, was meinst du?«, fragte Sun-Ho. »Ob Weidenkätzchen dieser Hamburger schmecken würde?«

DJ schwieg.

Sun-Ho beantwortete seine Frage selbst. »Ja, ich glaube, dieser Hamburger würde ihr sehr gut schmecken.«

Mit einer Pommes titschte er etwas Schanghaisoße aus der Papierverpackung auf.

»Aber diese Pommes«, fuhr Sun-Ho fort. »Die wären zu fettig für sie. Du weißt ja noch, wie makellos ihre Haut ist. Insofern ja zum Hamburger, aber ihrer reinen Haut zuliebe würde Weidenkätzchen auf die Pommes verzichten.«

Es gab Gerüchte, Sun-Ho hätte mit jeder Witwe in Ch'ŏngjin geschlafen. Und doch sprach er immer nur von Weidenkätzchen, wie er Weidenkätzchen fast erobert hätte, dass Weidenkätzchen seine Frau geworden wäre, hätte er nur ein bisschen mehr Zeit gehabt. Seit ihrer Flucht hatte Weidenkätzchen einen engelsgleichen Status angenommen, so rein und unerreichbar wie *Yesunim* persönlich.

DJ wusste, dass er Sun-Ho nicht auch noch anstacheln sollte, aber er konnte nicht anders. Er musste ihn einfach fragen: »Und was würde Weidenkätzchen über die ganzen Damen in Gangnam denken, mit denen du ins Bett gehst?«

»Du meinst wohl eher, *daran arbeitest*, mit ihnen ins Bett zu gehen«, korrigierte Sun-Ho ihn. »Hier im Süden stürzt du dich nicht einfach auf die nächstbeste Frau, mein Lieber. Du musst sie hegen und pflegen. Zu den ganzen Treffen gehen. Und nur, dass das klar ist: Diese Frauen haben rein gar nichts mit Weidenkätzchen und ihrer Reinheit zu tun.«

DJ fragte: »Erzählst du den Damen hier die Räuberpistolen, die sie so gern hören wollen?«

»Bei diesen Treffen geht es darum, das zu verarbeiten, was man erlebt hat«, antwortete Sun-Ho. »Die Frauen kriegen kein Geld dafür. Unser Schicksal geht ihnen wirklich zu Herzen. Sie kommen ja nur deshalb – um sich unsere Geschichten anzuhören.«

»Ich sehe schon«, sagte DJ. »Du bist auf bestem Weg zum Promi-Flüchtling.«

Die Flüchtlingsstars sah man dauernd im südkoreanischen Fernsehen. Es waren zumeist wunderschöne junge Frauen, die mächtig auf die Tränendrüse drückten, während sie ihre haarsträubenden Storys zum Besten gaben – Geschichten, wie sehr sie gehungert hatten, wie sie verschleppt, gefoltert und misshandelt worden waren. Immer stirbt ein Baby. Immer kommt der Augenblick, in dem der dunkle Schatten der Vergewaltigung über die Geschichte fällt, und der Moderator lässt das Unsagbare ein paar Takte lang in der Luft hängen, bevor dann die verzweifelte Flucht selbst zur Sprache kommt. Der Durchschnittsflüchtling kam nicht in die Nachrichten. Und was garantiert nie im Fernsehen gezeigt wurde, war die Geschichte eines Mannes, der in einer schwarzen Mercedes-Limousine aus Nordkorea geflüchtet war, zusammen mit seinem Fahrer, der auf einem Aktenkoffer voll gefälschter Lotterielose sitzen musste, damit er über das Lenkrad hinwegblicken konnte.

DJ fragte: »Und nippen diese Damen an ihrem Weißwein, während du ihnen erzählst, wie eiskalt der Winter war und wie allgegenwärtig die Gefahr?«

»Der Winter war eiskalt.«

»Wir hatten ein Gasöfchen.«

»Es war gefährlich. Leute wurden erschossen und verschwanden.«

»Wir haben Schutzgeld gezahlt«, entgegnete DJ. »Was wir in

Ch'ŏngjin genau gemacht haben, hast du den Damen vermutlich nicht erzählt, oder?«

»Natürlich nicht«, antwortete Sun-Ho.

Er leckte sich die letzten Soßenreste von den Fingern und knüllte das Papier zusammen.

»Die Hungersnot war echt«, sagte Sun-Ho.

DJ nickte. »Die Menschen sind verhungert.«

Sun-Ho lächelte. »Denk doch mal nach«, sagte er. »Wenn du zu den Zusammenkünften in Gwanak gehst, lernst du nur Durchgeknallte und Obdachlose kennen. Komm doch auch nach Gangnam – das sind wirklich Frauen mit einem guten Herzen. Ihre Männer sind nie da. Die Kinder haben sich zum Studium in Stanford verabschiedet. Diese Damen haben den ganzen Tag frei, und ich sag's dir – sie wissen, wie man sich was Gutes tut.«

Sun-Ho ertappte die Teenager in den Schuluniformen dabei, wie sie ihnen misstrauische Blicke zuwarfen.

»Was?«, schrie er zu ihrer Sitzecke hinüber. »Was gibt's da zu glotzen?«

Die Schüler interessierten sich plötzlich rasend für die Pommes auf ihrem Teller.

Sun-Ho sagte zu DJ: »Als ich in dem Alter war, habe ich nirgendwo rumgehockt und blöd Leute angeglotzt. Mit sechzehn gab es in meinem Leben nichts außer Hammer und Sichel.«

Das stimmte. Für DJ war ein angenehmer Lebensweg vorgezeichnet gewesen, aber Sun-Ho hatte immer zu kämpfen gehabt. DJ warf den Teenagern einen Blick zu. Er war in Pjöngjang aufgewachsen und hatte, genau wie sie, eine Schuluniform getragen, allerdings mit rotem Halstuch. Zurzeit sah man ständig überall Bilder von Kindern in Schuluniform. Vor Kurzem war eine Fähre gesunken, auf der über zweihundert Schüler ums Leben gekommen waren, und DJ fielen die uniformierten Kinder seitdem überall auf, wie sie in Grüppchen über die Straße schlenderten, die Köpfe in U-Bahn-Waggons zusammensteckten, in Burgerläden die Zeit totschlugen. Sie hatten etwas Geisterhaftes an sich, die Jungen mit ihren grün-weiß gestreiften Krawatten, die Mädchen mit den schneeweißen Halstüchern und Blazern in der Farbe des eisigen Ozeans. Den Schülern war befohlen worden, in ihren Kabinen zu bleiben, als die Fähre langsam unterging, und dort harrten sie aus, bis das Schiff in den Wellen versank.

»Fast hätte ich's vergessen«, sagte Sun-Ho. »Ich hab dir ein paar Glücksbringer mitgebracht.«

Er zog eine Handvoll Lose heraus.

DJ nahm eins in die Hand und drehte es um. Es war ein Sofortlotterielos mit der Aufschrift »Dreifaches Juwel«.

»Was hast du mit denen vor?«, fragte er.

Sun-Ho zuckte die Achseln. »Ich löse meine Schecks von der Regierung im Laden an der Ecke ein. Da habe ich ein paar Lose mitgenommen. Ich hab mir gedacht: Warum sollen wir nicht mal unser Glück mit der südkoreanischen Lotterie versuchen?«

DJ hielt das Los ans Licht. Das war kein billiges chinesisches Rubbellos. Das war keine gefälschte Pai-Gow-Pokerkarte, von denen man zehntausend auf einmal drucken konnte. Es war sogar besser als »Da lacht das Glück«, das feinste Rubbellos, das sie je gefälscht hatten.

»Guck dir das an«, sagte Sun-Ho. »Das hier heißt 520. Damit kann man eine Pension von der südkoreanischen Regierung gewinnen. Man bekommt zwanzig Jahre lang eine Pension von der südkoreanischen Regierung ausgezahlt.«

DJ holte seine Lesebrille heraus, die ihm der Augenarzt in Hanawon angepasst hatte. Er untersuchte den 520-Schein. Er bestand aus mehreren Schichten und hatte zwei Gewinnfelder, ein Sicherheitshologramm aus Folie, ein Anti-Kopier-Raster und selbstentwertende Streifen. Wenn man noch genauer hinsah, waren Perforation und Mikroschrift zu erkennen. Dieses Los war auf einer sehr raffinierten Maschine gedruckt worden, vermutlich sogar mehreren verschiedenen Maschinen, nicht der alten japanischen Druckerpresse, die sie von Hand umgebaut und am Laufen gehalten hatten.

»Na komm, jetzt mach nicht so ein ernstes Gesicht. Rubbel es auf«, drängte Sun-Ho ihn.

DJ sah zu, wie Sun-Ho die graue Gummibeschichtung des Loses mit einem Autoschlüssel abkratzte. Den leicht irren Glanz, der dabei in Sun-Hos Augen aufflackerte, kannte er. In Nordkorea war Verbrechen staatlich legitimiert und lebensnotwendig. Wer was auf dem Teller hatte, hatte es illegal. Hier in Seoul machte man sich hingegen schnell strafbar.

»Warte mal«, sagte DJ. »Was ist das für ein Autoschlüssel?«

Sun-Ho reichte ihn rüber.

Es war ein Generalschlüssel von einem Toyotahändler, auf dem das Jahr 2000 eingeprägt war. Mit ihm konnte man jeden Toyota dieses Jahrgangs öffnen und anlassen. »Wo hast du den denn her?«, wollte DJ wissen.

»Habe ich mitgebracht«, antwortete Sun-Ho. »Ich habe alle unsere Schlüssel mitgebracht.«

Wie hatte Sun-Ho nur bei ihrer überstürzten Flucht daran denken können, die Generalschlüssel mitzunehmen? DJ gab ihm den Autoschlüssel zurück. »Schmeiß sie alle weg«, sagte er. »Wir brauchen keine Westgeld-Quoten mehr zu erfüllen. Das ist vorbei. Und eine 520er-Pension brauchst du auch nicht. Wir kriegen Unterstützung von der Regierung.«

Sun-Ho rutschte auf die Sitzbank neben DJ, so dass die beiden Männer Schulter an Schulter saßen. Er sah DJ aus seinen runden, hervortretenden Augen an. Die Ärzte in Hanawon hatten gesagt, dass solche Glubschaugen Anzeichen für eine bestimmte Krankheit seien, aber Sun-Ho wollte den Namen nicht wissen. Die meisten Menschen fürchteten sich vor diesen Augen, aber als DJ jetzt hineinblickte, dachte er nur, dass sie ziemlich verletzlich wirkten.

»Ich spiele Lotto, na und?«, sagte Sun-Ho. »Ich habe mich mit ein paar netten Gangnam-Muttis angefreundet, na und? Ich leihe mir Autos, na und?«

»Du leihst dir Autos?«

Sun-Ho reagierte nicht.

»Ich versuche, das Beste aus unserer Situation zu machen«, sagte Sun-Ho. »Ich bin nicht freiwillig abgehauen, falls du dich erinnerst.«

DJ schlug die Augen nieder. »Natürlich vergesse ich das nicht.«

»Gut so«, sagte Sun-Ho und gab DJ einen Klaps auf die Schulter.

Hier im Süden gab es kein Wort für ihre Art von Beziehung. Sun-Ho war gute fünfzehn Jahre älter als DJ, aber er war mehr als irgendein Onkel für ihn. Ihn »Genosse« zu nennen brachte nicht zum Ausdruck, wie viel jeder von ihnen geopfert hatte, damit der andere weitermachen konnte. Sun-Ho hatte ihn *Sajang* oder scherzhaft *Big Boseu* genannt, aber DJ hatte sich ihm gegenüber nie wie ein Boss verhalten. Und er hatte nie einen Untergebenen gehabt, der so gerissen und kaltschnäuzig war wie Sun-Ho. Sun-Ho war sein Assistent, Fahrer, Partner, Beschützer und Freund gewesen. Vielleicht hatte es auch im Norden einfach keinen richtigen Begriff für ihr Verhältnis gegeben, aber da hatten sie auch keinen gebraucht.

»Außerdem brauchst du dir um *mich* keine Gedanken zu machen«, sagt Sun-Ho. »Mir ist nur mein Land abhandengekommen. Aber du, du bist gerade dabei, noch viel mehr zu verlieren. Du zerbrichst dir wahrscheinlich den Kopf darüber, ob du hier jemals reinpassen wirst. Aber wenn du mich fragst, *DJ*, dann hast du dich schon viel zu sehr angepasst.«

Wie sollte er Sun-Ho klarmachen, dass das Leben in Seoul ihm nicht den Blick für den Süden öffnete, sondern für das Leben, das er im Norden geführt hatte? Wo war das große Los, das einem das Blut von den Händen waschen konnte?

Sie hörten ein Geräusch, das Klicken einer Handykamera. Die beiden Männer drehten sich zu den Teenagern um, die unschuldig dasaßen und ihre Limo schlürften.

Sun-Ho stand auf und hinkte hinüber zu ihrer Sitzecke.

»Komm, wir gehen«, versuchte DJ ihn zu beschwichtigen.

»Ihr wollt also ein Foto von einem Nordkoreaner?«, fragte Sun-Ho.

Keiner der Schüler hob den Blick, aber einem Mädchen entfuhr ein nervöses Kichern.

»Hier bin ich«, verkündete er. »Bitte, nur zu. Na los, schießt ein Foto von einem *Chosŏnin*, das ihr dann ins Internet stellen könnt.«

»Komm schon«, sagte DJ. »Lass es gut sein.«

Sun-Ho wollte es nicht gut sein lassen. Er beugte sich zu den Schülern vor und setzte ein irres Lächeln auf.

»Hier, jetzt könnt ihr mich knipsen«, sagte er. »Hier, ich lächle, ich sage *Kimchi*.«

Die Schülergruppe saß da wie erstarr.

»Na, das habe ich mir gedacht«, sagte Sun-Ho. »Ihr seid doch alle nur Mitfahrer, genau wie die auf der Fähre. Das ganze beschissene Land hier ist das Fährschiff. Ihr nennt uns ferngesteuerte Roboter. Ihr nennt uns Zombies. Aber wir wissen, was Unglück ist. Wir wissen, wie man überlebt, und eins sag ich euch – von uns wäre nicht ein Einziger auf dem verdammten Schiff ersoffen.«

Vielleicht war Blut ein zu starkes Wort. Ja, DJ hatte in Nordkorea einen gewissen Lebensstil gepflegt. Er hatte ein paar Privilegien genossen, aber Blut an den Händen? Richtig wohl gefühlt hatte er sich nie damit, dass er falsche Hoffnungen, gefälschte Arzneimittel und frisierte Autos verkaufte. Und natürlich war ihm klar, dass das Regime mit dem von ihm beschafften Geld irgendwelche krummen Dinger drehte. Aber erst im Süden kam ihm der Gedanke, es könnte Blut an seinen Händen kleben. Hier hatte er zum ersten Mal Leute offen sprechen gehört; das war im Norden undenkbar gewesen. In Hanawon hatten die anderen Flüchtlinge von verzehrendem Hunger, nie enden wollender Arbeit, willkürlichen Repressalien und Bestrafungen erzählt, wie es sie zuletzt bei den Mongolen gegeben hatte. Er hörte von Menschen, die versklavt wurden, andere verschwanden, ganze Familien wurden von Gefängnissen geschluckt. Solche Gerüchte waren auch damals schon an seine Ohren gedrungen, aber hier sah DJ nun zum ersten Mal mit eigenen Augen Menschen aus abgelegenen, verarmten Provinzen, in die niemand fahren durfte. Hier sah er die sehnigen, ausgemergelten Körper. Er sah die verfaulten Zähne, die durch Mangelkrankheiten verursachten Geschwüre.

Und dann gab es Google Earth. Er war geradezu süchtig nach Satellitenbildern von Pjöngjang – von den Mansudae-Kunststudios, wo seine Mutter Malerin gewesen war, der Kegelbahn *Goldene Neun,* wo er im Schatten des Jucheturms die Jugendmeisterschaft gewonnen hatte. Er betrachtete die Universität von oben, in der er zum Ingenieur ausgebildet worden war, und sehnte sich nach der einen Glühbirne zurück, die auch dann noch brannte, wenn ganz Pjöngjang in Dunkelheit versank. Sie steckte in der Lampe, die Kim Il Sungs Statue in der Universität anstrahlte. Als Student glaubte DJ daran, dass die Formeln, die sie auswendig lernten, eines Tages dazu beitragen würden, ihr Land groß und mächtig zu machen. Alle glaubten sie das. Und wenn der Strom ausfiel, kamen die Studenten aus ihren dunklen Wohnheimen herbeigetappt und setzten sich dem Großen Führer zu Füßen und lasen und lernten in seinem ewigen Licht.

Natürlich erwartete ihn ein anderes Schicksal. Nach dem Abschluss bekam die schlechtere Hälfte seines Jahrgangs Posten als Ingenieure. Sie durften Dinge erfinden. Die bessere Hälfte, DJs Hälfte, wurde Abteilungen zugeschlagen, die harte Währungen erwirtschaften mussten. Eine Abteilung produzierte gefälschte Pharmazeutika. Eine andere leitete einen südostasienweiten Versicherungsschwindel. Andere führten Drogenlabore, packten Zigaretten um oder vertickten Haifischflossen nach China. DJ wurde nach Ch'ŏngjin geschickt und war da verantwortlich für eine Druckerei, die gefälschte Rubbellose herstellte. Da er dort so erfolgreich war, wurde ihm auch noch die Leitung eines panasiatischen Gebrauchtwagen-Rings übertragen. Sie importierten achthundert Autos im Monat aus Japan, bauten die Katalysatoren und die Airbags aus, setzten die Kilometerzähler zurück und verkauften die Kisten dann billig nach China. Bilder aus Ch'ŏngjin anzusehen setzte DJ zu. Selbst aus dem Weltall waren die Giftmülldeponien zu sehen, die verrosteten Stahlwerke, die unzähligen Gräber der Verhungerten, die die Hügel wie Pocken überzogen. Die schwarzen Punkte überall auf dem Hauptplatz waren die bettelnden Kinder, die im Freien schliefen. In der Zeltstadt bei der Schiffswerft lebten die Wärter, die auf den Gefängnisschiffen Wache schoben. Und auf den Gleisen westlich der Stadt standen die Viehwaggons, in denen ganze Familien saßen und auf den Abtransport in die Gefängnisbergwerke von Mantapsan und das Internierungslager Hwasŏng warteten.

Sun-Ho hatte ihn vor all dem beschützt. Von dem Augenblick an, in dem DJ in Ch'ŏngjin aus dem Zug gestiegen und von den *Kotjebi*-Kindern um Essen angebettelt worden war, war Sun-Ho da gewesen, um sie wegzuscheuchen. Sun-Ho wusste, wie man mit den Gestalten auf der Straße umging, die seine schwarze Limousine umdrängten. Sun-Ho hielt die Werftarbeiter in Schach und bot den Fährbesatzungen aus Niigata die Stirn. Er ließ sich von den chinesischen Losverkäufern in Yanbian nicht unterbuttern, er bestach die *Bowibu*. Selbst 1997, in den dunkelsten Zeiten, als die Menschen den Kleister von den Propagandaplakaten leckten, war Sun-Ho jeden Morgen mit Fisch und Reis da gewesen, und DJ brauchte nie zu fragen, woher das Essen stammte.

Aber was nützten diese Grübeleien wenn er Nordkorea sowieso nie wiedersehen würde? Seoul musste er begreifen lernen. Und je länger sie hier waren, desto mehr schienen sich ihre Rollen umzukehren. Jetzt brauchte Sun-Ho jemanden, der auf ihn aufpasste.

DJ befolgte Sun-Hos Rat und ging zu einer anderen Zusammenkunft, allerdings nicht im schillernden Gangnam, sondern in Gwanak, nicht weit vom Busbahnhof auf der Südseite des Flusses entfernt. Diese Zusammenkunft fand in einer Kirche statt, einem modernen Betonbau mit einem Kreuz aus Leuchtstoffröhren. Als er hereinkam, machte die Alkoholiker-Selbsthilfegruppe gerade Pause. Nervös standen sie draußen vor dem Eingang und rauchten. Als die Flüchtlinge einer nach dem anderen an den Alkoholikern vorbei hineingingen, konnte DJ sich vorstellen, was sie dachten: *Mein Leben mag ja schon beschissen sein, aber wenigstens bin ich nicht im Norden auf die Welt gekommen.*

In einem Kellerraum standen Metallstühle im Kreis. Darüber

hing ein Gemälde von *Yesu-nim* mit Dornenkrone. Die Sitzung begann mit einem Dankgebet an ihn. DJ beugte wie alle anderen den Kopf. Hier gab es keine heißen Gangnam-Moms, die das Treffen leiteten – nur christliche *Ajummas* mit todernster Miene.

Die Flüchtlinge stellten sich einer nach dem anderen vor, nannten ihr Alter, aus welcher Provinz sie kamen, wann sie geflüchtet waren. Danach sollte man drei Dinge nennen, die am Leben im Süden gut waren. Die Leute nannten die üblichen Dinge – Freiheit, Möglichkeiten, das Internet und so weiter. Eine junge Frau mit einer stolzen Haltung war da, so schön wie die Flüchtlingspromis im Fernsehen, aber sie wollte niemanden ansehen. Ohne ihr Akkordeon hätte DJ sie um ein Haar nicht erkannt.

»Ich heiße Mina«, sagte sie. »Ich stamme aus der Provinz Nord-Hamgyŏng. Ich war Lehrerin, bis die Schwierigkeiten anfingen.« Und vielleicht war sie nicht recht bei der Sache oder hatte vorher nicht zugehört, jedenfalls zählte sie drei Dinge auf, die gut am Leben im *Norden* waren. »Ich vermisse das Karaokesingen und dass ich nicht mehr mit meinen Freundinnen zu den heißen Quellen gehen kann. Am meisten vermisse ich meine Schüler.« Sie zögerte, dann fügte sie noch hinzu: »Um diese Jahreszeit, bei dem Wetter, da muss ich immer an Rehe denken. Vor der Hungersnot hatte mein Vater eine Rehzucht, wegen der Geweihe. Ich habe die kleinen Geweihe immer geliebt – sie haben sich angefühlt wie Moos und rochen nach Gebirgsbach.«

Der Norden war voll von Korruption, Rücksichtslosigkeit, Brutalität und Gewalt. Aber Mina hatte recht. Auch in Ch'ŏngjin gab es Schönheit. Unter der winterlichen Raureifdecke konnten sogar die Ruinen stillgelegter sowjetischer Fabriken schön aussehen – festgefrorene Brückenkrane unter schweren weißen Wolken; mit Frost überzuckerte vergessene Zinkwagen, rostige Fließbänder, glitzernde Eisberge, die von Wladiwostok her auf dem Meer angetrieben kamen.

DJ betrachtete Minas Kurzhaarschnitt, ihren in die Ferne gerichteten Blick. In Ch'ŏngjin konnte man nur im Seemannsclub Karaoke singen, und das war ein Nachtclub für hohe Tiere und

Parteibonzen. Und um Zugang zu den Thermalquellen in Onpho zu erhalten, musste man schon jemanden beim Militär kennen. Er fragte sich, ob ihr Mann wohl bei der Marine gewesen war. So viele Offiziersstellen gab es nicht, und das war für sich genommen schon ein ziemlich guter Grund von heute auf morgen zu verschwinden.

Als DJ an die Reihe kam, wollte er nicht zugeben, dass er aus Pjöngjang stammte.

»Ich bin aus der Provinz Nord-Hamgyŏng geflüchtet«, war alles, was er sagte.

Und was sollte er für positive Aspekte des Südens aufzählen? Dass er sich über Burger, Google Earth und seine neue Lesebrille freute? Er wollte keine Nordnostalgie anstimmen. Er vermisste Ch'ŏngjin, den salzigen Geruch der Fischernetze, die zum Trocknen aufgehängt wurden, die jadegrünen Wogen des Ostmeers. Er vermisste die Verkehrspolizistinnen, die pastellfarbenen Wohnblocks, die Gymnastikgruppen, die im Morgengrauen die Plätze bevölkerten. Nichts davon würde er jemals wiedersehen. Er vermisste Frauen in Kaninchenfellmänteln. Er vermisste die Winterrettiche, die man aus der kalten Erde zog und im Schnee abputzte. Es fehlte ihm, dass der Strom nicht mehr jeden Abend ausging, dass keine schwarze Decke über die Menschen geworfen wurde, mit denen man zusammensaß, und wie die persönlichen Gespräche, die man den ganzen Tag zurückgehalten hatte, auf einmal nur so flossen.

Mina sah ihm in die Augen. Er merkte, dass alle ihn wartend anschauten.

»Ich schätze Demokratie, Freiheit und die vielen Fernsehprogramme«, sagte er, fügte dann aber hinzu: »Aber es fehlt mir, wie dunkel es früher immer wurde.«

Für diesen kontraproduktiven Kommentar wurden ihm ein paar enttäuschte Blicke zugeworfen. Am Ende der Versammlung wurde erneut *Yesu-nim* gepriesen, Mina schlüpfte aus dem Kreis, und DJ folgte ihr.

Sie ging die Bongcheon-ro hinunter auf den Boramae-Park zu.

Als er sie einholte, sagte er: »Ich habe dich neulich spielen gehört, im U-Bahnhof Anguk.«

Sie warf ihm einen Blick zu, der Misstrauen oder Neugier ausdrücken konnte.

»Du hast Talent«, sagte er.

Sie reagierte nicht.

»Warst du in Mangyongdae oder auf dem Konservatorium?«

»Ich habe den ganzen Tag lang mit den Kindern Propagandalieder gesungen«, antwortete sie. »Dazu muss man Akkordeon spielen können.«

Ein Geschwader ausrangierter Kampfjets flankierte den Eingang zum Park. Sie standen auf enormen Sockeln und zeigten mit den Nasen nach Norden. Mina bog in den Park ein und ging einen schneeüberstäubten Weg entlang.

»Haben deine Lehrerinnen denn kein Akkordeon gespielt?«, fragte sie.

DJ schüttelte den Kopf.

»Woher stammst du?«

»Aus Pjöngjang.«

»Ich dachte doch, den Dialekt kenne ich«, sagte sie. »Vielleicht haben die Schüler in Pjöngjang ja wirklich was gelernt. Da, wo ich herkomme, jedenfalls nicht. Männer kamen in unsere Oberschule. Die hübschen Mädchen wurden ausgesucht und mitgenommen. Wir bekamen ein Akkordeon. Das war's. Ob man das Akkordeon nun leiden konnte oder nicht, danach hat keiner gefragt.«

DJ wollte ihr sagen, wie schön er sie fand, aber er hielt den Mund. Er wollte sie fragen, warum sie ihr Leben aufs Spiel gesetzt hatte, um mit einem Instrument zu flüchten, das sie so wenig mochte, aber er sagte nichts.

Sie kamen an einer Gruppe dick vermummter Frauen vorbei, die eine Art Tanz in Zeitlupe ausführten. Alle bewegten sich im Gleichtakt: Eine Hand zog unendlich langsam vor den Augen vorbei, ein Fuß hob sich und schien nie wieder auf der Erde zu landen. DJ und Mina warfen sich einen Blick zu. Sie liefen weiter, um nicht loszuprusten.

Nach einer Weile sagte Mina: »In Hanawon habe ich dich mit einem älteren Mann gesehen. War das dein Vater?«

DJ hatte seine Eltern seit dem Abschluss seines Ingenieurstudiums nicht mehr gesehen. Für ihn waren sie wie die Erinnerung an ein Foto – ein Bild, das man so lange angestarrt hat, dass es allmählich die echte Erinnerung verdrängte, bevor man dann auch das Foto verlor.

»Das war Sun-Ho«, antwortete er. »Wir haben zusammengearbeitet. Fremdwährungsbeschaffung.«

Diesmal lag eindeutig Misstrauen in ihrem Blick.

»Das war nicht gefährlich oder so«, erklärte DJ. »Die Autos wurden in Japan gestohlen, dann nach Wladiwostok verschifft, in Ch'ŏngjin manipuliert, mit dem Zug nach Norden verladen, wo die Chinesen dann neue Papiere dafür gefälscht haben. Reich sind andere Leute geworden. Wir hatten zu essen, mehr nicht.«

Sie gingen auf eine Schlittschuhbahn zu. Teenagergrüppchen und Paare liefen gegen den Uhrzeigersinn oder tanzten zu einer Musik, wie DJ sie noch nie gehört hatte.

DJ fragte: »Erkennt eigentlich irgendjemand die Lieder, die du spielst?«

»Nur die Nordkoreaner«, sagte Mina.

»Und sind dir schon mal Leute begegnet, die du aus dem Norden kennst?«

»Manchmal.«

»Aber nicht der, nach dem du suchst.«

Sie schüttelte den Kopf.

Kurz darauf lehnten sie an der Bande und sahen zu, wie die Eisläufer ihre Runden zogen. Die Musik war laut, so laut, dass man das Schönste nicht hörte – das Schaben der Schlittschuhe in den Kurven. Der Mann, der für die Musik zuständig war, trug Kopfhörer und fingerlose Handschuhe, damit er eine Batterie von Reglern betätigen und die Schallplatten von Hand drehen konnte.

»Ich würde dich gern mal spielen hören.«

Mina hatte den Blick auf die eislaufenden Familien gerichtet.

»Meinetwegen«, sagte sie. »Aber du musst wissen, jedes Mal, wenn ich spiele, spiele ich für meinen Mann.«

DJ rang sich ein Lächeln ab.

Ein Teenager in ihrer Nähe bewegte sich im Rhythmus der Musik.

»Wie nennt man diese Musik?«, fragte DJ ihn.

Der Jugendliche hörte auf sich zu wiegen, als er DJs Dialekt hörte.

»Da müssen Sie den DJ fragen«, sagte er.

Das verstand DJ nicht.

»Sie kommen aus dem Norden, oder?«, fragte der Teenager.

DJ nickte.

»Gibt es da DJs? Wissen Sie, wovon ich rede?«

»DJs?«

»Wie soll man einen DJ erklären?« Der Teenager seufzte. »Der DJ ist eine Art Künstler. Er nimmt verschiedene Arten von Musik, *funky* und *old school* und was weiß ich, vielleicht sogar schlechte, na Musik jedenfalls, die man sich sonst nicht anhören würde. Und daraus macht er einen neuen Mix. Dieser Mix, das ist sein ganz eigenes Ding, sein Markenzeichen sozusagen.«

Am Freitag ging DJ zu einer amerikanischen Kette, Burger King hieß sie, wo er mit Sun-Ho verabredet war. Doch als er die Tür aufmachte, kam ihm Sun-Ho schon entgegen, in der Hand drei Whopper-Kombos in Papiertüten.

»Für wen ist die dritte?«, fragte DJ.

»Komm mit«, sagte Sun-Ho. »Ich muss dir was zeigen.«

Mit seinem lahmen Bein und schlingerndem Gang humpelte Sun-Ho voraus.

Zwei Ecken weiter standen sie vor einem 2002er Corolla.

Mit Toyotas kannte DJ sich aus. »Der Kombi«, sagte er. »Mit den Extras.«

»Na komm, sieh ihn dir an«, forderte Sun-Ho ihn auf.

DJ beugte sich vor und inspizierte den Auspuff – und tatsächlich, er hatte eine Kerbe. Die hatten sie immer als Erkennungszeichen an die Autos, die sie bearbeitet hatten, angebracht. Als DJ sich wieder aufrichtete, lächelte er.

»Ich bin die Straße runtergelaufen, und da stand er«, erzählte Sun-Ho. »Stell dir nur vor, was der für eine Reise hinter sich hat – von Niigata nach Wladiwostok nach Ch'öngjin nach Shenyang nach Seoul zu uns.«

Er öffnete die Fahrertür mit einem Generalschlüssel und die beiden stiegen ein.

Bevor er die Beifahrertür zuzog, wischte DJ einen Stapel Schulbücher auf den Bürgersteig. Aus reiner Gewohnheit klappte er die Sonnenblende herunter, hob die Fußmatte an, öffnete das Handschuhfach. Es gab nichts Erstaunlicheres als all den Kram, den man in einem japanischen Auto finden konnte – abgesehen von Geld und Lebensmitteln hatten sie schon einmal ein Megaphon gefunden, eine aufblasbare Frau und eine Kühlbox mit einem einzelnen Augapfel darin. Einmal hatten sie sogar ein Kätzchen im Kofferraum entdeckt, das sich von schrumpeligen Äpfeln ernährte.

Zwischen ihnen standen die drei Whopper. DJ sah zwischen der dritten Tüte und Sun-Ho hin und her.

»Ja ja, ich verrate dir schon noch, für wen der Extraburger ist«, sagte Sun-Ho. »Aber erst müssen wir noch was erledigen.«

Sie fuhren auf das Universitätskrankenhaus in Sinchon-dong zu. Als sie Olympic überquerten, dachte DJ, dass er eigentlich noch gar nichts von der Stadt gesehen hatte, weil er überallhin mit der U-Bahn fuhr. Von der Hochtrasse der Fahrbahn hatten sie einen guten Blick auf Yeouido, das Gebäude der Nationalversammlung und die Ausflugsdampfer auf dem Hangang. Als sie die Seogang-Brücke hochfuhren, sah er zum ersten Mal die Bamseom-Insel und die Tausenden von Stock- und Mandarinenten, die im Mittagslicht auf dem Fluss trieben.

Am Krankenhaus hielt Sun-Ho direkt gegenüber der Notaufnahme an, wo er die Rampe für die Notarztwagen blockierte. »Ich bin gleich wieder da«, sagte er und humpelte gelassen auf die Tür zu.

DJ lehnte sich hinüber, um einen Blick auf den Kilometerzähler zu werfen: lumpige 27 000 Kilometer. Dann klopfte er mit den Knöcheln auf das Fach, wo der Beifahrer-Airbag sein sollte – leer.

Kurz darauf sah er zwei Wachleute, die einen Mann aus dem Gebäude brachten, der mehrere Dutzend Luftballons in der Hand hielt. Die Wachleute versuchten, dem Mann die Ballonschnüre zu entwinden, und als sie das nicht schafften, warfen sie ihn zu Boden.

Als Sun-Ho wieder am Auto war, stieß er immer noch zornig Beleidigungen in Richtung der Entbindungsstation aus, während er sich daranmachte, die hellblauen *Es ist ein Junge!*-Ballons auf dem Rücksitz zu verstauen. »Ich hätte ihnen ihr blödes Geld doch gegeben!«, wütete Sun-Ho. »Glauben die wirklich, dass hier in einer Nacht fünfzig kleine Jungen auf die Welt kommen? Das ist ja wohl unmöglich, wofür braucht der Laden so viele Ballons auf einmal?«

DJ hatte keine Ahnung, wovon Sun-Ho redete, aber er wusste jetzt, für wen der Extrawhopper war. »Der Burger wird nie bei ihr ankommen«, sagte DJ. »Das ist dir schon klar, oder?«

Sun-Ho richtete seinen Zorn auf DJ.

»Ist mir scheißegal, ob Weidenkätzchen den Burger bekommt oder nicht«, sagte er. »Was zählt, ist nur, dass wir ihn losschicken.«

Sie fuhren auf der Autobahn 1 nach Norden in Richtung DMZ, Sun-Ho saß am Steuer. Er fuhr, als seien sie immer noch in Nordkorea, wo sie durch hundert Meter breite, leere Straßen rasen konnten, mit einem Freifahrschein vom Diktator persönlich.

»*Yesu-nim!*«, schrie DJ, als ihr Wagen mehrere Spuren dichten Verkehrs durchschnitt.

Er prüfte im Rückspiegel, ob sie einen Unfall verursacht hatten, aber hinter ihnen war nur eine Wand aus Heliumballons zu sehen.

Als er sich wieder nach vorn wandte, funkelte Sun-Ho ihn an.

»*Yesu-nim?*«, sagte er kopfschüttelnd.

»Du musst vorsichtig fahren«, sagte DJ. »Das hier ist das einzige Auto in Südkorea ohne Airbags.«

Sie überquerten den Imjingang und parkten neben Hunderten von Reisebussen am Bahnhof Dorasan. Es roch wie auf dem Rummelplatz, nach Dieselabgasen und Frittiertem. DJ und Sun-Ho drängten sich durch Horden von Touristen hindurch zur Aussichtsterrasse, wo eine Galerie von Ferngläsern angebracht war. Zusammen betrachteten sie Nordkorea – den Berg Songhaksan, die Industrieregion Kaesŏng, den Kooperationsbauernhof Geumamgol, wo mehrere Ochsen etwas Unsichtbares durch hohes, braunes Gras zogen.

»Jetzt sieh dir diese friedlichen Wiesen an«, sagte Sun-Ho und stellte auf sie scharf. »Sieht es nicht so aus, als könnten wir einfach heimlaufen?«

DJ löste sich vom Fernglas und sah seinen Freund an. »Ja, abgesehen von den sieben Millionen Landminen könnte man einen hübschen Spaziergang nach drüben machen.«

Eine Gruppe von Schuljungen kam in ihre Nähe und lehnte sich mit dem Rücken an die Brüstung. Sie waren hübsch und unbedarft und es sah so aus, als machten sie sich über Sun-Hos Heliumballons lustig. Ansonsten schienen sie sich wesentlich mehr für den Verzehr ihrer frittierten Süßkartoffelbällchen als für den Norden zu interessieren.

Sun-Ho geriet wieder in Rage. Die Teenies in Schuluniform gingen ihm gegen den Strich, und die ohne noch viel mehr. Er starrte durch das Fernglas. »Stell dir nur mal vor, wie idiotisch wir auf unsere Landsleute wirken müssen«, gab er laut zum Besten. »Stell dir vor, was echte Koreaner von unseren pailettenbesetzten Schirmmützen und Manga-Shirts und K-Pop-Schuhen denken müssen.«

Als DJ mit dem Fernglas über die Landschaft strich, sah er nichts als Bauern mit schweren Segeltuchjacken, die sich bei der winterlichen Feldarbeit abplagten. Er sah Straßen aus gestampftem Lehm und Wellblechdächer. Autos waren keine zu sehen, und erst recht keine Autobahnen oder Krankenhäuser oder Menschen, die müßig nach Südkorea herüberblickten.

»Nichts fliegen lassen«, hörten sie jemanden hinter sich rufen.

Als sie sich umdrehten, erblickten sie zwischen der Menschenmenge schwarzweiße Helme von Grenzsoldaten, die auf sie zukamen. Blitzschnell steckte Sun-Ho den Burger für Weidenkätzchen in eine Plastiktüte und knotete die Henkel zusammen.

»Nichts fliegen lassen«, schrie ein Soldat.

Sun-Ho ließ los. Die Heliumballons rasten über die windgepeitschten Felder, überwanden eine Baumgruppe und erhoben sich schließlich in die nordkoreanische Luft.

Als die Soldaten bei ihnen waren, brüllte einer von ihnen mit schneidender Stimme: »Wer hat das Schmuggelgut fliegen lassen?«

DJ und Sun-Ho sagten nichts. Die Teenager neben ihnen sagten auch nichts.

Die Soldaten starrten jedem von ihnen ins Gesicht, dann gingen sie weiter und befragten die anderen Touristen an der Brüstung. Als sie weg waren, ging Sun-Ho auf die Jungen zu. Er sprach den Größten an, der Basketballspieler sein musste, so groß war er. »Ihr haltet dicht«, sagte Sun-Ho. »Das gefällt mir. Ihr habt keine Angst vor den Grenzsoldaten. Ja, ihr habt einen starken Willen. Aber ich muss euch was fragen – warum zieht ihr euch bloß so an?«

Der junge Mann lächelte verwirrt.

»Guck dir deinen Kumpel hier an«, sagte Sun-Ho und zeigte auf einen der Teenager. »Der ist angezogen wie ein Popsänger. Und der da hat sich die Augen angemalt. Wisst ihr denn überhaupt, wer Schminke benutzt? Schminke ist für ausländische Mädchen, die entführt und nach Pjöngjang verschleppt werden und den Parteibonzen als Huren zu Diensten sein müssen.«

Das Lächeln des jungen Mannes erlosch.

»Ihr seid Koreaner«, sagte Sun-Ho verächtlich. »Die Koreaner haben die Jurchen geschlagen. Die Koreaner haben die Mandschu zurückgedrängt. Wir haben uns gegen die Mongoleninvasoren zur Wehr gesetzt. Sechs Mal haben die Mongolen versucht, unser Land einzunehmen, und sechs Mal haben wir die Oberhand behalten.«

»Das reicht«, sagte DJ. »Es sind doch nur Teenager.«

Aber Sun-Ho reichte es noch lange nicht. »Wir haben die Japaner besiegt«, sagte er. »Wir haben uns der Belagerung von Jinju widersetzt, im Kampf um den Hafen von Okp'o, und fünfundvierzig haben wir die Japaner aus dem Wald von Taebaek vertrieben. Wir haben sogar die Amerikaner fertiggemacht!«

»Die Amerikaner?« Der junge Mann lachte. »Ihr seid doch verrückt, ihr *Ajeossi*! Wir haben nie gegen die Amerikaner gekämpft.«

Sun-Ho holte aus und schwang die Faust nach oben auf die Kehle des Jugendlichen zu.

DJ wollte sich dazwischenwerfen, aber jemand sprang ihn von hinten an und stieß ihn zu Boden. Er wusste noch, dass irgendein Ellbogen ihm die Luft abdrückte und dass der Atem des Jungen nach Frittiertem roch. Als er wieder zu sich kam, war er auf allen vieren und Sun-Ho klopfte ihm auf die Schulter. Die Jungen waren verschwunden.

»Na, wer sagt's denn, da bist du ja wieder«, sagte Sun-Ho. »Du warst nur ein paar Minuten weg.«

DJ lief der Speichel aus dem Mundwinkel. Er spürte, dass sich Steinchen in seine Wange gedrückt hatten und beide Augen wässerten.

Sun-Ho sagte: »Fühlt sich gut an, so ein Kämpfchen, was?«

DJ versuchte zu widersprechen, aber stattdessen kam nur ein würgendes Geräusch heraus.

Er blinzelte und blickte unter sich aufs Pflaster, auf dem dunkle Spuckeflecken waren.

»Was ist nur aus unserem Land geworden?«, sinnierte Sun-Ho. »Wie konnte es nur so weit mit uns kommen?«

»Du gehörst nicht hierher«, sagte DJ. »Ich hab's kapiert. Aber ich kann dich nicht zurückbringen. Du musst dich irgendwie an das Leben hier gewöhnen, du musst akzeptieren, dass es hier anders läuft.«

»Ich werd dir sagen, wo wir hingehören, Dongjoo«, sagte Sun-Ho. »Wir sind für eine andere Zeit geschaffen, eine vor diesem ganzen Mist, als ein Mann noch eine Frau und ein paar Kinder hat-

te und sein Leben lang in dem Dorf gewohnt hat, in dem er geboren wurde. Im Sommer schlug sich die Familie die Bäuche mit dem
voll, was sein Kriegspony heimbringen konnte. Im Winter haben
sie sich aneinandergekuschelt, damit ihnen schön warm war.«

Sun-Ho half DJ auf die Beine und hielt ihn fest.

»Du kannst nicht einfach Leute angreifen«, sagte DJ. »Das Leben ist anders hier.«

Sun-Ho schenkte ihm keinerlei Beachtung. »Was braucht ein
Mann schon?«, sinnierte er weiter, während er DJ den Dreck ab-
klopfte. »Ein bisschen Wärme unter den Dielen, eine Frau, die
er liebt, den Widderhornbogen, den er von seinem Vater geerbt
hat ... Wären wir bloß vor diesem ganzen Mist auf die Welt gekommen, Dongjoo. Was würde ich darum geben, wenn ich vor
tausend Jahren gelebt hätte. Ich hätte einem König der Goryeo
gedient. Ich hätte ein ehrenvolles Leben geführt. Wenn man damals etwas klein geraten war, dann, weil die Ernte ausgefallen
war, nicht weil ein Diktator einem das Essen weggenommen hat.
Wenn man eine gebrochene Hüfte hatte, dann war ein störrischer
Ochse schuld, nicht die verdammte Geheimpolizei.«

DJ sagte: »Ich würde dich zurückbringen, wenn ich könnte.«

Sun-Ho warf einen letzten Blick nach Norden.

»Unfug«, sagte er und klopfte DJ noch einmal auf den Rücken.

Mina erlaubte DJ, ihr beim Spielen zuzuhören. Sie arbeiteten
sich die orangefarbene Linie 3 in Richtung Daehwa entlang und
spielten in den Bahnhöfen Apgujeong, Oksu und Geumho. Mina
schloss beim Spielen meistens die Augen, so dass DJ sie beobach-
ten konnte, wenn sie sich zurücklehnte und den Balg mit Luft
füllte, wie die rechte Hand leicht auf den Tasten lag und die Linke
die Register drückte. Heute stimmte sie nicht so viele patriotische
Lieder an. Als sie »Hwiparam« im U-Bahnhof Yaksu spielte, pfiff
ein unsichtbarer Mann tief aus einem Tunnel mit. Bei »Regen-
bogenbrücke« tauchte eine Frau auf, die aus Hamhŭng geflüchtet war und jetzt einen Marktstand hatte, an dem sie nach Nord-
art hergestelltes Tofu verkaufte. Bei »Bangeap Sumnida« näherte

sich ihnen ein Mann aus Namp'o. Er verdiente seinen Lebensunterhalt mit einem kleinen Karren, auf dem er Schalen mit kalter *Naengmyeon*-Nudelsuppe verkaufte. »Ihr zwei seid neu hier, das sehe ich«, sagte er und warf ein paar Won in den Harmonikakasten. »Habt Geduld. Es dauert eine Weile, aber dann bietet die Stadt auch euch ihre Zitzen an.«

Die beiden prusteten los, kaum dass er weitergegangen war.

Die Station Dongguk lag, wie sich herausstellte, direkt unter einer hoch aufragenden, mit blauem Glas verkleideten Kirche. Hier sang Mina »Wir erwarten Ihn«, als die Gemeindemitglieder nach dem Gottesdienst hinunter zu den Zügen gingen. Die Gläubigen bildeten einen Kreis um sie, vielleicht, weil sie nicht wussten, dass »Er« in dem Lied nicht ihr geliebter *Yesu-nim* war. Als Mina ihnen dankte und sie begriffen, dass sie aus dem Norden stammte, flatterten die Geldscheine nur so in den Kasten.

Als die Menge sich verlaufen hatte, spielte Mina geistesabwesend Tonleitern.

»Die Leute in der Gruppe wollen, dass ich mein Akkordeon aufgebe«, sagte sie.

DJ saß auf dem kühlen Marmorboden. Er war immer noch ganz versunken in das Lied.

»Das ist nicht dein Ernst, oder?«, fragte er.

»Sie meinen, ich würde den Süden nie richtig akzeptieren, wenn ich immer noch Lieder aus dem Norden spiele.«

»Aber was ist mit deinem Mann? Du musst ihn doch finden, oder?«, fragte er.

»Angeblich hätten die in Hanawon seinen Namen registriert, wenn er dort durchgekommen wäre.«

Mina hörte auf, den Balg zu drücken, so dass nur noch das leise Klacken der Knöpfe zu hören war.

DJ sagte: »Aber selbst wenn er wie vom Erdboden verschluckt ist, ist es wichtig, dass du weitersuchst, oder?«

Mina wirkte unsicher. »Wahrscheinlich.«

»Du darfst nicht mit dem Spielen aufhören«, sagte er. »Da bin ich ganz sicher. Das gehört einfach zu dir. Warum lernst du nicht ein paar neue Lieder? Oder noch besser, schreib selbst welche.«

Mina lachte ihn aus. »Und wovon sollte ich wohl singen?«

»Vielleicht von einer Frau, die ihren Mann sucht? Sie gibt niemals auf. Sie spielt in jedem U-Bahnhof in ganz Seoul auf ihrem Akkordeon.«

»Und du meinst, das würde ein gutes Lied?«

»Soll das ein Witz sein?«, fragte DJ zurück. »Damit kommst du in eine von den Fernsehshows. Eine schöne junge Frau begibt sich wagemutig auf die Flucht und sucht überall in ihrem neuen Land nach dem Mann, den sie liebt, indem sie nordkoreanische Lieder spielt. Das Publikum würde zerfließen vor Rührung.«

Mina fing wieder an zu spielen.

»Ich habe nur gesagt, dass ich meinen Mann finden muss«, sagte sie. »Ich habe nie behauptet, dass ich ihn liebe.«

Ich habe nie behauptet, dass ich ihn liebe. Die Worte gingen DJ während seiner ganzen Schicht in der Spülküche nicht aus dem Kopf. Das Wasser war kochend heiß. Es tat an den Händen weh, lenkte ihn aber ab. Und die Geschirrstapel wurden nie kleiner. DJ brauchte nicht über sie nachzudenken – die dreckigen Teller kamen, Dampfwolken stiegen auf, und da waren Minas Worte. Die anderen Männer in der Küche prahlten den ganzen Abend damit, wie sie Jungfrauen flachgelegt, Tänzerinnen aus Gangnam angegraben und was sie im *Jjimjilbang* erlebt hatten. DJ hörte sich das alles gerne an, steuerte aber nichts zum Gespräch bei. Was hätte er auch von Nachtclubs, Dampfbädern oder gar Frauen erzählen sollen? Außerdem hatte er noch nie im Leben eine Geschichte erzählt, zumindest nicht von sich selbst.

Spät am selben Abend lag DJ in seinem Stockbett und betrachtete die südkoreanischen Rubbellose, die Sun-Ho für ihn besorgt hatte. Damals, als Sun-Ho und er noch chinesische Lose gefälscht hatten, hatten sie immer gleich mehrere Tausend gedruckt und dann an Loshändler hinter der Grenze verscherbelt. Ihre Druckerpresse war nicht sehr raffiniert gewesen, deswegen waren bei der einen Auflage alle Lose Gewinner. Bei der nächsten Auflage gab es nur Verlierer.

DJ merkte, dass der junge Typ im Nachbarbett zu ihm herüberblickte. Er war einer der ehemaligen Soldaten.

»Und du kommst aus dem Norden?«, fragte er.

»Ja«, antwortete DJ.

»Wahnsinn«, sagte der Soldat. »Dann hast du die ganze Scheiße wahrscheinlich selbst erlebt, oder? Hungersnot und Propaganda und der Geliebte Führer – das gibt es alles echt, oder?«

»Ja, schon«, sagte DJ.

Der Soldat nickte. Er schwieg einen Augenblick. »Du spielst Lotto?«

»Interessiert mich zumindest«, sagte DJ. Er hielt dem Soldaten ein Los hin. »Willst du eins?«

»Nein danke«, sagte der Soldat. »Man hat nicht unendlich viel Glück im Leben.«

DJ nickte. Es wurde langsam spät. Um sie herum waren die anderen Männer zu hören, die ihre Leselampen ausknipsten und die Metallspinde schlossen. Als er den Arm nach seiner Lampe ausstreckte, redete der Soldat trotzdem noch weiter.

»Weißt du, wer total verrückt nach Losen ist? Die Malaysier. Unsere ganzen Subunternehmer waren Malaien. Drüben im Irak, meine ich. Sie waren Moslems, aber gute, was weiß ich, na jedenfalls haben die unser Militärlager aufgebaut. Ich war in der Zaytun-Division. Glücksspiel war für die verboten, die Moslems, aber Lose, das war irgendwie okay. Die schienen denen unheimlich wichtig zu sein. Jeden Freitag wirbelte ein ganzer Sandsturm weggeschmissener Lose bei uns durchs Lager.«

Der Soldat warf ihm eine Münze zu.

»Wofür?«, fragte DJ.

»Das ist doch eins zum Rubbeln, oder? Mit irgendwas muss man ja kratzen, oder nicht?«

DJ rollte auf die Seite, damit der Soldat zusehen konnte.

Auf dem Los gab es drei Spalten, und in jeder durfte man einen Edelstein freirubbeln.

DJ entschied sich für einen Diamanten und dann einen Saphir und noch einen Saphir.

»Und?«, fragte der Soldat.

»Ich hab verloren.«

»Glaub's mir«, sagte der Soldat. »Ist besser so. Vergeude dein Glück nicht, niemals. Da drüben war alles voll mit Sprengsätzen. Ich wollte nur weg da, Mann. Wir haben ja nicht gekämpft oder so. Das haben die Amerikaner gemacht. Aber alles, mit dem man irgendwie zu tun hatte, konnte einem jederzeit um die Ohren fliegen – ein Auto, ein Müllcontainer, ein Schrotthaufen. Und ich sag's dir, da ist jede Menge Zeug in die Luft geflogen, ich hab's selbst gesehen. Ohne Pillen konnte ich nicht mehr schlafen. Das Seltsame ist: Jetzt muss ich ständig an den Irak denken. Wenn ich die Augen zumache, sehe ich nichts anderes vor mir.«

DJ betrachtete das Verliererlos. Er kratzte die restliche Gummibeschichtung ab und sah, dass südkoreanische Lose ganz anders funktionierten. Wenn er sich für einen Diamanten, einen Saphir und einen Smaragd entschieden hätte, hätte er 20 000 Won mit dem Los gewonnen. Wenn man es richtig machte, konnte man mit jedem Los gewinnen. Man hatte also sein Schicksal immer selbst in der Hand.

Am nächsten Tag trafen DJ und Mina sich vor seinem Wohnheim. Sie hatten verabredet, dass sie sich auf der Linie 7 Richtung Onsu voranarbeiten wollten, aber Mina schien es nicht eilig zu haben. Sie setzte sich auf das Raucherbänkchen, den Akkordeonkoffer auf dem Schoß.

»Was für Männer wohnen hier?«, fragte sie. »Sind das schräge Typen? Verstecken sie sich vor irgendwas?«

Auf die Frage war DJ nicht vorbereitet. »Na, sie haben halt Probleme, sonst nichts«, antwortete er.

»Glaubst du, dass man eine zweite Chance kriegt?«, fragte sie. »Können Leute sich wirklich ändern?«

DJ lehnte sich an das Buswartehäuschen. »Das eine hat mit dem anderen zu tun«, sagte er.

»In einem Wohnheim wie dem hier würde bestimmt auch mein Mann schlafen«, erklärte Mina. Sie beobachtete zwei ausgemergelte Männer, die aus dem Heim kamen und vor Kälte zusammenzuckten. »Als ich ein Mädchen war, habe ich mir nichts gefallen lassen, dafür war ich bekannt. Wenn mir jemand das Essen weggenommen hat, dann bekam er es mit mir zu tun, aber richtig. Die Leute wussten, dass sie sich besser nicht mit mir anlegen sollten. Mein Ruf eilte mir voraus. Als mein Mann abgehauen ist, haben die Leute den Kopf geschüttelt. Als sich rausstellte, dass er mit unseren Ersparnissen verschwunden ist, da haben sie mit der Zunge geschnalzt und gesagt: *Der arme Mann. Mina wird ihn bis ans Ende der Welt verfolgen und ihm die Hölle heiß machen.* So war ich früher. Genau das mache ich ja jetzt. Ich verfolge ihn.«

»Und?«

»Das Verrückte ist – hier kennt mich kein Mensch. Ich brauche nicht mehr so zu sein.«

»Na, dann hör auf, nach ihm zu suchen. Spiel nicht mehr in der U-Bahn.«

»Ja, aber wer wäre ich dann?«, fragte sie.

Darauf hatte DJ auch keine Antwort.

Weiter unten an der Straße war Hupen und Geschrei zu hören. Sie drehten sich um und sahen einen dicken schwarzen BMW, der langsam auf sie zukam. Er fuhr gegen den Verkehr in der falschen Richtung durch eine Einbahnstraße, und der Fahrer brüllte jeden nieder, der ihm in den Weg kam. Als der Wagen bei ihnen anhielt, erkannten sie Sun-Ho am Steuer.

Ein anderer Fahrer kam vor dem BMW zum Stehen und hob voller Verwirrung die Arme.

Sun-Ho drückte mit der Rechten auf die Hupe und schleuderte mit der Linken eine Handvoll abgenagter Hühnerknochen durchs offene Fenster auf die Motorhaube des anderen.

DJ ging auf Sun-Ho zu. »Willst du dich unbedingt umbringen?«

»Quatsch«, sagte Sun-Ho. »Ich esse nur zu Mittag.« Er hielt einen Pappkübel Kentucky Fried Chicken hoch.

»Aber es ist doch gar nicht Freitag«, erwiderte DJ.

»Erzähl das dem Wind«, sagte Sun-Ho. »Der weht heute gen Norden. Steigt ein, bevor er es sich anders überlegt.«

Die ganze Rückbank war voller Luftballons, und Mina und DJ mussten sich mit dem Akkordeonkoffer auf den Beifahrersitz quetschen. Sun-Ho legte den Gang ein und raste in den entgegenkommenden Verkehr. So gegen Sun-Ho gedrückt, bemerkte DJ die neue Daunenjacke, die er trug.

»Sieht so aus, als wärst du shoppen gewesen«, sagte DJ.

»Eine von den sexy Gangnam-Moms ist mit mir zum Shilla Duty Free gefahren. Ich habe mich immer noch nicht wieder erholt. Außerdem schenken die Ladys mir ihre alten Samsungs«, sagte Sun-Ho und überreichte DJ und Mina je ein Handy.

»Und was soll ich damit?«, fragte DJ.

»Muss man dir alles erklären?«, fragte Sun-Ho. »Sobald du dein eigenes Samsung hast, hast du es als Flüchtling geschafft. Dann kriegst du automatisch die Staatsbürgerschaft. Als Nächstes hält die Regierung einen Hyundai, eine Flagge und eine Bibel für dich bereit.«

DJ hob abwehrend die Hände. »Was erzählst du da für einen Blödsinn?«, fragte er.

»Mit einem Samsung«, sagte Sun-Ho, »kannst du dein Partnersuchprofil auf den neusten Stand bringen und Nachrichten von *Yesu-nim* persönlich empfangen. Mit seinem Segen wirst du ein einflussreicher südkoreanischer Geschäftsmann und erfindest dein eigenes Internet. Und schließlich bekommst du den Status eines Flüchtlingspromis und deine eigene Fernsehshow: *Live dabei mit DJ.* Da kannst du dann rührselige Interviews mit schönen Flüchtlingen wie unserer lieben Mina hier führen.«

Mina schüttelte den Kopf. »Verstehst du jetzt, warum ich erst geglaubt hatte, er sei dein Vater?«

Sun-Ho sagte: »Ja, ja, jetzt macht ihr euch über den alten Sun-Ho lustig – bis ihr ihn dann wieder braucht. Erinnerst du dich noch an den Tag, Dongjoo? Den Tag, an dem du mich gebraucht hast?«

Sun-Ho bog abrupt nach rechts ab und reihte sich diesmal in der richtigen Spur ein, auf einer Autobahnauffahrt Richtung Norden.

»Natürlich weiß ich das noch«, antwortete DJ.

»Und was für ein Tag war das?«, fragte Mina.

»Eine höchst unterhaltsame Geschichte«, sagte Sun-Ho. »Dongjoo kann sie am besten erzählen, stimmt's, Dongjoo?«

DJ warf Mina einen Blick von der Seite zu.

»Erzähl schon«, sagte sie.

»Die Geschichte fängt mit einem Mann an, der Jong Il heißt«, erzählte DJ.

»Ich habe diesen ›Jong Il‹ übrigens nie kennengelernt«, warf Sun-Ho ein. »Falls es ihn überhaupt gibt.«

»Jong Il und ich haben zusammen Ingenieurswissenschaften studiert«, fuhr DJ fort. »Jong Ils Vater war ziemlich clever. Er gab seinem Sohn den Namen des Geliebten Führers, weil man zu jemandem mit dem gleichen Namen wie Kim Il Sungs Sohn nicht gemein sein kann. Jong Il war klug und wir waren beide sehr ehrgeizig. Eine Woche lang war ich der Klassenbeste. In der nächsten Woche war es Jong Il. Wir balgten uns ständig darum, wer Erster war, und versuchten ständig, den anderen zu übertrumpfen. Aber wir respektierten einander auch. Wenn ich irgendwie mitbekam, dass wir unangekündigt eine Arbeit schreiben würden, sagte ich ihm Bescheid, und Jong Il mir umgekehrt ebenso. Aber beim Abschluss war ich die Nummer eins.«

»Das klingt nach einer Geschichte mit Happy End«, warf Sun-Ho ein. »Ich wette, alles wird gut ausgehen.«

»Jong Il wurde dann nach Wŏnsan geschickt, wo er gefälschte Arzneimittel herstellte. Die Pillen an sich sind einfach – man nimmt Abführmittel in Pulverform, das von Maschinen gepresst und gefärbt wird. Das Labor teilt er sich mit Man-Seok, ebenfalls von unserer Hochschule, der dort Drogen wie Ecstasy herstellt. Bei gefälschten Medikamenten kommt es enorm auf die Verpackung an, und deswegen lässt Jong Il die vierfarbigen Aufkleber und Blisterfolien bei mir drucken.«

»Bei dir drucken?«

»Das ist eine lange Geschichte«, sagte DJ nur. »Eines Tages ruft Jong Il mich an und sagt, ihnen sei ein Fehler unterlaufen. Ladungen seien verwechselt worden, und die schlechten Arzneimittel seien nach Pjöngjang statt nach China geliefert worden, und Leute in der Hauptstadt seien krank geworden. Es würden bereits Köpfe rollen, Man-Seoks Team sei schon verschwunden. Er sagt, die Laster seien schon da, um ihn abzuholen, dass sie gerade vor dem Gebäude anhielten. *Mach, dass du wegkommst,* sagt Jong Il. Und legt auf.«

»Informiert er mich über diesen Anruf?«, sagte Sun-Ho zu Mina. »Natürlich nicht. Er kommt zu mir, sagt, ich soll den Hauptschalter umlegen, alle nach Hause schicken, alle Lotterielose einpacken und mit dem Wagen vorfahren. Dongjoo kennt sich mit Entwürfen und Buchhaltung und technischen Details aus. Aber ich kenne die Menschen. Das ist mein Job. Ich merke es, wenn jemand lügt. Mir wäre sofort klar gewesen, dass es sich um einen Trick handelt – erst läuft was schief in der Produktion und dann auch noch beim Versand? So etwas passiert nicht. Diese Leute machen keine Fehler. Wer darf unseren Job übernehmen, wenn wir flüchten? Jong Il, wer sonst.«

»Fehler passieren«, erwiderte DJ. »Uns sind auch welche passiert. Was ist mit dem *Lexus*-Zug? Was ist mit *Mahjong Madness*? Hast du vergessen, wie wir zehntausend Lose verbrennen mussten?«

Sun-Ho sagt: »Wir fahren also nach Norden, genau wie jetzt, auf die Grenze zu. *Schneller* ist das Einzige, was Dongjoo sagt. Er verrät mir nichts.«

»Es gab so viel zu bedenken«, sagte DJ. »Meine Eltern, die Arbeiter, ihre Familien. Zu flüchten war wie ein seltsamer Traum – möglich und unmöglich zugleich. Erst als wir fast an der Grenze waren, wurde es real. Erst dann fing ich an, über Sun-Ho nachzudenken und dass ich ihn unmöglich zurücklassen konnte.«

»Na komm, sag ihr die Wahrheit«, fuhr Sun-Ho dazwischen. »Du hast dir gedacht: Sun-Ho kennt die Grenzsoldaten, er fährt ja ständig über die Grenze. Und du selbst warst noch nie auf der anderen Seite.«

»Ich habe gedacht, wie mies das aussehen würde, wenn ich frei wäre und du nicht.«

»Du hattest die Welt draußen noch nie gesehen, du kanntest keinen Menschen in China. Du wusstest rein gar nichts über den Rest der Welt. Du hattest Angst.«

»Ich hatte Angst, dass sie dich umbringen würden.«

Einen Augenblick lang fuhr Sun-Ho einfach nur. Außer dem Geräusch der Ballons, die sich im Fahrtwind auf dem Rücksitz aneinanderrieben, war nichts zu hören.

»Der Mann sagt mir einfach nicht, dass wir flüchten. Kann man sich so was vorstellen? Ich hatte keine Ahnung, dass ich meine Heimat für immer verlasse. Ich kann mich von niemandem verabschieden, kann Weidenkätzchen nicht noch ein letztes Mal sehen oder wenigstens ihre Stimme noch einmal hören.«

»Wer ist Weidenkätzchen?«, fragte Mina.

Barsch forderte Sun-Ho DJ auf: »Warum erzählst du ihr nicht, was du zu dem Grenzsoldaten gesagt hast?«

»Das war ein Fehler«, erwiderte DJ. »Das habe ich immer zugegeben.«

»Wir sind auf der Brücke«, erzählte Sun-Ho weiter. »Auf der anderen Seite ist China. Einmal im Monat überquere ich da die Grenze, um Lotterielose abzuliefern und Autolieferungen zu quittieren. Ich verteile also Zigaretten an alle, wie gewohnt, da lässt Dongjoo allen Ernstes hinten die Scheibe runter und sagt: *Euch sehen wir nie wieder.* Zum Grenzposten. Der Soldat sagt: *Was?* Dongjoo sagt: *Und ihr müsst alle hier sterben.* Der Soldat hat auf einmal so einen ernsthaften Ausdruck im Gesicht, und als er die Hand ans Pistolenhalfter legt, trete ich aufs Gas. Und deswegen konnte ich ihn nicht einfach in China abliefern und bei der Rückkehr noch eine Runde Zigaretten austeilen.«

»Ich habe das nur gesagt, weil ich traurig war«, erklärte DJ. »Ich dachte: Diese Berge sehe ich nie wieder, ich sehe Ch'ŏngjin nie wieder und meine Familie auch nicht. Und der Soldat war noch ein Kind, er war kaum älter als neunzehn. Ich habe einfach gesagt, was ich gerade gedacht habe, dass wir wegfuhren und alle anderen würden bis zu ihrem Tod dableiben.«

»Was ist passiert?«, fragte Mina.

»Was ist passiert?«, blaffte Sun-Ho sie an. »Das hier ist passiert, wir sitzen in Südkorea fest!«

Mina zuckte über seinen zornigen Ton zusammen. »Ich meine: War es nur ein Trick? Was ist mit eurem Geschäft passiert? Hat Jong Il es übernommen?«

DJ starrte durch die Windschutzscheibe auf die grauen Vororte mit den blauen Dächern.

»Das wissen wir nicht«, antwortete er.

»*Ich* weiß es«, sagte Sun-Ho mit zusammengebissenen Zähnen. »Ich *weiß* es einfach.«

Der bedeckte Himmel hing tief über dem Parkplatz an der DMZ, die Wolken zogen grau und stetig nach Norden.

Sun-Ho parkte hinter einer Reihe von Reisebussen. Er zerrte den großen Strauß silberner Heliumballons vom Rücksitz, die mit »Happy Birthday« in unterschiedlichen Farben und Schriften bedruckt waren.

Trotz der Kälte zog Sun-Ho seine neue Daunenjacke aus und band sie an die Schnüre.

»Das letzte Mal habe ich den Fehler begangen, dass ich sie an der Grenze habe fliegen lassen, wo die Grenzposten patrouillieren. Diese Jacke hat eine lange Reise vor sich, da kommt es auf einen Kilometer mehr oder weniger auch nicht an.«

DJ sah die Luftballons an, die im Wind zuckten und losfliegen wollten, um ihre leichtgewichtige Fracht abzuliefern. Er stellte sich vor, wie der Hamburger und jetzt die Jacke bei einem Feldarbeiter aufsetzten, aber der Wind wehte heute direkt nach Norden, in einer geraden Vogelfluglinie über Panmunjeom und die Stadt Kaesŏng hinweg Richtung Pjöngjang. In seiner Vorstellung flogen die Ballons geradewegs zu seinen Eltern nach Potanggang, immer näher, er sah die beiden vor seinem inneren Auge auf ihrem Balkon stehen und mit ausgebreiteten Armen nach Süden blicken, doch als er sich in seiner Vorstellung ihren Gesichtern näherte, ihren gealterten Zügen – sah er nichts, seine Phantasie schaltete einfach ab.

Mina zeigte über den Parkplatz. »Was ist denn dahinten los?«

DJ drehte sich um. Hinter den Bussen umstand eine Gruppe einige schlauchförmige, durchsichtige Ballons, von denen jeder mehrere Stockwerke hoch war. Alles wurde von einem Fernsehteam aufgenommen.

»Ich wette, das ist einer von den Promiflüchtlingen«, sagte Sun-Ho. »Sie will berühmt werden mit ihren großen Augen und ihrer todtraurigen Geschichte. Der Welt erzählen, was für bedauernswerte Opfer wir sind.«

Doch als sie näher kamen, entpuppte sich der Flüchtling als Mann von ungefähr DJs Alter, aber Sun-Hos Statur. Er trug einen Anzug, ein Lächeln und ein Namensschildchen, auf dem »Seo« stand. Er überwachte die Befüllung der Ballons aus braunen Zylindern; an ihnen hingen Körbe mit Tausenden von Flugblättern.

Seo kam auf Sun-Ho zu und händigte ihm ein Flugblatt aus. Darauf stand: *Kim Jong Un ist ein Kriegsverbrecher*, darunter folgten Zitate aus einem UNO-Bericht.

»Sie sind aus dem Norden, das sehe ich sofort«, sagte Seo. »Kommen Sie, helfen Sie mit, unsere Botschaft zu verbreiten.«

Sun-Ho gab ihm das Flugblatt zurück. »Und was sollen die Leute damit Ihrer Meinung nach anfangen? Es ist Winter, die sind am Erfrieren. Wenn Sie nicht auch ein paar Streichhölzer beilegen, bringt Ihre ganze Aktion hier gar nichts.«

»Da irren Sie sich«, entgegnete Seo. »Wir müssen unsere Landsleute informieren.«

»Die Menschen wissen auch so, dass sie zu leiden haben, Sie brauchen ihnen nicht extra zu erzählen, wie schlecht das Regime ist.«

»Aber wissen sie das wirklich?«, fragte Seo zurück. »Insgeheim habe ich immer an der Regierung gezweifelt. Aber ich konnte es nie wirklich *wissen*. Vielleicht, wenn ich ein Flugblatt gelesen hätte, das aus dem Süden kam, von Leuten, denen es nicht egal war – dann hätte ich gewusst, dass ich recht habe. Vielleicht hätte ich schon früher etwas unternommen.«

»Das hier ist eine Jacke«, sagte Sun-Ho. »Im Winter Jacken zu schicken, das ist eine gute Sache. Sie ist leicht und mit Daunen gefüllt. Hier, da steht's, sehen Sie: *North Face. North Face* ist am besten. In die Tasche habe ich ein paar Energieriegel gesteckt.« Sun-Ho zog einen Reißverschluss auf und zeigte auf zwei Samsung-Telefone darin. »Und hier ist eine Landkarte.« Sun-Ho fasste in eine andere Tasche, aus der er mehrere *Da lacht das Glück* zog.

»Sind das etwa Lotterielose?«, fragte Seo.

Frustriert blickte Sun-Ho auf seine Hand. »Die Landkarte ist in der anderen Tasche.«

Seo sagte: »Nehmen Sie es mir nicht übel, aber finden Sie wirklich, dass ein unterdrücktes Volk Markenklamotten und die falsche Hoffnung auf ein bisschen Glück braucht? Die Menschen brauchen die Wahrheit!«

»Ich glaube nicht an Glück«, entgegnete Sun-Ho. »Jedes dieser Lose gewinnt garantiert.«

»Woher wollen Sie das denn wissen?«

Sun-Ho biss sich auf die Zunge und sagte nichts.

»Kim Jong Un verletzt die Menschenrechte«, sagte Seo. »Die Vereinten Nationen haben ihn offiziell zum Verbrecher erklärt. Nachrichten sind das Wichtigste, was wir unseren Landsleuten schicken können. Zuerst befreit man das Denken. Dann kommt der Körper.«

»Sehr philosophisch«, erwiderte Sun-Ho. »Wie wär's mit einem kleinen Gedankenexperiment? Wir lassen unsere Ballons gleichzeitig steigen und stellen uns dann vor, wie die Feldarbeiter sie heranschweben sehen. Ein Ballon bringt Pamphlete. Der andere bringt eine warme Daunenjacke mit den Taschen voller Handys, Energieriegel und Gewinnlosen. Versuchen wir uns doch mal auszumalen, welchem Ballon die Leute hinterherrennen werden.«

»Sie werden auf gar keinen Fall Ihre Ballons zusammen mit meinen fliegen lassen.«

»Und warum nicht? Fürchten Sie sich vor der Wahrheit?«

»Was ist heute für ein Datum?«, fragte Seo.

»Der dreizehnte Februar«, antwortete Sun-Ho.

»Und Sie stammen aus Nordkorea?«

Sun-Ho sah ihn misstrauisch an. »Klar.«

»Und wer hat am sechzehnten Februar Geburtstag?«

Sun-Ho machte eine Grimasse. »Kim Jong Il«, sagte er.

»Und was steht auf Ihren Ballons?«

Sun-Ho brachte es nicht über die Lippen.

»Ich versuche, Botschaften der Wahrheit und Solidarität auszusenden«, sagte Seo. »Bei Ihnen sieht es aus, als würden Sie im Namen des Geliebten Führers Geschenke und Glückwünsche schicken.«

»Wer will, kann das natürlich so sehen«, sagte Sun-Ho und ließ die Jacke los, die schnell Richtung Norden davonsegelte. »Aber warum erweisen Sie sich nicht ein bisschen solidarisch mit *mir* und verraten mir, wo Sie diese Riesenballons herhaben?«

Zwei Nächte später klingelte das Handy, das Sun-Ho ihm geschenkt hatte. DJ setzte sich im Bett auf. Zu hören war nichts als das leise Schnarchen der anderen Männer, zu sehen nur der schwache Schein der Stadt, der zu den vergitterten Fenstern hereindrang. Ihn überkam das unheimliche Gefühl, er sei im Norden aufgewacht. Einen Moment lang spürte er hinter den Metallbetten und den Betonwänden die Stahlskelette verwaister Fabriken und dahinter die eisige Ruhe des mondbeschienenen Ostmeers. In Ch'ŏngjin war er oft nachts aufgewacht, hatte Wasser von angebranntem Reis getrunken und aus dem Fenster hinaus auf die endlosen Reihen von Autos geblickt, die noch zu manipulieren waren, Autos, die Menschen gehört hatten, deren Leben er sich einfach nicht vorstellen konnte.

Das Telefon in seiner Hand vibrierte. DJ zog sich die kratzige Wolldecke über den Kopf.

Er tippte den Bildschirm an. »Ja«, flüsterte er hinein.

»Hier spricht Inspektor Kang von der Polizeiwache Samseong. Wir haben einen Mann festgenommen, der seinen Namen nicht nennen will. Ihre Nummer ist der einzige in seinem Telefon gespeicherte Kontakt.«

»Was hat er angestellt?«

»Hier steht, er sei verhaftet worden, weil er den Verkehr behindert hat«, antwortete Kang. »Scheinbar ist er auf der Straße herumgelaufen und hat Autofahrer beschimpft, weil sie an den Ampeln angehalten haben. Vermutlich ist Alkohol im Spiel.«

»Ich kenne den Mann«, sagte DJ. »Ich bin so bald wie möglich da.«

Die Polizeiwache lag an der grünen Linie 2, also brauchte DJ nicht lange. Die Polizeibeamten waren förmlich und kamen gleich zur Sache. DJ wurde an einem großen, käfigartigen Raum vorbei zu den Einzelzellen geführt. Dort fand er Sun-Ho, der allein auf einer Metallbank lag. Seine Augen waren offen. DJ setzte sich auf den Boden und sah ihn an. In Sun-Hos erschöpftem Blick lag eine resignierte Ruhe, die vermuten ließ, dass er lange mit den Polizisten gerungen hatte und sich schließlich hatte geschlagen geben müssen.

»Stimmt das, mein Freund? Hast du getrunken?«

Sun-Ho schüttelte den Kopf.

»Na komm. Ich darf dich mitnehmen.«

»Ich verbringe die Nacht lieber hier«, erwiderte Sun-Ho. »Ist doch gar nicht schlecht hier. Es ist warm, man kann sich ausstrecken.«

»Was, auf dieser Metallbank? Und hinter Gittern?«

»Ich brauche deine Hilfe«, sagte Sun-Ho. »Kannst du mir einen Gefallen tun?«

»Was für einen Gefallen denn?«

»Warum fragst du das? Hast du vergessen, was ich alles für dich getan habe? Hast du etwa Najin vergessen? Oder den Genossen Seok? Hast du die Lieferung zu den Maifeierlichkeiten vergessen?«

»Ich habe dich auch oft genug aus der Scheiße geholt«, erwiderte DJ. »Deine hitzige Art hat dir früher auch schon ständig Ärger eingebracht.«

»Komm einfach morgen Abend nach Gangnam, ja? Du verstehst es, wenn du zu einer von meinen Zusammenkünften kommst. Dann wird dir alles klar. Es ist im höchsten Gebäude an der Dosan-daero, in der Nähe von Seolleung-ro. Wir treffen uns auf der Straße, direkt nach Sonnenuntergang.«

Irgendetwas war faul an der Sache, dachte DJ, nickte aber trotzdem.

»Du musst aber auch etwas für mich tun«, sagte DJ. »Gib der Stadt eine Chance. Ich weiß, man muss sich erst an Seoul gewöhnen. Aber heute habe ich einen Bus gesehen, der anhielt, damit eine alte Frau einsteigen konnte. Der Bus muss Hydraulik oder so etwas gehabt haben – jedenfalls ging er in die Knie, damit die Alte einsteigen konnte. So was würde es zu Hause nie geben. Der Norden würde nie eine Maschine erfinden, die sich vor der niedrigsten Person verbeugt.«

Aber Sun-Ho hörte ihm nicht zu.

»Und bring deine neue Freundin mit«, sagte er. »Ein paar Akkordeonklänge können nie schaden – glaub mir, die Gangnam-Ladys stehen auf so was.«

»Sie ist nicht meine Freundin«, erwiderte DJ. »Sie hat einen Mann.«

Sun-Ho ächzte. »Sie *hatte* einen Mann. Alles aus dem Norden ist vorbei. Das ist für uns nicht anders. Deine Eltern, über die du nicht reden willst – vorbei. Alles, was ich hatte, was ich mal war – nichts davon gibt es hier.« Sun-Ho drehte sich zur Wand um. »Geh jetzt«, sagte er.

»Ich kann dich nicht hier im Gefängnis zurücklassen.«

»Nein? Und warum nicht?«

»Das ist ja, als würde ich dich einfach im Stich lassen.«

Sun-Ho wandte ihm den Kopf zu. Zum ersten Mal lächelte er. »Du sagst das, als würde dir das etwas ausmachen.«

DJ hielt sein Versprechen. Als es am nächsten Abend dunkel wurde, machte er sich mit Mina auf den Weg nach Apgujeong in Gangnam. Hier erstrahlte das Shinsegae im goldenen Licht, während fluoreszierende Farbflächen über die Fassade der Luxury Hall wanderten. Er sah Läden, die metallen gepanzert waren, und welche, deren bunt gekachelte Fassaden sich über den Bürgersteig ergossen. In einem Schaufenster sahen sie einen rosa Teddybären mit Diamanten als Augen, in einem anderen Muffins, die mit Flocken aus echtem Gold verziert waren. Und man brauchte nicht aus Nordkorea zu stammen, um zu wissen, dass das Überleben ganzer Familien von weniger abhing als dem, was manche für eine juwelenbesetzte Basecap zu zahlen bereit waren.

Mina schnallte sich das Akkordeon um und stimmte »Wir folgen der Partei bis ans Ende« an, während sie an den üppigen Schaufenstern vorbeigingen. Sie hatte offenbar Sinn für Ironie.

Auf der Dosan-daero in der Nähe der Seolleung-ro winkte ihnen Sun-Ho.

»Kommt, Freunde, kommt!«, rief er.

Als sie näher kamen, spielte Mina »Nirgendwo ohne dich« für ihn.

»Und, wo ist die tolle Zusammenkunft?«, fragte sie.

DJ starrte Sun-Hos *North Face*-Jacke an. »Hast du die nicht in den Norden geschickt?«

Sun-Ho lächelte. »Ich hatte eine extra.«

DJ blickte an dem schimmernden Wolkenkratzer hoch. »Du wohnst hier?«

Sun-Ho bewunderte das Gebäude mit ihm. »Nicht schlecht, was?«

Er zog eine Schlüsselkarte heraus und öffnete damit eine verspiegelte Tür. Drinnen ging Sun-Ho nicht zu den Aufzügen, sondern zum Treppenhaus. Er schwenkte sein steifes Bein immer eine Stufe nach der anderen nach unten, hielt sich mit beiden Händen am Geländer fest, ließ sein Gewicht fallen, nächste Stufe. DJ und Mina folgten ihm in seinem langsamen Tempo zwei Treppenabsätze nach unten, bis sie an einen niedrigen Betongang kamen, in einem Stockwerk für die Versorgung des Gebäudes – hier gab es Verteilerkästen, Wasserhähne für die Sprinkleranlage und einen Lastenaufzug. Mit seiner Karte öffnete Sun-Ho piepend eine winzige Putzkammer, in der es nach Fastfoodverpackungen und dreckigen Klamotten roch. Fast der gesamte Raum wurde von einem Plastikstuhl eingenommen, auf dem ein großer, schwarzer Rucksack stand. Von der Decke hingen Plastiktüten und Wasserkanister, neben dem Stuhl waren Pappkartons aufgestapelt. Aus einem der Kartons nahm Sun-Ho zwei Handys, die er in die Tasche steckte.

DJ fragte: »Was ist das hier, ein Lagerraum?«

Sun-Ho griff sich ein paar abgenutzte Autokeilriemen.

»Für schwere Lasten gibt es nicht Besseres als einen guten Toyota-Keilriemen«, sagte er.

Mina betrachtete still die Putzkammer. »Wohnst du etwa hier?«, fragte sie.

Sun-Ho schwenkte sich den Rucksack auf den Rücken. Dann drehte er sich zu DJ um. »Tut mir leid, ich habe leider nur einen Stuhl«, sagte er und sah ihm mit einem seltsamen, eindringlichen Ernst in die Augen. »Ich könnte noch einen besorgen, wenn du willst. Soll ich noch einen Stuhl auftreiben?«

DJ wusste nicht, was er sagen sollte. »Gibt es denn bei der Zusammenkunft nicht genug Stühle oder was?«

Sun-Ho gab keine Antwort. Er schnappte sich den Stuhl und zog die Tür hinter sich zu, aber bevor sie sich schloss, konnte DJ noch sehen, was unter dem Stuhl gestanden hatte: ein Wasserkanister, halb voll mit einer Flüssigkeit, die aussah wie Urin. Er dachte über Minas Frage nach. War es möglich, in einer Besenkammer zu wohnen? Konnte man im Sitzen schlafen? Er und Mina sahen sich an.

Sun-Ho war mit seinem Stuhl schon durch den Korridor und drückte am Lastenaufzug auf den Knopf.

»Seit wann bist du schon in diesem Gebäude?«, fragte DJ.

»Es ist eine sehr exklusive Adresse«, sagte Sun-Ho.

Als der Aufzug sich öffnete, zog er seine Karte durch und drückte auf den Knopf »Dach«.

Die Stockwerke, an denen sie vorbeirasten, wurden mit sanften Tönen angezeigt.

»Die Zusammenkunft findet auf dem Dach statt?«, fragte DJ.

Sun-Ho händigte DJ den Kartenschlüssel aus.

»Damit ihr aus dem Gebäude rauskommt«, sagte er.

Auf der Karte standen der Name und die Apartmentnummer von jemandem.

Als sie auf das Dach traten, war es dort oben dunkel und windig.

»Das verstehe ich nicht«, sagte DJ.

»Hier ist überhaupt keine Zusammenkunft«, sagte Mina.

Sun-Ho sagte: »Glaubt ihr im Ernst, ich würde zu dieser Gehirnwäsche gehen?«

»Was ist mit deinen Gangnam-Ladys?«, wollte DJ wissen. »Gibt es die überhaupt?«

»Ich würde Weidenkätzchen nie untreu werden.«

DJ trat hinaus aufs Dach. Die Teerpappe unter seinen Füßen war weich. Vom Leuchten des Verkehrs und der Konsumpaläste angestrahlte Wolkenfetzen trieben vorbei. Hinter der Brüstung sah man die Skyline aus glitzerndem Bernstein. Und dahinter das dunkle Band des Flusses Han.

Als DJs Augen sich an die Dunkelheit gewöhnt hatten, bemerkte er zwei braune Gasflaschen – Helium.

Sun-Ho verschwendete keine Zeit und machte sich daran, den Plastikstuhl mit einem Seil an einem herauskragenden Rohr festzubinden. Die beiden Keilriemen band er sich mit einem Schlingenstek an die Arme und fing an, einen hoch aufragenden, durchsichtigen Ballon mit Helium aus der Flasche zu füllen.

Mina drehte sich fassungslos zu DJ um. »Willst du einfach nur zusehen?«

Das war eine gute Frage.

»Bist du wirklich sicher?«, fragte DJ. »Nehmen wir jetzt mal an, du stirbst nicht an der Kälte oder am Sauerstoffmangel oder bei der Landung – glaubst du nicht, dass sie dich umbringen werden?«

»Verräter«, sagte Sun-Ho. »Verräter werden umgebracht, nicht Helden.«

»Das glaubst du doch nicht im Ernst. Die bringen doch um, wen sie wollen.«

»Kann ja sein«, sagte Sun-Ho. »Aber um mich brauchst du dir keine Sorgen zu machen.«

Sun-Ho band den ersten turmhohen Ballon mit einer geflochtenen Kordel zu und befestigte ihn an einem der Keilriemen. Der Stuhl hob ab, tanzte auf seinen Kunststoffzehen und wurde nur noch von dem Tau festgehalten. Gaszischend füllte Sun-Ho den nächsten Ballon, der sich im Wind bog und wand.

»Weidenkätzchen ist viel jünger als du«, sagte DJ.

Sun-Ho gab keine Antwort.

»Ihr zwei kennt euch doch kaum.«

Sun-Ho rief zu Mina hinüber: »Sag mal, kannst du ›Arirang‹? Würdest du ›Arirang‹ für mich spielen?«

Mit verwundertem Ausdruck auf dem Gesicht öffnete Mina ihren Koffer. Sie drückte auf den Knöpfen die ersten paar langsamen Akkorde, dann spielte sie die uralte Melodie auf den Tasten.

»Wunderschön«, sagte Sun-Ho und knotete einen weiteren Ballon an den Stuhl. »Dongjoo sagte mir schon, dass du gut bist. Wusstest du, dass dieses Stück aus der Zeit der Joseon-Dynastie stammt? Sechshundert Jahre – so lange singt unser Volk dieses Lied schon. Kennst du den Text? Würdest du es für mich singen?«

»*Arirang*«, sang Mina. »*Arirang, Arariyo.*«

Sun-Ho rollte eine Gasflasche zum Stuhl, um ihn mit ihrem Gewicht zu beschweren. Mit dem Rucksack auf seinem Schoß begann er, einen weiteren Ballon mit Gas zu füllen.

»Jetzt sei doch vernünftig«, redete DJ auf ihn ein. »Der Vater von Weidenkätzchen ist Parteimitglied. Wenn jemand seine Tochter heiraten darf, muss er in der Partei sein. Es würde nie funktionieren.«

Sun-Ho blickte von seinem Plastikstuhl hoch zu ihm. »Glaubst du nicht mehr an Neuanfänge?«, fragte er. »An endlose Möglichkeiten?«

Für Sun-Ho war das Gespräch damit zu Ende und er begann mitzusingen, ein vom Akkordeon und zischendem Helium begleitetes Duett. DJ blickte hoch zu den sich füllenden Ballons – zornig zerrten und rissen sie in dem böigen Wind an den Riemen.

Als sechs der turmhohen Heliumballons gefüllt waren, schien der Stuhl leicht wie eine Feder.

Sun-Ho sah DJ mit seinen weit auseinander stehenden, traurigen Augen an.

»Tausend Ri mit jedem Schritt«, sagte Sun-Ho.

Das war der Anfang eines Propagandaslogans, den sie alle unzählige Male hatten aufsagen müssen.

DJ fragte: »Warum willst du in der Dunkelheit los?«

»Hell, dunkel, es spielt keine Rolle«, sagte Sun-Ho.

DJ merkte, wie seine Augen anfingen zu brennen. »Natürlich spielt es eine Rolle«, sagte er. »Ich will nicht, dass du gehst. Außer dir habe ich nichts.«

Sun-Ho nickte. »Warum stellst du es dir nicht so vor: Ich bin das, was du vom Norden hattest, und du bist, was ich vom Süden hatte. Damit passen wir gut zusammen. Und so wird es auch immer sein.«

DJ schüttelte den Kopf. »Ich kann einfach nicht glauben, dass du das tust.«

»Na komm«, sagte Sun-Ho. »Tausend Ri mit jedem Schritt.«

DJ sagte nichts.

»Tausend Ri mit jedem Schritt …«

Endlich brachte DJ den Satz zu Ende: »… vollführt Ch'ŏllima, das geflügelte Pferd.«

Warm lächelte Sun-Ho ihn an. Dann zog er am Knoten und löste das Halteseil.

Aber er flog nicht davon. Die Stuhlbeine ratterten. Dann fingen sie an, über das Flachdach zu rutschen, immer schneller, bis Sun-Ho unter den gewaltsam peitschenden Ballons gegen die Brüstungsmauer knallte.

DJ rannte zu ihm und stützte sich mit den Händen auf den Stuhl, um ihn festzuhalten.

»Du bringst dich noch um«, sagte er. »Du kommst nicht mal vom Dach und erst recht nicht bis nach Nordkorea.«

Sun-Ho lächelte ihn wieder an. »Nur ein Versehen«, sagte er. »Ich habe vergessen, dir das hier zu geben.«

Er hob den Rucksack hoch und hielt ihn DJ hin.

Als DJ danach fasste, zögerte Sun-Ho. »Steig nicht auf die Fähre.« Er sah ihn mit einem durchdringenden Blick aus seinen großen Augen an. »Wenn du ihre Regeln befolgst, wirst du einer von ihnen.«

DJ nahm den schweren Rucksack in die Arme, und im selben Moment war Sun-Ho weg, hochgerissen in den Himmel, wo er sich wild drehte und schwankte, bis er nicht mehr zu sehen war.

DJ spürte das Gewicht des Rucksacks; das metallische Klappern darin kam ihm bekannt vor. Er brauchte nicht hineinzusehen, um zu wissen, dass er mit Katalysatoren gefüllt war. Er starrte immer weiter auf die Stelle am Himmel, an der Sun-Ho eben noch gewesen war. Sun-Ho würde nie das erreichen, was er wirklich wollte. Er konnte keine tausend Jahre in der Zeit zurückkreisen. Aber vielleicht kam man dem ja in Nordkorea am nächsten.

Mina hörte auf zu spielen. Sie fixierte den Balg und trat zu DJ an die Brüstung.

Da standen sie. Wolken jagten über sie hinweg. Es dauerte nicht lange, und der Himmel ähnelte nicht mehr dem Himmel, in dem Sun-Ho verschwunden war.

»So etwas gäbe es im Norden nie«, sagte Mina. »Alles, was da passiert, wird einem von jemandem vorgeschrieben. Die anderen entscheiden. Aber was wir da gerade gesehen haben … das war so frei und unerwartet. Echt.«

Sie standen Seite an Seite und blickten nach Norden.

»Hast du schon mal daran gedacht zurückzugehen?«, fragte DJ.

Er ließ seinen Blick über den Horizont aus Häusern gleiten – Tausende von Lichtern, Millionen. Dunkle Wohnungen waren für ihn immer noch verlockender als helle. Und es gab nicht *das eine* Licht, das einen leiten konnte.

»Zurück?« Sie schüttelte den Kopf. »Ich habe das Gefühl, ich bin gerade erst angekommen.«

»Ja«, sagte DJ. »Ich auch.«

DANKSAGUNGEN

Ich danke der John Simon Guggenheim Memorial Foundation und der Universität von Stanford für ihre großzügige Unterstützung. Ich bin zudem der Kalmanovitz Library der Universität von Kalifornien, San Francisco, zu Dank verpflichtet, wo ich Teile dieses Buches geschrieben habe. Vieles verdanke ich wunderbaren Lektoren: Tyler Cabot und David Granger beim *Esquire* danke ich für ihren Einsatz für *Nirvana*; Christopher Cox beim *Harper's Magazine* für seine umsichtigen Eingriffe in *Interessant!*; John Wood und Steven Albahari bei *21st Editions* für die wunderbare handgedruckte Ausgabe von *Mein Freund George Orwell und ich*; mein besonderer Dank gilt überdies Cheston Knapp und Michelle Wildgen bei Tin House, wo *Nonc und Geronimo*, *Dark Meadow* und *Da lacht das Glück* erstmals erschienen. *Nonc und Geronimo* erschien zudem in *The Best American Short Stories*, *Nirvana* in *The Best American Nonrequired Reading*.

Ich hätte mir für dieses Buch keinen besseren Lektor und Fürsprecher wünschen können als David Ebershoff. Warren Frazier ist ein Fürst unter den Agenten. Die Unterstützung meiner Writing-Kollegen aus Stanford ist von unschätzbarem Wert für mich, besonders hervorzuheben sind dabei Eavan Boland, Elizabeth Tallent und Tobias Wolff. Dank auch an Jarin Jones. Ich möchte außerdem Ed Schwarzschild, Todd Pierce, Neil Connelly, Scott Hutchins, Skip Horack und Russ Franklin für ihre Unterstützung und ihren Rat danken.

Mein besonderer Dank gilt Dr. Patricia Johnson, Dr. James Harrell und der Ehrenwerten Gayle Harrell. Phil Knight ist mir eine Quelle der Weisheit und Inspiration. Stephanie ist mein Siebengestirn, mein Polarstern, mein Hōkūle'a und mein Kreuz des Südens. Mein besonderer und ewiger Dank gilt Jupiter, James Geronimo und Justice Everlasting.

DANKSAGUNGEN DER ÜBERSETZERIN

Ich danke Ellen Lassau und Daniel Scheffler für ihre Unterstützung.

INHALT